Fundamentals of Cost Accounting Exercise

SECOND EDITION

William N. Lanen
University of Michigan

Shannon W. Anderson
Rice University

Michael W. Maher
University of California at Davis

Translators

Xiaolun Liu
Beijing National Accounting Institute

Xiaohui Zhu
Beijing National Accounting Institute

北京国家会计学院会计经典教材系列

成本会计精要习题集

第2版

威廉·莱恩
［美］香农·安德森　著
迈克尔·马厄
刘霄仑　朱晓辉　译

人民邮电出版社
北　京

图书在版编目(CIP)数据

成本会计精要习题集:第2版:翻译版/(美)莱恩,(美)安德森,(美)马厄 著;刘宵仑,朱晓辉 译.
-北京:人民邮电出版社,2012.1
ISBN 978-7-115-26574-6

Ⅰ.成… Ⅱ.①莱… ②安… ③马… ④刘… ⑤朱… Ⅲ.①成本会计-习题集 Ⅳ.①H234.2-44

中国版本图书馆CIP数据核字(2011)第208998号

William N. Lanen, Shannon W. Anderson, Michael W. Maher
Fundamentals of Cost Accounting Exercise, Second Edition
ISBN 0-07-352672-X

北京市版权局著作权合同登记号:01-2011-2435

成本会计精要习题集(第2版)

◆ 著　[美]威廉·莱恩　香农·安德森　迈克尔·马厄
译　刘宵仑　朱晓辉

策　划　刘　力　陆　瑜
责任编辑　徐向娟
装帧设计　陶建胜

◆ 人民邮电出版社出版发行　北京市崇文区夕照寺街14号A座
邮编　100061　电子函件　315@ptpress.com.cn
网址　http://www.ptpress.com.cn
电话　(编辑部)010-84937150　(市场部)010-84937152
(教师服务中心)010-84931276
三河市李旗庄少明印装厂印刷
新华书店经销

◆ 开本:850×1092　1/16
印张:18.5
字数:382千字　2012年1月第1版　2012年1月第1次印刷
著作权合同登记号　图字:01-2011-2435
ISBN 978-7-115-26574-6/F

定价:48.00元

本书如有印装质量问题,请与本社联系　电话:(010)84937153

内容提要

本书是《成本会计精要》（第 2 版）的配套习题集。本书的内容与《成本会计精要》的各章一一对应，每章的习题都是根据学习目标而设置，习题种类多样，可以让读者充分实践成本会计的概念、分析工具和决策。本书提供的练习量之大，足以满足读者的需要而无需寻找其他辅助练习。

目 录

第1章 成本会计：为决策提供信息

学习目标

阅读本章之后，你应该能够：

1. 描述管理者运用会计信息为组织创造价值的方式。
2. 区分成本会计与财务会计信息的用途和使用者。
3. 解释成本会计信息如何用于组织决策和绩效评估。
4. 明确成本会计目前的发展趋势。
5. 了解会计人员所面临的道德问题以及处理你职业生涯中所面临的道德问题的方法。

复习题

1-1. 解释财务会计与成本会计之间的区别。这些区别为什么重要？

1-2. 将第2栏中的会计成本字母填在第1栏相应的决策类别中。

第1栏	第2栏
____ 分析高管绩效	A. 决策用成本
____ 决定内部生产还是外包	B. 绩效评估用成本
____ 为财务报告提供成本信息	C. 存货计价用成本

1-3. 区分价值链与供应链。

1-4. 成本会计信息以及增值作业与非增值作业的划分如何能够帮助管理者改善组织绩效？

重点分析与讨论题

1-5. 一名经理曾问：“你如何计算一个银行存款账户的成本呢？”你要向这名经理提出的第一个问题是什么？

1-6. 你正在考虑把车借给朋友，这样她就能开车去美国滑雪胜地阿斯彭市。你希望她补偿你什么成本？如果你决定同行，那么答案会有什么不同？请确定你可能的选择并解释。

1-7. 你支持为旨在计量高管绩效（用于薪酬决定）制定一套“公认”会计准则的建议吗？为什么？

1-8. 众所周知，航空公司使用复杂的定价体系。例如，提前买票常常（但非总是）比旅行当天买票更便宜。但是，如果航空公司为所有座位都提供价格较低的（折扣）机票，它就无法维持经营。为什么提供不同价格的机票？哪些成本不同？

1-9. 营销管理人员和主计长办公室的工作人员之间会产生哪些潜在冲突？如何在首席执行官干预最少的情况下解决这些潜在冲突？

1-10. 请参考“实际应用”栏下的“非药物治疗单元”。医院的哪类成本难以在非药物治疗单元和药物治疗单元之间分开？哪类成本易于分开？

1-11. 请参考“实际应用”栏下的“渠道压货”。假设废除了基于销售收入的绩效奖，这种行为就停止了。你支持废除管理者基于绩效的奖金吗？为什么？

1-12. 成本会计人员为什么需要熟悉信息技术的新发展？

练 习

可参考McGraw-Hill的作业管理系统

(学习目标 1)

1-13. 价值链与成本分类

福特汽车公司在经营中发生了许多类型的成本。

要求：

对于下表中的每项成本，指出发生成本的价值链环节。

成 本	价值链环节
____ 将汽车运至经销商的运输成本	1. 研发
____ 用于生产汽车的材料成本	2. 设计
____ 研究新发动机技术的科学家的人工成本	3. 生产
____ 设计中心的水电成本	4. 营销
____ 处理客户投诉的成本	5. 配送
____ 购买电视广告的成本	6. 客户服务

(学习目标 1)

1-14. 供应链与供应链成本

加州芯片公司为电子产品制造商生产电路板。请你解决加州芯片公司与高端音响设备制造商南方音响公司之间的争议。

南方音响每年从加州芯片购买 10 000 个元器件。它坚持加州芯片维持一个月存货，以适应南方音响的需求波动。加州芯片不想维持任何存货，而希望南方音响提前购买元器件并自己储备。

你确定加州芯片的存货单位仓储成本为$0.10，南方音响为$0.20。

要求：

你建议两家公司如何解决争议？

(学习目标 3)

1-15. 管理用成本数据

作为一家航空公司财务部的分析师，你要帮助运营人员。运营人员发现了一种装运行李的新方法，预期人工时间能降低 35%，但其他成本不变。装运行李的现行人工成本为每件行李$0.20，其他成本为每件行李$0.90。

要求：

a. 在决策明年采用新方法时，运营人员应该考虑的差量成本是什么？采用新方法每件行李的成本节约是多少？

b. 说明管理者如何利用（a）中提供的信息及其他相关信息决定是否采用新的行李装运方法。

(学习目标 3)　**1–16. 管理用成本数据**

三州百货公司在市中心和郊区购物中心经营零售商店。公司有两个责任中心：市中心分部和购物中心分部。市中心分部包括在市中心经营的所有商店；购物中心分部包括在郊区经营的所有商店。三州百货的首席执行官关心市中心分部的盈利能力，它在过去几年中一直亏损经营。最近的损益表如下所示。首席执行官就关停市中心分部征求你的意见。如果关停了市中心分部，公司的行政管理不会发生任何变化，购物中心分部的经营或成本预期也不会有任何变化。

要求：

对于关停市中心分部的决策，哪些收入和成本可能是差量收入和差量成本？如果关停，对三州百货的利润会有什么影响？

三州百货公司市中心分部

损益表

截至 1 月 31 日的会计年度

销售收入	$2 580 000
成　本	
广告-市中心分部	105 000
销货成本	1 290 000
分部行政管理人员工资	174 000
销售成本（销售佣金）	346 000
租　金	443 000
公司行政管理费用分配份额	285 000
成本合计	$2 643 000
所得税收益前净损失	$ (63 000)
税收收益（40%税率）	25 200
净损失	$ (37 800)

(学习目标 3)　**1–17. 管理用成本数据——预算编制**

参考图表 1.5，它列示了预算成本与实际成本。假设卡曼的曲奇饼店正在编制 6 月份的预算。管理者从 4 月 30 日的实际结果开始编制预算，如图表 1.5 所示。接下来，管理层考虑 4 月份和 6 月份的成本差异是多少。

管理层预期曲奇饼 6 月份的销售收入将比 4 月份增长 10%，预期 6 月份所有食品成本（例如面粉、鸡蛋）将比 4 月份增长 10%。管理层预期 6 月份其他人工成本将比 4 月份上升 15%，部分原因在于 6 月份将需要更多人工，部分原因在于员工将涨工资。经理将涨工资，从而使工资从 4 月份的$3 000 增加至 6 月份的$3 500。租金和水电预期不变。

要求：

编制卡曼曲奇饼店 6 月份的预算。

(学习目标 3) **1–18. 道德问题与渠道压货**

Continental Condiments 公司是宾西法尼亚州的一家大型食品公司。它为销售人员建立了与季度预算挂钩的有效的激励计划。6 月 25 日，一个分部的主计长玛丽亚了解到，有些销售人员要求客户在 6 月 30 日之前大量提货，并告知客户，如果他们认为产品不是所需要的，可以在 7 月 1 日后退回产品。销售人员还提出补偿客户所发生的任何仓储成本。

要求：

a. 从美国管理会计师协会《管理会计指南——道德行为准则》的角度看，玛丽亚有什么责任？

b. 她应该采取什么步骤解决这个问题？

习 题

可参考McGraw-Hill的作业管理系统

(学习目标 5) **1–19. 道德行为责任**

德威是巨人工程公司的助理主计长，巨人工程公司是国防部的承包商，负责建设和维护军事基地的公路。德威最近认为公司将民用客户工程的直接成本计入了生产管理成本，其中有些向政府计收了。她还发现有几名管理人员似乎为此参与了会计凭证的更改。但是，她无法确定她的上司，即主计长，是否参与其中。德威考虑了三种可能的行动方案。她可以与主计长谈这件事，也可以将信息匿名披露给当地报纸，或者与她个人认识的董事会外部董事讨论一下情况。

要求：

a. 德威有采取行动的道德责任吗？

b. 在三种可能的行动方案中，哪个恰当？哪个不恰当？

(学习目标 3) **1–20. 管理用成本数据**

excel mhhe.com/lanen2e

卓越工具公司提出以“成本加成 20%”的价格向陆军部供应螺丝刀。卓越工具公司经营一家制造厂，每年能生产 220 000 套螺丝刀，但是它通常生产 200 000 套。生产 200 000 套螺丝刀的成本如下。

	总成本	每套成本
生产成本：		
材料	\$1 000 000	\$ 5.00
人工	2 000 000	10.00
物料及其他随产量变动的成本	600 000	3.00
不随产量变动的成本	600 000	3.00
变动营销成本	400 000	2.00
行政管理成本（全部固定）	1 200 000	6.00
合 计	\$5 800 000	\$29.00

根据这些数据，公司管理层期望按照这份合同所销售的螺丝刀每套为\$34.80（= \$29 × 120%）。在完成了 5 000 套之后，公司向政府开具了一张价值\$174 000（= 5 000 × \$34.80/

套）的发票。

公司总裁接到了陆军部代表打来的一个电话，他说每套成本应该是

材料	$ 5.00
人工	10.00
物料及其他随产量变动的成本	3.00
	$18.00

因此，每套价格应该是$21.00（= $18 × 120%）。陆军部忽略了营销成本，因为合同绕开了通常的销售渠道。

要求：

你建议价格为多少？为什么？（请注意，你不必将自己局限于公司或政府官员所选择的成本）。

(学习目标 3)

excel mhhe.com/lanen2e

1–21. 管理用成本数据

泰勒公司生产各种家具。它设有两个分部：办公家具和家用家具。家用家具分部通常向外部客户销售，但有时也向办公家具分部销售。在向办公家具分部销售时，公司政策规定价格必须是成本加成 20%，以确保销售分部获得公允的回报。家用家具分部接到了办公家具分部 300 件家具的订单。在接到办公家具分部的订单之前，家用家具分部本年的计划产量为 1 200 件。家用家具分部的生产能力是年产 1 500 件。生产这1 200 件的成本为

	总成本	单位成本
材料	$115 200	$ 96
直接人工	56 400	47
随产量变动的其他成本	38 400	32
固定成本	510 000	425
合 计	$720 000	$600

根据这些数据，家用家具分部的主计长计算出办公家具分部的订单的单价应为$720（= $600 × 120%）。在生产并发送了 300 件之后，家用家具分部开具了一份价值$216 000 的发票。此后不久，家用家具分部收到了办公家具分部的一份通知，说这张发票不符合公司政策。单位成本应该是

材 料	$ 96
直接人工	47
随产量变动的其他成本	32
合 计	$175

单价应该是$210（= $175 × 120%）。

要求：

如果公司让你审查这项公司内部政策，你会建议什么样的政策？为什么？（请注意，你不必将自己局限于办公家具分部或家用家具分部的计算）。

(学习目标 3)

eXcel

mhhe.com/lanen2e

1–22. 管理用成本数据

Pete's Taxi & Limo 出租车公司在美国森特威尔市提供市内及周边地区的运输服务。它的利润一直在下滑，管理层计划新增一项包裹递送服务，预期每年增加收入$250 000。从本地经销商租赁必要的包裹递送车辆的总成本为每年$20 000。现任经理将继续管理所有服务，工资不变。由于扩大经营，人工成本和水电成本将增加 50%。租金及其他成本将增加 20%。

	A	B	C
1	**Pete's Taxi Limo**		
2	**扩大经营前的年度损益表**		
3			
4	销售收入	$ 760 000	
5	成　本		
6	车辆租赁	300 000	
7	人　工	240 000	
8	水　电	40 000	
9	租　金	80 000	
10	其他成本	40 000	
11	管理人员工资	120 000	
12	成本合计	$ 820 000	
13	经营利润（损失）	$ (60 000)	
14			

要求：

a. 编制一份新增包裹递送服务后的差量成本和差量收入报告（提示，采用图表 1.3 的格式）。

b. 管理层应该启动包裹递送服务吗？

(学习目标 3)

eXcel

mhhe.com/lanen2e

1–23. 管理用成本数据

B-You 咨询是一家为管理者服务，提高其人际交往能力的咨询公司。最近，一家高科技研究公司的代表找到 B-You 咨询的总裁，希望签订为期一年的合同，提高一位新聘用的经理的人际交往能力。B-You 咨询报告了过去一年中发生的下列成本和收入。

	A	B	C
1	**B–You咨询公司**		
2	**年度损益表**		
3			
4	销售收入	$ 240 000	
5	成　本		
6	人　工	114 000	
7	设备租赁	16 800	
8	租　金	14 400	
9	办公用品	10 800	
10	工作人员工资	70 000	
11	其他成本	7 600	
12	成本合计	$ 233 600	
13	经营利润（损失）	$ 6 400	
14			

如果 B-You 咨询决定签合同，帮助这位经理，那么它就必须聘请一位全职顾问，年薪为$82 000。设备租赁成本将增加 5%。办公用品成本估计将增加 10%，其他成本增加 15%。现有办公楼有新顾问的工作空间，不需要新增办公场所。

要求：

a. 由于签订合同，会发生哪些差量成本？

b. 如果这份合同付费$85 000，那么 B-You 咨询应该签订合同吗？

c. 除了成本，在决策前还应该考虑什么？

(学习目标 3)　**1–24. 管理用成本数据——编制预算**

参考图表 1.5。假设卡曼曲奇饼店正在编制截至 9 月 30 日的预算。管理者从 4 月份的实际结果开始编制预算，如图 1.5 所示。然后，管理者再考虑 4 月份和 9 月份之间的成本差异是多少。

管理者预期 9 月份曲奇饼的销售收入将比 4 月份增长 20%，预期由于曲奇饼销售收入的增长，9 月份所有食品成本（例如面粉、鸡蛋）将比 4 月份增长 20%。管理者预期 9 月份其他人工成本将比 4 月份增长 25%，部分原因在于 9 月份需要更多人工，而且员工工资上涨。经理工资上涨将使工资总额从 4 月份的$3 000 增至 9 月份的$3 500。9 月份水电成本将比 4 月份高出 5%。9 月份的租金与 4 月份持平。

现在，快速进入 10 月初，假设 9 月份发生的实际结果如下。

	A	B	C	D
1	曲奇饼销售数量	38 400		
2				
3	面　粉	$ 2 800		
4	鸡　蛋	6 000		
5	巧克力	2 200		
6	坚　果	2 100		
7	其　他	2 600		
8	管理人员工资	3 500		
9	其他人工	1 900		
10	水　电	2 400		
11	租　金	5 000		
12				

要求：

a. 编制一份像图表 1.5 那样的报表，比较预算成本与实际成本。

b. 假设你要查明实际成本为什么与预算成本不同，但时间有限，那么你将调查哪三个成本项目来说明实际成本为什么与预算成本不同？你为什么选择这三项成本？

(学习目标 3)　**1–25. 管理用成本数据——编制预算**

参考图表 1.5 所列示的预算与实际成本。假设卡曼曲奇饼店正在编制截至 11 月 30 日的预算。在编制 11 月份的预算时，管理人员从图表 1.5 所示的 4 月份的实际结果开始。然后，管理层考虑 4 月份和 11 月份之间的成本差异。

管理人员预期，由于节假日，11 月份曲奇饼销售收入将比 4 月份增长 100%。管理人员还预期，由于曲奇饼销售收入的增长，以及节假日销售旺季食品原料价格都较高，所以 11 月份所有食品成本（例如面粉、鸡蛋）将比 4 月份增长 120%。管理人员预期 11 月份其他人工成本将比 4 月份高 120%，部分原因在于11 月份需要更多人工，而且员工工资上涨（高 120%意味着 11 月份的金额为 4 月份金额的 220%）。经理工资将上涨，从而使工资总额从 4 月份的$3 000 增至 11 月份的$3 500。11 月份的水电成本将比 4 月份高 5%。11 月份的租金与 4 月份持平。

现在，提前进入 12 月份，假设 11 月份所发生的实际结果如下。

	A	B	C	D
1	曲奇饼销售数量	64 000		
2				
3	面　粉	$ 4 700		
4	鸡　蛋	11 500		
5	巧克力	4 300		
6	坚　果	4 350		
7	其　他	4 900		
8	管理人员工资	3 500		
9	其他人工	3 420		
10	水　电	1 850		
11	租　金	5 000		
12				

要求：

a. 编制一份像图表 1.5 那样的报表，比较预算成本与实际成本。

b. 假设你要查明为什么实际成本与预算成本不同，但时间有限，你希望调查哪三个成本项目来说明实际成本为什么与预算成本不同？你为什么选择这三项成本？

(学习目标 3) **1–26. 管理用成本数据——探寻未知**

Quince Products 公司是南加州一家生产果酱和蜜饯的小公司。最近，公司的一个供应商的销售代表建议 Quince Products 公司再引进一条产品线，生产包装水果，这样就能使盈利能力增加 50%。她提出帮助公司分析并说明她的假设。

当 Quince Products 公司的管理人员打开这位销售代表发来的电子数据表时，他们注意到其中有几处空格。此时，这位销售代表接受了竞争者提供的一份工作，并告诉 Quince Products 公司的经理她不能再为 Quince Products 公司提供意见了。尽管 Quince Products 公司的管理人员不能肯定是否应该依赖于这项分析，但是他们还是想请你试试看能否重构这位销售代表的分析。Quince Products 公司已经在考虑这项新业务，希望知道他们的分析是否与外部观察者的分析接近。这份不完整的电子数据表如下所示。

	A	B	C	D	E	F
1			Quince Products公司			
2			预测损益表			
3			一个月			
4		现状： 单一产品	增长 （下降）%	替代方案： 两种产品	差　异	
5	销售收入	$ 10 000	30%	(c)	(d)	
6						
7	成　本					
8	材　料	2 000	40%	2 800	800	
9	人　工	(j)	20%	(l)	(n)	
10	租　金	(k)	0%	(m)	(o)	
11	折　旧	400	25%	500	100	
12	水　电	(g)	25%	250	(h)	
13	其　他	700	(i)	1 050	350	
14	成本合计	$ 7 600		(f)	(e)	
15	经营利润	$ 2 400	50%	(a)	(b)	
16						

要求：

填出空格中的数字。

(学习目标 3) **1-27. 辨别不道德行为（附录）**

Quince Products 公司的管理者（习题 1.26）决定聘请一位管理会计师帮助他们分析扩建产品线的决策。他们向市内多位会计师询价，并收到三份意向书。在介绍各自的从业资质时，这三个人说

会计师 A：“我最近刚刚为交响乐团提出如何募集资金的建议，因此我十分了解本地区情况。”

会计师 B：“我曾为几家小公司的扩建计划提出过建议。”

会计师 C：“我曾为 Pear 公司（Quince Products 公司的竞争者）提出过建议，可以与贵公司分享它的经验和见解。”

要求：

a. 作为 Quince Products 公司的会计部经理，请写一份备忘录，建议你希望聘请哪位会计师。请说明理由。

b. 在提交意向书的三位会计师中，哪位违反了美国管理会计师协会的道德规范？违反了哪一条或哪几条？

(学习目标 5) **1-28. 不道德行为责任**

下面的故事是一个真实故事（但所有人名都更改了，时间跨度也压缩了）。

查尔斯·奥斯丁毕业于一家知名商学院，在亚特兰大的一家会计师事务所找到了一份工作。在沿着会计师事务所的职业发展路径正常发展了 5 年之后，一位客户雇用了他。这家客户是一家迅速发展的上市公司，为医疗行业生产软件。查尔斯最初担任助理主计长。4 年后，公司晋升他为主计长。晋升很适时，查尔斯已经积累了很多经验，已做好担任主计长的准备。

他晋升主计长刚刚几个月，公司首席财务官突然辞职了。在提交辞呈时，她曾去查尔斯的办公室，说：“我已经向霍姆斯（公司总裁）提交了辞呈，一小时内就要离开我的办公室。你将升任新的首席财务官，直接向霍姆斯报告，这是我的名片，上面印有我的电话号码，如果你需要任何建议或者需要任何帮助，请随时与我联系。”

查尔斯对新工作已经招架不住了。他的经验尚不足以让他履行首席财务官所要履行的职责。公司总裁霍姆斯也帮不上任何忙。他只给了查尔斯一项忠告：“你可以随心所欲地自由管理财务部门，但是有一条规则——决不能与我作对。如果你要与我作对，你将永远不能在这座城市工作。”查尔斯认为，他老板的威胁一定会说到做到的，因为他在亚特兰大的商界人脉颇广。

在查尔斯晋升为首席财务官后不久，就到了公司财务年度年末。在审查了一些基本财务数字之后，霍姆斯闯进查尔斯的办公室，明确表示他对财务结果不满意。他指示查尔斯“找出更多销售收入”。查尔斯感到很震惊，但却遵照他的指示办了。他找出一些正在进行中的软件安装工作，它们本应在客户签字后才能计入销售收入。查尔斯将年末完成的工作记作销售收入，尽管客户尚未签字。他按不当记录的销售收入金额向客户开具发票，然后打电话称发票是会计失误，客户可以忽略。

第二年，查尔斯的工作更加得心应手了，但是他的个人生活却不然。他离婚了，付出了很大的代价，而且只能在限定时间与自己的两个小孩见面。由于老板曾威胁他如果与老板作对，就永远不能在亚特兰大工作，现在他特别小心翼翼，不违背老板的意愿。他无法承受到别处找工作而远离他的孩子。况且，也很难找到薪酬和福利与目前工作相当的工作。由于要支付高额的离婚生活费和子女赡养费，所以如果减薪，查尔斯就会感到令人恐怖的财务压力。

当年，公司在财务上苦苦挣扎。显然，公司无法创造霍姆斯所希望的销售收入和收益水平。不出所料，他又指示查尔斯找出某种方式粉饰损益表。霍姆斯不在乎查尔斯的所作所为是否合法。

查尔斯用尽了所有降低成本和增加收入的合法方法。他面临着道德困境。他可以辞职，另寻一份新工作，也可以非法地记录根本不存在的销售收入。现在，他明白了为什么前任首席财务官突然辞职。他希望能与她谈谈，但是她正在澳大利亚旅行，联系不上。董事会也无济于事，因为一旦发生争议，他们会站在总裁一边。

在考虑了个人境遇之后，查尔斯决定遵照总裁的指示记录非法的销售收入。查尔斯知道自己的行为是错误的。他认为一旦欺诈被揭露，有麻烦的是霍姆斯，而不是他。查尔斯自欺欺人地认为，毕竟他只不过是执行命令。

要求：

a. 你认为查尔斯的行为合理吗？

b. 为避免所面临的道德困境，查尔斯能做些什么？假设公司总裁使查尔斯无法在亚特兰大找到一份相当的工作。

c. 如果证券交易委员会发现了这起欺诈会怎样？查尔斯的老板会陷入麻烦吗？查尔斯呢？

自学题答案

1. 图表 1.3 中的所有成本都会增加 35%，如下页的电子数据表所示。总成本将从现在的条件下的\$5 450 增加至\$7 357.50（= 135% × \$5 450）。利润将从现在的条件下的\$850 增加至\$1 147.50（= 销售收入\$8505.00 – 成本\$7 357.50 ）。卡曼的利润会比现在的条件下有所增加，但是不像图表 1.3 所示的那么多，因为一些成本不随销售收入的增长而成比例增加。

2. 成本会计信息有助于问题解决的例子包括

- 医院院长
  - — 我应该在哪里采购医院用品？
  - — 哪些服务成本高于保险公司赔付的金额？
  - — 我们应该投资购买新的 CT 扫描仪吗？
- 博物馆馆长
  - — 我们的参观票价应该为多少？
  - — 我们应该延长博物馆餐厅的营业时间吗？
  - — 开馆庆典能盈利吗？
- 银行的营销副总裁
  - — 我应该将广告资金投向哪里？

— 如果我们降低支票账户的利率，那么如果客户转存，我们会损失多少？

— 我们应该为在线银行收取多少手续费？

3. 变革的原因包括（但不局限于）
   - 会计已经更大程度地电算化了，因此减少了手工记账。
   - 由于汽车业和电子设备业在内的许多行业的竞争加剧，所以增加了管理者对成本控制的关注。
   - 更多高科技生产流程的发展，降低了人们对人工的重视，而增加了人们对生产管理成本控制的重视。

4. 渠道压货是指向客户提供激励，使其购买超过需求量的产品的行为。它在成本会计中很重要，因为销售收入通常用于绩效计量。通过在实际发生之前记账，渠道压货扭曲了销售收入。如果由此得出的利润用于产品决策，或者牵涉管理者，那么决策就可能是不理想的。

   此外，任何与激励或重新进货相关的成本都是不必要的成本，会导致利润的降低。

	A	B	C	D	E	F	G	H	I	J
1	**卡曼曲奇饼店**									
2	**预测损益表**									
3	**一周**									
4			(1)			(2)			(3)	
5			现状： 仅原来店面			替代方案： 批发兼零售			差　量	
6	销售收入		$ 6 300.00			$ 8 505.00[a]			$ 2 205.00	
7	成　本									
8	食　品		1 800.00			2 430.00[a]			630.00	
9	人　工		1 000.00			1 350.00[a]			350.00	
10	水　电		400.00			540.00[a]			140.00	
11	租　金		1 250.00			1 687.50[a]			437.50	
12	其　他		1 000.00			1 350.00[a]			350.00	
13	成本合计		$ 5450.00			$ 7 357.50[a]			$ 1 907.50	
14	经营利润		$　850.00			$ 1 147.50[a]			$　297.50	
15										
16	[a]比现状高35%									

2

成本概念与成本习性

第2章

学习目标

阅读本章之后，你应该能够：

1. 解释成本的基本概念。
2. 解释成本如何在财务报表中列示。
3. 解释成本分配流程。
4. 了解在生产流程的各个阶段，材料、人工和生产管理成本如何计入产品。
5. 定义基本的成本习性，包括固定成本、变动成本、半变动成本和阶梯式成本。
6. 确定产品的成本要素。
7. 了解财务边际损益表与贡献边际损益表之间的区别。

复习题

2-1. 成本与费用的含义有什么区别？

2-2. 产品成本与期间成本有什么区别？

2-3. 支出成本与机会成本有什么区别？

2-4. 举例说明什么是机会成本。

2-5. 销货成本是费用吗？

2-6. 销货成本是产品成本还是期间成本？

2-7. 生产型企业的直接材料存货账户与流通型企业的商品存货有什么相似之处？这两个账户有什么区别吗？如果有，有哪些区别？

2-8. 在生产经营中，产品成本分为哪三类？请简要描述每个要素。

2-9. 阶梯式成本和半变动成本的含义是什么？

2-10. 变动成本和固定成本的含义是什么？

重点分析与讨论题

2-11. “材料和人工总是直接成本，物料用品成本总是间接成本。”你对这种表述有什么看法？

2-12. 美国一家大航空公司的单位座位–里程成本为13.7美分，因此，为了估计运送一位乘客从底特律至洛杉矶的成本，我们应该用1 980英里乘以13.7美分，你赞成这种说法吗？

2-13. 在评估产品盈利能力时，我们会忽略营销成本，因为它们不被视为产品成本。你赞成这种说法吗？

2-14. 你和两位朋友驾车去德克萨斯州度春假。第三个朋友问你能否把她捎到俄克拉荷马州。你如何在你们四个中分配旅行成本？

2-15. 挑医院的一个部门（例如，重病特别护理或妇产科）。举出一个直接材料成本的例子、一个直接人工成本的例子，以及一个间接成本的例子。

练　习

可参考McGraw-Hill的作业管理系统

(学习目标 1、5)　**2-16. 基本概念**

指出下列表述正确、错误，还是不能确定，并说明理由。在回答时请举例说明。

a. 成本就是在一定会计期间为创造收入而消耗的东西。

b. 直接材料成本单位成本是固定的，但总额是变动的。

c. 变动成本是直接成本，固定成本是间接成本。

(学习目标 1、5)　**2-17. 基本概念**

在下列生产型企业发生的成本中，指出成本为固定成本还是变动成本？按照完全吸收成本法，是期间成本还是产品成本？

a. 开叉车在工厂内搬运产品所消耗的汽油。

b. 行政管理人员办公用建筑物的折旧。

c. 公司高管的奖金。

d. 装配工人的加班工资。

e. 外购材料的运输成本。

f. 装配线工人的工资。

g. 销售人员的差旅费。

h. 销售主管的行政管理支持。

i. 主计长办公室的租金。

j. 工厂餐厅的成本。

(学习目标 1、2)　**2-18. 基本概念**

指出下列生产经营中发生的成本是应该计入基本成本、转化成本，还是二者兼计。

a. 工厂财产税。

b. 将在产品从一个工厂运送至另一个工厂的驾驶员工资。

c. 外购材料的运输成本。

d. 装配线工人的工资。

e. 生产流程中耗用的直接材料。

f. 工厂机器用润滑油。

(学习目标 1、2、5)　**2-19. 基本概念**

将相应定义的编号填在每个概念旁边的空白处。

概 念	定 义
____ 期间成本	1. 随经济活动量的变化而变化的成本。
____ 间接成本	2. 资源的牺牲。
____ 固定成本	3. 在一定会计期间所计入的与收入相匹配的成本。
____ 机会成本	4. 属于存货的一部分的成本。
____ 支出成本	5. 更易于归属给一定期间的成本。
____ 直接成本	6. 过去、现在或未来的现金流出。
____ 费用	7. 因放弃最佳替代行动方案而放弃的收益。
____ 成本	8. 按照美国公认会计原则用于计算存货价值的成本。
____ 变动成本	9. 不能直接归属于成本对象的成本。
____ 完全吸收成本	10. 能够直接归属于成本对象的成本。
____ 产品成本	11. 不随经济活动量的变化而变化的成本。

(学习目标 1、5) **2–20. 基本概念**

指出下列生产型企业发生的成本是固定成本还是变动成本；按照完全吸收成本法，是期间成本还是产品成本。

a. 广告费。

b. 工厂污染控制设备的折旧。

c. 工厂经理的办公用品。

d. 运行工厂设备的电力。

e. 向销售人员支付的佣金。

(学习目标 1、2、6) **2–21. 基本概念**

下列数据是提供心理测试服务的数据。

单位销售价格（一个单位 = 一次测试 + 向客户提供反馈）	$ 300
固定成本（每月）:	
销售与行政管理成本	20 000
生产管理成本（例如，测试设施的租赁）	30 000
变动成本（一次测试）:	
提供管理与反馈的人工	120
外包的测试分析	20
测试耗用的材料	5
生产管理成本	10
销售与行政管理成本（例如，排程与出具账单）	15
每月测试数量	500 次

要求：

给出下列各项的金额（一个单位 = 一次测试）:

a. 单位变动生产成本

b. 单位变动成本

c. 单位完全成本

d. 单位完全吸收成本
e. 单位基本成本
f. 单位转化成本
g. 单位贡献边际
h. 单位毛利润边际
i. 假设测试数量降至每月 400 次，并且在相关范围内。那么从 (a) 到 (h)，哪些成本会发生变化？对于每项金额发生变化的成本，给出在 400 次测试条件下的新金额。

(学习目标 3) **2–22. 成本分配——道德问题**

一家飞机零件生产商的一个分部，为航天器和民用运输公司生产试验导航设备。尽管产品本质上是相同的，但是它们的产品编号不同。XNS–12 型号按成本补偿标准销售给政府机构。换句话说，向政府的销售价格等于所计算出的成本加固定费用。JEF–3 型号则基于市场竞争价格向民用运输公司销售。产品开发成本由二者共同分担，它必须分配给这两种产品，才能确定成本，从而为 XNS–12 定价。

要求：

a. 你建议产品开发成本如何在两种产品之间分配？
b. 管理者有什么动力去分配产品开发成本？为什么？

(学习目标 3) **2–23. 成本分配——道德问题**

斯塔尔是一家咖啡馆的经理，咖啡馆有两个主要产品线——饮料和甜点。如果斯塔尔按本章所讨论的任何一种客观基础分配共享成本，饮料就会盈利，但甜点不会。斯塔尔担心她的老板会停止销售甜点。斯塔尔的哥哥正在苦苦挣扎着经营他的新企业——向这家咖啡馆供应甜点。斯塔尔决定将全部共享成本都分配给饮料，因为“饮料能够吸收这些成本，直到我们的甜点产品线有所起色。”在将全部共享成本分配给饮料之后，饮料和甜点产品线似乎都略有盈利。因此，斯塔尔经理决定继续经营甜点产品线。

要求：

a. 你建议斯塔尔如何在饮料与甜点之间分配共享成本？
b. 假设你是经理助理，并且与斯塔尔一起研究分配问题。你应该怎么做？

(学习目标 2、4) **2–24. 为生产型企业编制报表**

下列账户余额来自 MacBeth 制造公司的账户。

	1 月 1 日（期初）	12 月 31 日（期末）
直接材料存货 …………………	$22 000	$25 000
在产品存货 …………………	32 300	29 000
产成品存货 …………………	5 500	7 000

本年所耗用的直接材料为$46 000，本年销货成本为$53 000。

要求：

编制一份销货成本表，并计算出下列各项。

a. 本年购入直接材料成本。

b. 本年产品成本。

c. 本年所发生的总生产成本。

(学习目标 2) **2–25. 为服务型企业编制报表**

S

Chuck 证券服务公司是一家金融服务折扣机构，为客户提供投资建议、交易服务及各种共同基金。Chuck 公司收集了 10 月份的下列信息。

	A	B	C
1	广告与营销	$ 90 000	
2	经纪佣金（销售收入）	3 000 000	
3	建筑物租金与水电	175 000	
4	为客户提供投资建议收取的费用	1 500 000	
5	提供投资建议的人工成本	800 000	
6	管理人员工资	300 000	
7	经纪人销售佣金	250 000	
8	经纪人培训计划	425 000	
9	执行交易支付的费用	2 000 000	
10			

要求：

为 Chuck 证券服务公司编制 10 月份的损益表。

(学习目标 2) **2–26. 为服务型企业编制报表**

S

下面所列为星际战略咨询公司本年的数据。

毛利润边际 …………………	$20 800 000
经营利润 …………………	8 100 000
收入 …………………	42 000 000

编制一份销货成本表，并计算下列成本。

a. 营销与行政管理成本

b. 销货成本（所提供服务的成本）

(学习目标 2) **2–27. 为服务型企业编制报表**

S

Lead！公司为小企业主提供经理人培训服务。Lead！公司的经营利润平均为销售收入的 20%，营销与行政管理成本平均为销货成本的 25%。

要求：

Lead！公司预期 4 月份的销售收入为$200 000。请为 Lead！公司编制 4 月份的损益表，假设实现了公司预期。

(学习目标 2、4) **2–28. 为生产型企业编制报表**

下列账户余额来自 Seocol 机械加工公司的账户。

	1月1日（期初）	12月31日（期末）
直接材料存货	$48 000	$59 000
在产品存货	58 000	56 000
产成品存货	43 800	45 000

本年购入直接材料为$310 000，本年销货成本为$1 075 000。

要求：

编制一份销货成本表，并填上下列数据。

a. 本年所耗用的直接材料成本

b. 本年产品成本

c. 本年所发生的总生产成本

(学习目标 1、2) eXcel mhhe.com/lanen2e

2–29. 基本概念

下列数据为一年的数据，请填空。

直接材料存货（1 月 1 日）	$ 2 600
直接材料存货（12 月 31 日）	a ________
在产品存货（1 月 1 日）	2 700
在产品存货（12 月 31 日）	3 800
产成品存货（1 月 1 日）	1 900
产成品存货（12 月 31 日）	300
购入直接材料	16 100
本年生产的产品成本	b ________
总生产成本	55 550
销货成本	56 050
毛利润边际	c ________
直接人工	26 450
所耗用的直接材料	14 600
生产管理成本	13 800
销售收入	103 300

(学习目标 2)

2–30. 为流通型企业编制报表

Sun & Surf 服装店的成本会计师整理了下列关于去年经营情况的信息。

行政管理成本	$73 200
商品存货（1 月 1 日）	26 000
商品存货（12 月 31 日）	25 000
购入商品	610 000
销售佣金	42 850
销售收入	934 000
商店租金	14 400
商店水电费	2 730
进货运输成本	4 620

要求：

编制一份损益表，并附上一份销货成本表。

(学习目标 5) **2–31. 成本习性与预测**

Ramirez 公司去年生产了 15 000 件产品，并确认了下列与生产活动相关的成本。

变动成本：	
所耗用的直接材料	$1 020 000
直接人工	1 995 000
间接材料与物料	240 000
运行工厂设备的电力	225 000
固定成本：	
工长工资	930 000
工厂水电（除运行工厂设备的电力之外）	285 000
厂房及设备折旧（直线法，基于时间）	135 000
建筑物的财产税	195 000

要求：

预期明年单位变动成本和总固定成本保持不变。如果明年生产 21 000 件产品，请计算单位成本和总成本是多少？

(学习目标 6) **2–32. 完全成本要素**

excel
mhhe.com/lanen2e

Gibson 公司为它销售的一种产品整理了下列来自会计系统的信息。

销售价格	每件$600
固定成本（本年）	
营销与行政管理成本	$72 000
生产管理成本	$108 000
变动成本（单位）	
营销与行政管理成本	$12
直接材料	$180
生产管理成本	$40
直接人工	$110
生产与销售的数量（本年）	1 800

要求：

确定下列单位成本：

a. 变动生产成本

b. 变动成本

c. 完全吸收成本

d. 完全成本

(学习目标 6) **2–33. 完全成本要素**

参照第 2–32 题。

要求：

计算：

a. 单位产品成本

b. 期间成本

(学习目标 6)　**2–34. 完全成本要素**

Larker 制造公司的成本会计师为你提供了下列关于 1 月份的经营情况的信息。

直接材料	每件$35
固定生产管理成本	$225 000
销售价格	每件$195
变动生产管理成本	每件$20
直接人工	每件$40
固定营销与行政管理成本	$195 000
生产与销售的数量	5 000
变动营销与行政管理成本	每件$8

要求：

确定下列事项：

a. 变动成本

b. 变动生产成本

c. 完全吸收成本

d. 完全成本

e. 利润边际

f. 毛利润边际

g. 贡献边际

(学习目标 5)　**2–35. 毛利润边际与贡献边际损益表**

参照第 2–34 题。

要求：

编制：

a. 毛利润边际损益表

b. 贡献边际损益表

(学习目标 7)　**2–36. 毛利润边际与贡献边际损益表**

下列数据来自 Cunha 产品公司第二年的会计记录（所有数字单位均为：千美元）。

生产和销售的数量	34 000
总销售收入与成本	
销售收入	$13 200
直接材料成本	3 400
直接人工成本	1 700
变动生产管理成本	850
固定生产管理成本	2 200
变动营销与行政管理成本	680
固定营销与行政管理成本	1 600

要求：

编制：

a. 毛利润边际损益表

b. 贡献边际损益表

(学习目标7)　**2–37. 毛利润边际与贡献边际损益表**

Tosca Beverage 公司报告了7月份的信息。

生产和销售的数量	23 500
单位销售收入与成本	
销售收入	$8.00
直接材料成本	0.50
直接人工成本	0.40
变动生产管理成本	0.15
固定生产管理成本（基于23 500件产量）	2.30
变动营销与行政管理成本	1.20
固定营销与行政管理成本（基于23 500件产量）	2.50

要求：

编制：

a. 毛利润边际损益表

b. 贡献边际损益表

(学习目标7)　**2–38. 价值损益表**

Gene 餐饮店10月份新增了几名服务员，关于10月份经营情况的信息如下所示。

销售收入	$120 000
销货成本[a]	40 000
员工工资[b]	30 000
管理人员工资[c]	12 000
建筑物成本（租金、水电等）[d]	18 000

[a] 在这项成本中，5%是在有效期内未使用的食品，10%是由于点菜失误而错误烹制的食品。

[b] 在这项成本中，15%是厨师重新烹制由于点菜失误而错误烹制的食品的时间。

[c] 在这项成本中，20%是解决客户对点菜失误的投诉的时间。

[d] 建筑物使用了80%。

要求：

a. 采用传统损益表格式，编制一份价值损益表。

b. 如果11月份提供相同的信息，那么对 Gane 餐饮店有什么价值吗？

(学习目标7)　**2–39. 价值损益表**

保罗的 Limo 轿车服务公司提供了6月份经营情况的信息。

	A	B	C	D
1				
2	销售收入	$ 200 000		
3	变动经营成本（人工成本除外）[a]	60 000		
4	员工工资[b]	80 000		
5	管理人员工资[c]	16 000		
6	汽车的固定成本[d]	20 000		
7	建筑物成本（租金、水电等）[e]	10 000		
8				
9	[a] 在这项成本中，5%是由于向limo轿车司机提供的错误指导而造成的浪费。			
10	[b] 在这项成本中，5%是limo轿车司机因错误指导而花费的时间。			
11	[c] 在这项成本中，10%是由于解决客户投诉而花费的时间。			
12	[d] 豪华轿车有40%的未利用生产能力。			
13	[e] 建筑物有10%的未利用生产能力。			
14				

要求：

a. 采用传统损益表格式，编制一份价值损益表。

b. 如果 7 月份提供相同的信息，那么对保罗有什么价值吗？

习　题

可参考McGraw-Hill的作业管理系统

(学习目标 1、6)

excel

mhhe.com/lanen2e

2–40. 成本概念

下列信息来自 Santa Crwz 公司 3 月份的会计记录。

直接材料存货（3 月 1 日）	$18 000
直接材料存货（3 月 31 日）	15 000
在产品存货（3 月 1 日）	9 000
在产品存货（3 月 31 日）	6 000
产成品存货（3 月 1 日）	54 000
产成品存货（3 月 31 日）	72 000
3 月份购入的直接材料	84 000
直接人工成本（3 月份）	60 000
生产管理成本（3 月份）	80 000

要求：

计算 3 月份：

a. 总基本成本

b. 总转化成本

c. 总生产成本

d. 产品成本

e. 销货成本

(学习目标 1、6)

excel

mhhe.com/lanen2e

2–41. 成本概念

Princeton 制造公司 3 月份生产并销售了 800 件公司的惟一产品。你从会计记录中收集了下列信息。

销售价格（单位）	$ 128
生产成本：	
固定生产管理成本	9 600
直接人工（单位）	10
直接材料（单位）	32
变动生产管理成本（单位）	20
营销与行政管理成本：	
固定成本（本月）	12 800
变动成本（单位）	4

要求：

a. 计算：

1. 单位变动生产成本
2. 单位完全成本
3. 单位变动成本
4. 单位完全吸收成本
5. 单位基本成本
6. 单位转化成本
7. 单位利润边际
8. 单位贡献边际
9. 单位毛利润边际

b. 如果产量从 800 件增至 1 000 件，且仍在相关范围内，那么单位固定生产成本会增加、降低还是保持不变？说明理由。

（学习目标 2、4） **2-42. 为生产型企业编制报表**

Pioneer 零件公司是一家为商用建筑物生产窗户的生产商，它报告了上一年度经营情况的账户信息（所有成本均以千美元为单位）。

1月1日信息（期初）：	
直接材料存货	$ 90
在产品存货	120
产成品存货	1 640

本年度信息：	
行政管理成本	$ 3 600
直接人工	10 600
购入直接材料	8 200
车间及设备折旧	11 600
车间管理	2 100
车间水电	900
间接车间人工	2 800
间接材料与物料	700
营销成本	1 500
车间财产税	280
销售收入	45 400

12月31日信息（期末）：	
直接材料存货	$ 80
在产品存货	140
产成品存货	1 470

要求：

编制一份损益表，并附上销货成本表。

(学习目标 2、4) **2–43. 为生产型企业编制报表**

Oakdale 工具模具公司的行政管理办公室和生产厂房共用一幢建筑物。下列信息来自上一年度会计记录。

行政管理成本	$ 1 600 000
建筑物与机器折旧（其中85%为车间）	900 000
建筑物水电（其中80%为车间）	1 250 000
直接人工	840 000
直接材料存货（12月31日）	14 000
直接材料存货（1月1日）	12 000
购入直接材料	3 650 000
车间管理	490 000
产成品存货（12月31日）	65 000
产成品存货（1月1日）	54 000
间接车间人工	912 000
间接材料和物料	685 000
营销成本	871 000
建筑物财产税（其中75%为厂房）	840 000
销售收入	12 970 000
在产品存货（12月31日）	29 000
在产品存货（1月1日）	32 000

要求：

编制一份损益表，并附上销货成本表。

(学习目标 3) **2–44. 成本分配的成本流程图**

Coastal 计算机公司在俄科维尔市开了两家零售窗口，一家位于商业街，另一家位于湖地购物中心。两家零售店共享一个中央会计部门。去年会计部门发生的成本为$175 000。下面就是两家零售店去年的经营结果。

	商业街	湖地购物中心
收入	$2 000 000	$3 000 000
计算机销量	2 000	1 500

要求：

a. 根据下列标准将中央会计部门的成本分配给两家零售店。

(1) 计算机销量

(2) 零售店销售收入

b. 绘制一张成本流程图，说明你对要求 a(2) 的回答。

(学习目标 3) **2–45. 绘制成本流程图进行成本分配**

太平洋商学院的图书馆同时为本科生和研究生服务。太平洋商学院的院长十分关注学位课程盈利能力的评估，并且让图书馆馆长戈尔莫将图书馆年成本 200 万美元分配给两个学位课程。

戈尔莫认为有两项成本动因解释了大多数成本，即学生数量和学时。利用以前的分析所提供的信息，他按下列方法分配了图书馆年预算。

	A	B	C	D
1	由学生数量驱动的成本			
2	图书馆管理	$ 475 000		
3	采购	650 000		
4		$ 1 125 000		
5				
6	由学时驱动的成本			
7	计算机支持	$ 65 000		
8	建筑物维护	243 000		
9	图书馆工作人员	389 000		
10	水电和办公用品	178 000		
11		$ 875 000		
12				
13				
14				
15	关于学生和学时的数据	本 科	研究生	
16	学生数量	600	900	
17	学时数量	8 500	25 500	
18				

要求：

a. 将图书馆的成本分配给这两个学位课程（本科与研究生）。

b. 绘制一张成本流程图，说明你对要求（a）的回答。

(学习目标 1、6) **2–46. 寻找未知信息**

在计算机发生故障后，你试图恢复本年的财务结果。虽然你知道有备份，但是要花费太长的时间才能获得你所需要的信息。你所能收集到的信息如下所示。

项目	金额
直接材料存货，1月1日（期初）	$ 4 000
直接材料存货，12月31日（期末）	3 000
在产品存货，1月1日（期初）	5 300
在产品存货，12月31日（期末）	2 500
产成品存货，12月31日（期末）	3 520
购买的直接材料	9 600
本年产品成本	22 220
总生产成本	19 400
销货成本	21 760
毛利润边际	13 120
直接人工	3 040
生产管理成本	5 760
平均单位售价	2

要求：

计算下列事项：

a. 产成品存货（1 月 1 日）
b. 本年耗用的直接材料
c. 毛利润边际率（占销售收入的比率）

(学习目标 3)

2–47. 成本分配与管制价格

Imperial Falls 市与 Evergeen 垃圾收集站签订了合同，由其负责家庭和企业的固体废物收集。一直以来，Evergeen 垃圾收集站都独家享有在 Imperial Falls 市提供这项服务的特权，即从法律上讲，其他垃圾收集公司不能在该市经营。对于所收集的垃圾，规定每磅的价格为收集的平均总成本加成 20%。

Evergeen 垃圾收集站最近一年经营的成本数据如下所示。

行政管理成本	$200 000
经营成本——卡车	640 000
其他收集成本	160 000

最近一年关于客户的数据如下所示。

	家　庭	企　业
收集点的数量	8 000	2 000
所收集的废物（吨）	2 500	7 500

Imperial Falls 市委员会正在考虑允许其他私营的废物搬运公司从企业收集废物，但是不能从家庭收集废物。其他废物收集公司为企业提供的服务不受价格管制影响。根据来自相邻城市的信息，其他废物收集公司的收费价格估计为每磅$0.04（= $80/吨）。

Evergreen 垃圾收集站的首席执行官向市委员会提交了一份议案，要求改变成本分配给家庭和企业的方式，从而使家庭和企业的收费标准有所不同。她建议行政管理成本和卡车运营成本基于客户数量分配，而其他收集成本则基于所收集的废物的数量分配。然后将分配给家庭的总成本除以从家庭收集的废物的估计数量，来确定收集成本。收费标准就是成本加成 20%。企业的收费标准也采用同样的方式计算。

要求：

a. 根据最近一年的成本数据，按照现行制度（两类客户的收费标准相同），Evergreen 垃圾收集站对所收集的废物每磅应该收取多少价格？
b. 根据最近一年的成本和废物数据，如果首席执行官的议案获得了通过，那么 Evergreen 垃圾收集站对从家庭和企业收集的废物每磅应该分别收取多少价格？
c. 作为市委员会的成员，你会支持改变成本分配的方式吗？为什么？

(学习目标 1、2、6)

2–48. 重新编制财务报表

San Ysidro 公司生产徒步旅行设备。公司的行政管理和生产运营共用一幢建筑物。建筑物的 80%用于生产，其余用于行政管理活动。间接人工是直接人工的 8%。

San Ysidro 公司的成本会计师整理了截至 12 月 31 日的某会计年度的信息。

	A	B
1	行政管理人员工资	$ 240 000
2	解决城市规划争议的律师费	28 700
3	建筑物折旧（只包括生产部分）	226 800
4	产品成本	3 470 950
5	直接材料存货（12月31日）	310 000
6	本年购入直接材料	1 260 000
7	所耗用的直接材料	1 337 350
8	配送成本	5 600
9	产成品存货（1月1日）	280 000
10	产成品存货（12月31日）	315 000
11	保险（工厂设备）	66 500
12	维修（工厂设备）	42 350
13	营销成本	129 500
14	其他工厂成本	102 700
15	工厂水电	130 200
16	销售收入	5 687 500
17	生产性财产税金	48 500
18	总人工（直接与间接）	1 512 000
19	在产品存货（1月1日）	90 650
20	在产品存货（12月31日）	86 100
21		

要求：

编制一份产品成本与销货成本表，以及一份损益表。

(学习目标 2) **2-49. 分析决策对损益表的影响**

去年 12 月 15 日，你被任命为 Tunes2Go 公司驱动系统分部的经理。Tunes2Go 公司为一家采用最新硬盘驱动技术生产便携式音乐设备的制造商。驱动系统分部为公司最受欢迎的产品生产驱动配件 M-24。你的奖金根据本分部的税前经营利润的一定比例决定。

首先，你制定的最重要的投资决策之一就是投资 600 万美元于 M-24 的自动测试设备。该设备于本年 1 月 1 日安装并投入运行。

今天早晨，本分部的助理经理芬奇（公司创始人的孙子、现任首席财务官的儿子）告诉你，泛太平洋电器公司提出了一项请求。泛太平洋电器公司希望将于 12 月31 日（距今还有两个星期）安装的新测试设备租给驱动系统分部，年租金为$1 380 000。新设备能使本分部的年销售收入增加 7%。这台效率更高的设备还能使固定现金支出降低 6%。

如果没有新设备，本年的销售收入和成本的估计数字如下所示。销售收入与固定和变动经营成本都是现金。

销售收入	$9 600 000
变动经营成本	1 200 000
固定经营成本	4 500 000
设备折旧	900 000
其他折旧	750 000

如果租赁新设备，驱动系统分部就必须在本年冲销自动测试设备的成本，因为它没有残值。损益表中所列示的设备折旧就是这台自动测试设备的折旧。设备损失计入奖金和经营利

润的计算。

因为新设备将于公司假日期间安装，所以转产不会影响正常经营。忽略任何可能的税金影响。假设你预期的损益表中所列的数据是在维持现有设备的条件下本年度和下一年度的实际金额。

要求：

a. 假设新测试设备于 12 月 31 日租赁并安装，那么对本年的分部经营利润会产生什么影响？

b. 假设新测试设备于 12 月 31 日租赁并安装，那么对下一年度的分部经营利润会产生什么影响？

c. 你会租赁新设备吗？为什么？

(学习目标 2)　**2–50. 寻找未知信息**

Mary 制杯公司生产和销售各种类型的陶瓷杯。公司于第 1 年 1 月 1 日开业，本年发生的成本包括

变动成本（根据杯子产量）：	
直接材料成本	$ 4 000
直接生产人工成本	18 000
间接生产成本	3 600
行政管理与营销成本	2 250
固定成本：	
行政管理与营销成本	12 000
间接生产成本	4 000

第 1 年 12 月 31 日，直接材料存货包括 3 000 磅材料。第 1 年的产量为 16 000 个杯子。本年所有价格和单位变动成本均保持不变。第 1 年的销售收入为$49 000。第 1 年 12 月 31 日的产成品存货为$4 070。每个杯子产成品需要 0.4 磅材料。

要求：

计算下列各项：

a. 第 1 年 12 月 31 日的直接材料存货成本。

b. 第 1 年 12 月 31 日的期末产成品存货数量。

c. 单位销售价格。

d. 第 1 年的经营利润。

自学题答案

1.

太平洋零件公司

损益表

销售收入		$8 144 000
销货成本（参见下表）		4 956 000
毛利润边际		$3 188 000
减去:		
营销成本		1 088 000
行政管理成本		1 216 000
经营利润		$ 884 000

太平洋零件公司

产品成本与销货成本表

期初在产品存货（1月1日）			$ 540 000
本年生产成本直接材料			
期初存货（1月1日）	$ 408 000		
加：本期购入	1 252 000		
可供使用的直接材料	$1 660 000		
减：期末存货（12月31日）	324 000		
投入生产的直接材料		$1 336 000	
直接人工		1 928 000	
生产管理成本			
管理及间接人工	$ 508 000		
物料及间接材料	56 000		
热、光、电工厂	348 000		
工厂维修	296 000		
折旧——生产用	412 000		
杂项生产成本	48 000		
总生产管理成本		$1 668 000	
本年发生的总生产成本			$4 932 000
本年在产品成本合计			$5 472 000
减：期末在产品存货（12月31日）			568 000
本年产品成本			$4 904 000
期初产成品存货（1月1日）			640 000
可供销售的产成品存货			$5 544 000
减：期末产成品存货（12月31日）			588 000
产品成本与销货成本			$4 956 000

2.

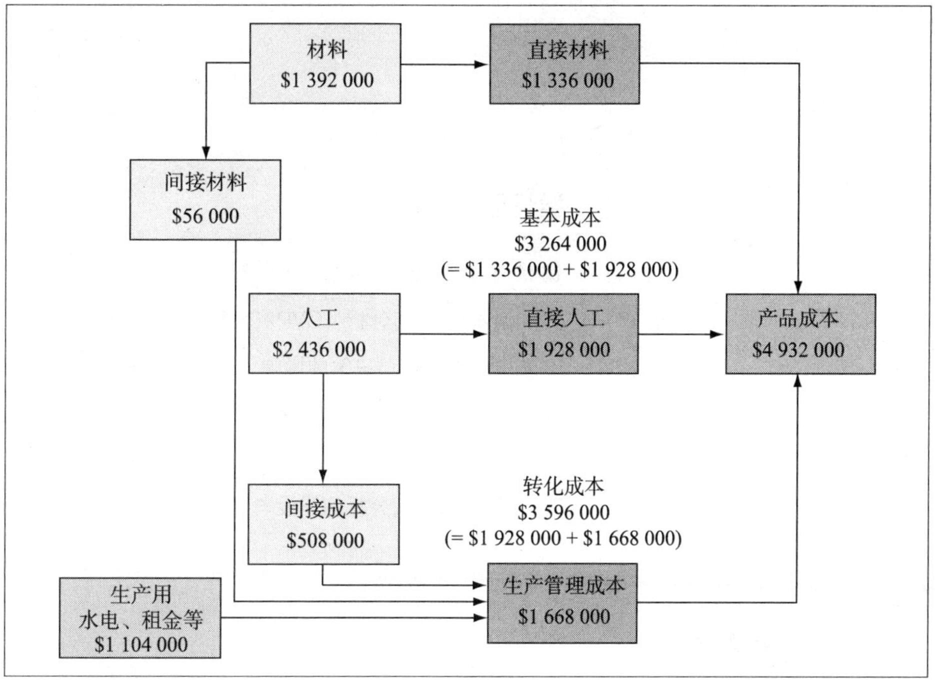

3. 固定生产成本 = $7.50（= $12 000 ÷ 1 600）

   固定营销与行政管理成本 = $8.75（= $14 000 ÷ 1 600）

4. 毛利润边际 = 销售价格 – 完全吸收成本 = 销售价格 –（变动生产成本 + 固定生产成本）

   = $45 –（$23 + $6）= $16

   贡献边际 = 销售价格 – 变动成本

   = 销售价格 –（变动生产成本+变动营销与行政管理成本）

   = $45 –（$23 + $3）= $19

   经营利润 = 销售价格 – 生产与销售产品的完全成本

   = 销售价格–（变动生产成本+固定生产成本+变动营销与行政管理成本+固定营销与行政管理成本）

   =$45 –（$23 + $6 + $3 + $7）

   =$6

   （注：毛利润边际不会与图表 2.12 有所不同，因为营销与行政管理成本是在毛利润边际之后扣除）。

5. 毛利润边际 = $45 –（$23 + $5）= $17

   贡献边际 = $45 –（$23 + $4）= $18

   经营利润 = $45 –（$23 + $5 + $4 + $7）= $6

   （注：贡献边际不会与图表 2.13 有所不同，但是，毛利润边际会与图表 2.12 有所不同）。

3

本-量-利分析

第 3 章

学习目标

阅读本章之后，你应该能够：

1. 利用本-量-利分析（CVP）分析决策。
2. 理解成本结构对决策的影响。
3. 利用微软 Excel 进行本-量-利分析。
4. 将税收、多产品以及其他成本结构等因素纳入本-量-利分析。
5. 了解本-量-利分析的假设与局限性。

复习题

3-1. 写出利润等式并说明每一项。

3-2. 在利润等式中，总成本是由什么构成的？

3-3. 总贡献边际与公司财务报表中经常列示的毛利润边际有什么区别？

3-4. 比较本-量-利分析与利-量分析。它们有什么区别？

3-5. 固定成本常常被定义为“在短期内固定”。这意味着它们从长期讲不是固定的吗？为什么？

3-6. 什么是经营杠杆？为什么了解公司的经营杠杆对管理者很重要？

3-7. 什么是安全边际？为什么了解公司的安全边际对管理者很重要？

3-8. 写出所得税税率为 t 时目标销量的利润等式。

3-9. 所得税如何影响盈亏平衡等式，为什么？

3-10. 为什么在计算多产品的盈亏平衡点之前一般都假设固定的销售组合？

重点分析与讨论题

3-11. 为什么按照本-量-利分析计算出的经营利润可能不同于对外报告的财务报表中的净收益？

3-12. 为什么会计人员在本-量-利分析中采用成本和收入习性的线性表示？有什么道理吗？

3-13. 一般的本-量-利图都假设利润随经济活动量的增加而连续增长。哪些因素可能会破坏运用线性本-量-利分析时所作的利润连续增长的假设？

3-14. “本-量-利分析的假设太简单，任何公司都不会单纯地依靠本-量-利分析制定决策，因此，我们没有理由学习本-量-利分析。”试作出评论。

3–15. “我要去一家医院工作，它是一个非营利组织，因为不创造利润，所以我就无法在工作中应用本–量–利分析。”你同意这种观点吗？为什么？

3–16. 试思考商学院的一个班，经济活动量按班上的学生数量计量。你会说经营杠杆高或低吗？为什么？

练　习

可参考McGraw-Hill的作业管理系统

(学习目标 1)　**3–17. 利润等式的构成要素**

在下图中指出利润等式的如下构成要素。

a. 总成本线
b. 总收入线
c. 总变动成本区域
d. 单位变动成本
e. 固定成本区域
f. 盈亏平衡点
g. 利润区域（产生利润的经济活动量的范围）
h. 损失区域（产生亏损的经济活动量的范围）

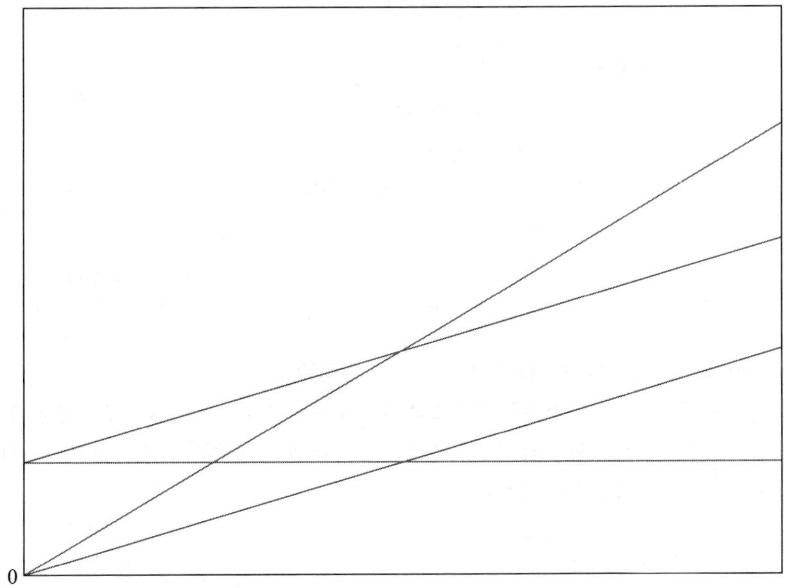

(学习目标 1)　**3–18. 利润等式构成要素**

请指出图中每个字母所表示的利润等式各构成要素。

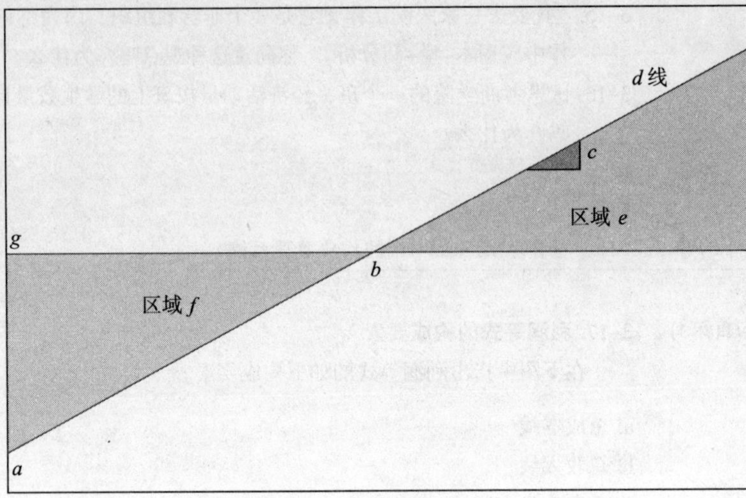

(学习目标 1)

3-19. 利用本-量-利分析进行基本决策分析

Anu 娱乐中心收集了本年经营情况的数据。

总收入	$320 000
总固定成本	$ 87 500
总变动成本	$180 000
门票总销量	40 000

要求：

a. 门票的平均销售价格是多少？

b. 每张门票的平均变动成本是多少？

c. 每张门票的平均贡献边际是多少？

d. 盈亏平衡点是多少？

e. Anu 决定，除非经营利润至少能达到$61 250，否则她就停业。Anu 娱乐中心本年必须销售多少张门票，才能获得$61 250 的经营利润？

(学习目标 1)

3-20. 本-量-利分析——道德问题

马克迫切地希望他所建议的新产品——DNA 钻石，获得最高管理层的通过。DNA 钻石是一种含有男朋友或女朋友、配偶或其他所爱的人的 DNA 的珠宝。由于盈亏平衡点很高，最高管理层不会批准该产品。

马克知道，如果他能降低所提建议的固定成本，那么盈亏平衡点就会降至最高管理层所能接受的水平。马克同公司财务部的一位朋友合作，寻找能虚报生产 DNA 钻石的估计固定成本，使之降至任何客观估计水平之下的方法。

马克知道，如果产品获得成功（而且他确信必将成功），那么最高管理层就不会发现低估的固定成本。马克相信，一旦产品获得成功，必将使公司股东和员工受益。

要求：

马克的行为道德吗？为什么？

(学习目标 1)　**3-21. 利用本-量-利分析进行基本决策分析**

T-调公司正在考虑引进一种新的音乐播放器，它的价格和成本特征如下所示。

销售价格 …………………………………………	$　180/ 台
变动成本 …………………………………………	$　100/ 台
固定成本 …………………………………………	$200 000/ 年

要求：

a. T-调公司每年必须销售多少台，才能实现盈亏平衡？

b. T-调公司必须销售多少台，才能实现$160 000 的年经营利润？

(学习目标 1)　**3-22. 利用本-量-利分析进行基本决策分析**

参照第 3-21 题中 T-调公司的数据，假设本年预测销量为 7 000。请独立地思考要求(b)、(c) 和(d)。

要求：

a. 经营利润是多少？

b. 如果销售价格降低 10%，那么会对经营利润产生什么影响？如果提高 20%呢？

c. 如果单位变动成本降低 10%，那么会对经营利润产生什么影响？如果提高 20%呢？

d. 假设本年的固定成本比预测低 10%，单位变动成本比预测高 10%。那么这些成本变化会对本年的经营利润产生什么影响？利润会上升还是会下降？上升多少？下降多少？

(学习目标 1)　**3-23. 利用本-量-利分析进行基本决策分析**

Balance 公司正在考虑引进一种新的能量零食，它的价格和成本特征如下所示。

销售价格 …………………………………………	$　2.00/ 包
变动成本 …………………………………………	$　0.80/ 包
固定成本 …………………………………………	$400 000/ 月

要求：

a. Balance 公司每月必须销售多少数量，才能实现盈亏平衡？

b. Balance 公司每月必须销售多少数量，才能实现$100 000 经营利润？

(学习目标 1)　**3-24. 利用本-量-利分析进行基本决策分析**

参照第 3-23 题中 Balance 公司的数据。假设公司计划每月销售 500 000 包。请独立地思考要求(b)、(c) 和 (d)。

要求：

a. 经营利润是多少？

b. 如果销售价格降低 10%，那么会对经营利润产生什么影响？如果提高 20%呢？

c. 如果单位变动成本降低 10%，那么会对经营利润产生什么影响？如果提高 20%呢？

d. 假设本年固定成本比预测低 10%，单位变动成本比预测高 10%。那么这些成本变化会对本年经营利润产生什么影响？利润会上升还是会下降？上升或者下降多少？

(学习目标 2) **3–25. 分析成本结构**

Dollar 商店的成本结构以变动成本为主，贡献边际率为 0.30，固定成本为$30 000。每实现 1 美元销售收入，就为固定成本和利润贡献 30 美分。其竞争者“第一超市”的成本结构以固定成本为主，贡献边际率略高些，为 0.80，固定成本为$280 000。每实现 1 美元销售收入，就为固定成本和利润贡献 80 美分。两家公司本月的销售收入均为$500 000。

要求：

a. 采用图表 3.5 所示的格式比较两家公司的成本结构。

b. 假设两家公司的销售收入都增长了 15%。每家公司的利润将增长多少？

(学习目标 2) **3–26. 分析成本结构**

Foxx 公司的成本结构以变动成本为主，贡献边际率为 0.25，固定成本为$100 000。每实现 1 美元销售收入，就为固定成本和利润贡献 25 美分。竞争者 Beyonce 公司的成本结构以固定成本为主，贡献边际率略高些，为 0.80，固定成本为$400 000。每实现 1 美元销售收入，就为固定成本和利润贡献 80 美分。两家公司的月销售收入均为$600 000。

要求：

a. 采用图表 3.5 所示的格式比较两家公司的成本结构。

b. 假设两家公司的销售收入都增长了 20%。每家公司的利润将增长多少？

(学习目标 1、2) **3–27. 本-量-利分析与安全边际**

S

彩虹旅行社提供斯普林菲尔德市的徒步旅行服务。彩虹旅行社的收费标准为每人$20，发生的人工、饮料和地图等变动成本为$8。月固定成本为$1 800。

要求：

a. 彩虹旅行社每月必须组织销售多少人次的旅游服务，才能实现盈亏平衡？

b. 彩虹旅行社的老板认为每月将有 200 人申请参加徒步旅行。按照申请参加徒步旅行的人数，安全边际是多少？

(学习目标 3) **3–28. 利用微软 Excel 进行本-量-利分析**

参照第 3–21 题中 T-调公司的数据。

要求：

利用微软 Excel 的“单变量求解”功能。

a. T-调公司必须销售多少数量，才能实现盈亏平衡？

b. T-调公司必须销售多少数量，才能实现$60 000 的年经营利润？

(学习目标 3) **3–29. 利用微软 Excel 进行本-量-利分析**

参照第 3–23 题中的 Balance 公司的数据。

要求：

利用微软 Excel 的“单变量求解”功能。

a. Balance 公司必须销售多少数量，才能实现盈亏平衡？

b. Balance 公司必须销售多少数量，才能实现$60 000 的月经营利润？

(学习目标 1) **3-30. 考虑所得税因素的本-量-利分析**

Crest 工业公司销售单一型号的家用卫星无线电接收器。无线电接收器的价格和成本特征如下所示。

销售价格	$ 80/台
变动成本	$ 32/台
固定成本	$360 000/月

Crest 工业公司的所得税税率为 40%。

要求：

a. Crest 工业公司每月必须销售多少台接收器，才能实现盈亏平衡？

b. Crest 工业公司必须销售多少台接收器，每月才能实现$90 000 的税后经营利润？

(学习目标 4) **3-31. 多产品本-量-利分析**

Rio 咖啡屋销售两种咖啡饮料——普通咖啡和拿铁。这两种饮料的价格和成本特征如下所示。

	普通咖啡	拿铁
销售价格（每杯）	$1.50	$2.50
变动成本（每杯）	0.70	1.30

Rio 咖啡屋的月固定成本为$6 720。根据经验，Rio 咖啡屋的经理知道普通咖啡与拿铁的销售比例分别为 60%和 40%。

要求：

Rio 咖啡屋每月必须销售多少杯普通咖啡，才能实现盈亏平衡？

习 题

可参考McGraw-Hill的作业管理系统

(学习目标 1) **3-32. 本-量-利分析与价格变化**

Argentina 的合伙人关心通货膨胀可能对其经营产生的影响。目前，公司销售 60 000 件，单位销售价格为$30。变动生产成本为$15，固定成本总计为$700 000。生产工程师曾忠告管理者，他们预期明年单位人工成本将增长 15%，单位材料成本将增长 10%。在$15 的变动成本中，50%是人工成本，25%是材料成本。变动生产管理成本预期会增长 20%。销售价格的增长幅度不能超过 10%。由于税收及其他零星固定支出的增加，预期固定成本也会增长 5%。

要求：

a. 计算维持目前的利润水平所必须实现的销量和销售收入（假设最大限度地提高了价格）。

b. 计算使利润增长 6%所必须实现的销量和销售收入（假设最大限度地提高了价格）。

c. 如果销量维持在 60 000 件，要实现利润增长 6%，价格必须提高多少？

(学习目标 1) **3-33. 本-量-利分析与价格变化**

Scholes 系统公司向 **Target**、**Costco** 和 **Office Max** 等大型零售商供应一种特殊型号的办公用椅。Scholes 系统公司关心通货膨胀可能对其经营产生的影响。目前，公司销售 80 000 件，单位销售价格为$60。变动生产成本为$30，固定生产成本总计为$1 400 000。生产工程师曾忠告管理者，他们预期明年单位人工成本将增长 15%，单位材料成本将增长 10%。在$30 的变动成本中，50%为人工成本，25%为材料成本。变动生产管理成本预期将增长 20%。销售价格的增长幅度不能超过 10%。由于税收及其他零星固定支出的增加，预期固定成本也会增长 5%。

公司希望维持按实际美元计算的利润水平。要实现这个目标，预期本年利润必须增长 6%。

要求：

a. 计算维持目前利润水平所必须实现的销量和销售收入（假设最大限度地提高了价格）。

b. 计算使利润增长 6%所必须实现的销售和销售收入（假设最大限度地提高了价格）。

c. 如果销量维持在 80 000，那么要实现 6%的利润增长，价格将如何变化？

(学习目标 1) **3-34. 考虑补贴因素的本-量-利分析**

Subarban 公交公司是一家非营利组织，提供本地交通运输服务。作为非营利组织，它将收入超出成本称为“盈余”，而将成本超出收入称为“赤字”。Subarban 公交公司的票价为$1.00。每次乘车的变动成本为$1.50。公司的年固定成本为$200 000。县政府每年为公司提供$250 000 的补贴。

要求：

a. Subarban 公交公司的盈亏平衡点是多少？

b. 公司预期本年的乘客为 75 000，那么它将实现盈余还是赤字？

(学习目标 4) **3-35. 本-量-利分析基本模型的扩展——半固定成本(阶梯式成本)**

Sam 寿司店只提供一种固定价格的午餐。每餐的价格为$10，变动成本为$4，无论销量多少，都保持不变。Sam 寿司店可以通过增加结账通道来增加午餐的销量。Sam 寿司店有三种选择

	月销量范围（午餐数量）	总固定成本
1 条通道 ……………	0–5 000	$33 000
2 条通道 ……………	5 001–8 000	39 000
3 条通道 ……………	8 001–10 000	52 500

要求：

a. 计算盈亏平衡点。

b. 如果 Sam 寿司店能够销售所能提供的所有午餐，那么它应该开一条通道、两条通道，还是三条通道呢？为什么？

(学习目标 4) **3-36. 本-量-利分析基本模型的扩展——半固定成本（阶梯式成本）**

Cesar 瓶装饮料公司在一个生产车间生产瓶装饮料，每天可一班生产、两班生产或三班

生产。每班 8 个小时，车间周末休息。每箱的销售价格为$2，变动成本为$0.90，无论销量如何变化，均保持不变。Cesar 瓶装饮料公司可以通过增加生产班次增加产量。公司有下列三种选择

	月销量范围（午餐数量）	总固定成本（每天）
1 条通道 ················	(0–2 000)	$1 980
2 条通道 ················	(2 001–3 600)	3 740
3 条通道 ················	(3 601–5 000)	5 170

要求：

a. 计算盈亏平衡点。

b. 如果 Cesar 瓶装饮料公司能够销售所生产的所有产品，那么它应该一班生产、两班生产，还是三班生产呢？为什么？

(学习目标 4) **3–37. 本–量–利分析基本模型的扩展——税收**

Odd Wallow 饮料公司正在考虑新增一条果汁生产线。果汁生产线的价格和成本如下所示。

果汁销售价格（每箱 24 瓶）··················	$　　50
果汁变动成本（每箱 24 瓶）··················	$　　24
与本产品相关的年固定成本 ··················	$8 112 000
所得税税率 ······································	40%

要求：

a. 计算 Odd Wallow 饮料公司每年的盈亏平衡点（销量）。

b. 果汁每年要实现$1 872 000 的税后利润，公司必须销售多少箱？

(学习目标 4) **3–38. 本–量–利分析基本模型的扩展——税收**

Frightproof Commuter 航空公司正在考虑在现有航班基础上新增一个从纽约至希克斯维勒市的航班。这条航线的价格和成本如下。

销售价格（每人每次）······························	$　80
变动成本（每人每次）······························	$　20
固定成本（每次航班）······························	$2 400
所得税税率 ··	30%

要求：

a. 计算 Frightproof Commuter 航空公司的盈亏平衡点（每次航班的乘客数量）。

b. 如果每次航班要实现$1 050 的税后利润，那么公司每次航班必须搭乘多少旅客？

c. 每架飞机的容纳能力为每次航班 70 名旅客。根据容纳能力限制，公司每次航班能搭乘足够的旅客以实现盈亏平衡吗？公司每次航班能够搭乘足够的旅客以实现$1 050 的税后利润吗？

(学习目标 4) **3-39. 本-量-利分析基本模型的扩展——税收**

Lomas 电器公司生产石油勘探用便携式测试设备。产品的价格和成本特征如下所示。

单位销售价格 ···········	$ 130
单位变动成本 ···········	$ 70
年固定成本 ···········	$420 000

要求：

为了实现$117 000 的税后利润，公司必须每年销售 10 000 台。Lomas 电器公司的税率是多少？

(学习目标 4) **3-40. 本-量-利分析基本模型的扩展——税收**

Action 游戏公司新开发了一款电脑游戏，计划销售价格为$32。每个游戏的变动成本(包括材料、运输和包装成本）为$7。这款游戏的年固定成本总计为$75 000。

要求：

a. 计算这款游戏的盈亏平衡点（销量)。

b. 假设税率为 40%，预期税后利润水平为$120 000，计算所需要的销量水平。

(学习目标 4) **3-41. 本-量-利分析基本模型的扩展——多产品**

excel

mhhe.com/lanen2e

On-the-Go 公司生产两种型号的笔记本电脑旅行包：程序员型号与经理型号。旅行包具有下列特点。

	程序员型号	经理型号
单位销售价格 ·········	$ 70	$ 100
单位变动成本 ·········	$ 30	$ 40
预期年销量 ·········	8 000	12 000

公司的年固定成本总计为$819 000。

要求：

a. 预期销量的利润水平是多少？

b. 假设盈亏平衡点的产品组合相同，计算盈亏平衡点。

c. 如果产品销售组合变为每销售 9 个程序员风格旅行包，销售 1 个经理风格旅行包，那么公司新的盈亏平衡点是多少？

(学习目标 4) **3-42. 本-量-利分析基本模型的扩展——多产品**

Sundial 公司生产两种型号的太阳镜：AU 和 NZ。太阳镜具有下列特点。

	AU	NZ
单位销售价格 ···········	$ 80	$ 80
单位变动成本 ···········	$ 30	$ 40
预期年销量 ···········	60 000	40 000

公司年固定成本总计为$1 104 000。

要求：

a. 预期销量的利润水平是多少？

b. 假设在盈亏平衡点的产品组合相同，计算盈亏平衡点。

c. 如果产品销售组合变为每销售 4 副 AU 太阳镜，销售 1 副 NZ 太阳镜，那么公司新的盈亏平衡点是多少？

(学习目标 4)

3-43. 本-量-利分析基本模型的扩展——多产品

Sell Block 事务所提供三种类型的简单纳税申报服务——个人、合伙企业和（小）公司。纳税申报具有下列特点。

	个 人	合伙企业	公 司
每份纳税申报收费价格 ··············	$ 200	$1 000	$ 2 000
每份纳税申报变动成本			
（包括纳税申报人员的工资）······	$ 180	$ 900	$ 1 800
预期每年纳税申报数量 ··············	60 000	$4 000	16 000

公司的年固定成本总计为$3 690 000。

要求：

a. 预期销量的预计利润水平是多少？

b. 假设在盈亏平衡点的产品组合相同，计算盈亏平衡点。

c. 假设产品销售组合发生了变化，每编制 10 份纳税申报，就有 6 份是个人纳税申报，1 份是合伙企业纳税申报，3 份是公司纳税申报。现在 Sell Block 事务所的盈亏平衡点是多少？

(学习目标 4)

eXcel

mhhe.com/lanen2e

3-44. 本-量-利分析基本模型的扩展——多产品和税收

假设海王产品公司销售三种罐装海产品，其价格与成本如下所示。

	销售价格（每箱）	变动成本（每箱）	固定成本（月度）
品种 1 ······	$ 3	$2	—
品种 2 ······	5	3	—
品种 3 ······	10	6	—
整个公司 ···	—	—	$46 200

销售组合（按箱计）是 40%的品种 1；35%的品种 2；25%的品种3。

要求：

a. 公司每月销售收入达到什么水平才能实现盈亏平衡？

b. 假设公司应纳 35%的所得税。公司每月销售收入达到什么水平才能实现$40 950 的税后利润(假定销售组合相同)？

(学习目标 4)

3-45. 本-量-利分析基本模型的扩展——多产品和税收

假设 Limitless Labs 公司为专业运动员提供三种基本的药检。其价格和成本如下所示。

	销售价格（单位）	变动成本（单位）	固定成本（年度）
基本检验 …	$ 500	$ 120	850
再检验 ……	800	400	100
重大检验 …	4 000	2 800	50

变动成本包括实验室医务人员的人工成本。每年$390 000的固定成本包括建筑物和设备成本，以及行政管理成本。一个基本单位就是指一次常规药检。如果对第一次检验的结果有异议，特别是如果检验表明运动员服用了违禁药品，就进行一次再检验。再检验不是由进行基本检验的实验室进行的。重大检验是指实验室的高规格检验规范，它可能是对知名运动员的检验，也可能是在法庭上受到质疑的检验。实验室要付出额外的努力，聘请收费极高的专家人员，以确保重大药检的准确性。Limitless Labs 公司的税率是40%。

要求：

a. 根据上述信息，Limitless Labs 公司每年实现的税后利润是多少？

b. 假设在盈亏平衡点的销售组合与上述相同，Limitless Labs 公司的盈亏平衡销售收入是多少？

c. 假设同样是上述销售组合，公司每年要实现$180 000 的税后利润销售收入必须达到多少？

d. Limiless Labs 公司正在考虑更专注于再检验和重大检验。如果每年再检验数量增加至 400，每年重大检验的数量增至 200，而每年基本检验的数量降至 100，那么公司的年盈亏平衡销售收入是多少？按照这种产品组合，公司每年的固定成本将增至$420 000。产品组合的这种变化会对每年的税后收益产生什么影响？如果Limitless Labs 公司的经理希望实现税后收益最大化，那么这种变化是一个好主意吗？

(学习目标 4) **3-46. 本-量-利分析基本模型的扩展——多产品和税收**

假设 Painless 牙科诊所提供三种基本牙科服务。其价格与成本如下。

	销售价格（单位）	变动成本（单位）	销量（年度）
洗牙 ………	$ 120	$ 80	9 000
补牙 ………	400	300	900
镶牙 ………	1 200	500	100

变动成本包括牙科卫生学者和牙医的人工成本。$400 000 的年固定成本包括建筑物和设备成本、营销成本及行政管理成本。Painless 牙科诊所的所得税税率为 30%。

就洗牙而言，一个单位就是指一次常规牙齿清洁，大约需要 45 分钟；就补牙而言，一个单位就是指一次填补一个或多个髓腔；就镶牙而言，一个单位就是指在一个牙上镶上齿冠。如果一次不止镶一个牙，那么一个牙就是一个单位（例如，镶两个齿冠就算两个单位）。

要求：

a. 根据上述信息，Painless 牙科诊所每年能实现多少税后利润？

b. 假设在盈亏平衡点产品销售组合相同，那么诊所的销售收入达到多少，才能实现盈亏平衡？

c. 假设同样是上述销售组合，诊所的销售收入达到多少，才能实现$140 000 的年税后利润？

d. Painless 牙科诊所正在考虑更专注于洗牙和补牙。如果每年洗牙的数量增至 12 000，每年补牙的数量增至1 000，而镶牙的数量降至零，那么诊所的年盈亏平衡销售收入是多少？

按照产品组合的这种变化，诊所每年的固定成本增至\$450 000，那么产品组合的这种变化对诊所的年税后利润有什么影响？如果诊所的经理希望实现税后利润最大化，那么这种变化是个好主意吗？

自学题答案

1. a. 经营利润

$$\begin{aligned}\text{利润} &= PX - VX - F\\ &= \$360\ 000 - \$240\ 000 - \$60\ 000\\ &= \$60\ 000\end{aligned}$$

b. 盈亏平衡点

$$X = \frac{F}{P - V}$$

$$\$60\ 000 \div (\$90 - \$55 - \$5) = \$60\ 000 \div \$30 = 2\ 000$$

c. 目标销量：利润 = \$120 000

$$\begin{aligned}X &= \frac{F + \text{目标利润}}{P - V}\\ &= (\$60\ 000 + \$120\ 000) \div \$30 = 6\ 000\end{aligned}$$

d. 目标销售收入：利润 = \$20 000

$$\text{贡献边际率} = \$30 \div \$90 = 0.333\ \text{（四舍五入）}$$

$$\begin{aligned}PX &= \frac{F + \text{目标利润}}{\text{贡献边际率}}\\ &= (\$60\ 000 + \$20\ 000) \div 0.333 = \$240\ 000\end{aligned}$$

e. 3 月份销量

$$X = \$360\ 000 \div \$90 = 4\ 000$$

f. 经营利润达到销售收入的 20%的销量

$$\begin{aligned}&PX - VX - F = 20\%PX\\ &\$90X - \$60X - (20\%)(\$90)X = \$60\ 000\\ &(\$90 - \$60 - \$18)X = \$60\ 000\\ &X = \$60\ 000 \div \$12 = 5\ 000\end{aligned}$$

2.

$$\begin{aligned}\text{税后利润} &= [(P - V)X - F](1 - t)\\ \$48\ 750 &= [(\$15 - \$7)X - \$60\ 000](1 - 0.35)\\ \$48\ 750 &= (\$8X - \$60\ 000) \times 0.65\\ (\$48\ 750 \div 0.65) &= \$8X - \$60\ 000\end{aligned}$$

$$\$75\ 000 + \$60\ 000 = \$8X$$
$$\$8X = \$135\ 000$$
$$X = \$135\ 000 \div \$8$$
$$X = \underline{\underline{16\ 875}}$$

3. 根据目前的帐篷场地和 RV 场地组合，HDC 公司的销售组合为 40%（=6 000 ÷15 000）的帐篷场地和60%（=9 000 ÷ 15 000）的 RV 场地。HDC 公司的加权平均贡献边际是

$$0.40 \times (\$6 - \$3) + 0.60 \times (\$15 - \$7) = \$6$$

多产品盈亏平衡点可以通过盈亏平衡公式确定

$$X = 固定成本 \div 加权平均单位贡献边际$$
$$= \$60\ 000 \div \$6 = 10\ 000$$

按照目前的销售组合，盈亏平衡点的销量就是帐篷场地 4 000（10 000 的 40%），RV 场地 6 000（10 000 的 60%）。

第 4 章

4 用于决策的成本分析

学习目标

阅读本章之后，你应该能够：

1. 利用不同分析方法分析决策。
2. 了解如何在定价决策中应用不同的分析方法。
3. 了解长期定价决策中基于成本定价的几种方法。
4. 了解如何在生产决策中应用不同的分析方法。
5. 了解约束理论。

复习题

4-1. 固定成本经常定义为“在短期内成本是固定的”。这意味着从长期讲它们不是固定的吗？为什么？

4-2. 沉没成本与差量成本之间的区别是什么？

4-3. 沉没成本永远都不会是差量成本吗？

4-4. 短期决策与长期决策之间的区别是什么？试举例说明。

4-5. 哪些成本计入产品的完全成本？产品的完全成本总是最适宜于决策者使用的成本吗？

4-6. 什么是生命周期成本的分析与定价？

4-7. 什么时候最有可能适用成本加成定价法？

4-8. 目标成本和目标价格的含义是什么？请解释它们是如何确定的。

4-9. 什么是掠夺性定价？为什么它在许多国家都是非法的？

4-10. 什么是倾销？成本会计人员在认定是否发生了倾销时将发挥什么作用？

4-11. 什么是价格歧视？成本会计人员如何帮助确定价格上的差异是否属于价格歧视？

4-12. 如果我们希望利润最大化，我们为什么在分析中使用单位贡献边际，而不是单位毛利润边际呢？

4-13. 一家公司认识到生产几种产品的一种投入产品是有限供应。在存在这项约束的条件下，管理者应该采用什么方法实现利润最大化呢？

4-14. 为什么生产约束在决定最优产品组合时发挥着重要作用呢？

4-15. 在关停产品线的决策中，哪些是非财务因素？

4-16. 约束理论聚焦于哪三个主要因素？

重点分析与讨论题

4-17. 作为一家航空公司的营销经理，你会按变动（边际）成本向在最后一刻走到舱门的旅客卖票吗？ 为什么？ 会计系统提供的成本包含决策用的所有相关成本吗？

4-18. 一家公司有一些老型号的电话，单位销售价格为$10。它们的生产成本为$25。公司的行为属于掠夺性定价吗？为什么？

4-19. 你购买飞往纽约市的机票看演出。你在乘机当日购买，并支付了$100。坐在你旁边的一位旅客在两个月前购买的机票，为此他支付了$200。成本存在差异吗？或者说这属于价格歧视吗？

4-20. 你的一位熟人指出：“差量成本分析这个主题很容易，变动成本就是惟一相关的成本。”你如何回应？

4-21. 你们组织的一位经理刚刚接到了一份特殊订单，价格低于成本。这位经理指着订单说：“这样的订单会给你们带来麻烦，所有销售都必须分担它在经营企业所发生的完全成本中的份额。如果我们按低于完全成本的价格销售，我们很快就会破产。”你对这种观点有何评论？

4-22. 如果你在考虑驾车到周末度假胜地，去度过学校的一个短假，那么驾车出行的差量成本是什么？

4-23. 如果你在考虑购买一辆二手车，那么这项决策的差量成本是什么？它们与第4-22题相同吗？为什么？

4-24. 管理者指出第一种产品的贡献高于第二种产品的贡献。因此，他得出结论，公司应该集中生产第一种产品。如果集中生产第一种产品，那么在什么条件下这种方法才能导致利润最大化？

4-25. 如果管理者正在制定多产品定价决策，那么在什么情况下固定成本是相关成本？

4-26. 在约束理论中，提高瓶颈资源绩效的方法是什么？

4-27. 按照约束理论，增加利润的方法是什么？

练 习

可参考McGraw-Hill的作业管理系统

(学习目标1、2) **4-28. 特殊订单**

S

Maria食品店为非营利组织提供分发给残障人士和老年人的食物。下面所列的是她预测的四月份的损益表，她预期四月份生产和销售4 000份饭。

	金 额	每份饭
销售收入	$20 000	$5.00
饭菜成本	16 000	4.00
毛利润	$ 4 000	$1.00
行政管理成本	2 000	0.50
经营利润	$ 2 000	$0.50

计入损益表的固定成本为生产成本$6 000和行政管理成本$1 000。Maria从一家为残奥

会募捐的野餐活动赞助组织接到了一份特殊订单。这个组织在 4 月 10 日要 300 份饭，并且每份饭愿意支付$3.50。Maria 有足够的闲置生产能力，完成这份特殊订单。这些饭将发生做一份饭所需要的全部变动成本，但是变动行政管理成本和总固定成本不受影响。

要求：

接受这份特殊订单将会对经营利润产生什么影响？

(学习目标 1、2) **4–29. 特殊订单**

Owls 公司的生产能力为每年生产 400 000 台电脑显示器。公司目前每年生产和销售 320 000 台，单位销售价格为$400。生产和销售一台显示器的成本如下所示。

变动生产成本	$160
固定生产成本	40
变动销售及行政管理成本	80
固定销售及行政管理成本	20
总成本	$300

公司接到一份特殊订单，要求供应 20 000 台显示器，单位销售价格为$250。因为它不必为特殊订单支付销售佣金，所以每台显示器的变动销售及行政管理成本仅为$50。特殊订单不会影响总固定成本。公司根据下列计算拒绝了特殊订单。

单位销售价格	$250
变动生产成本	160
固定生产成本	40
变动销售及行政管理成本	50
固定销售及行政管理成本	20
每台显示器净损失	$(20)

要求：

管理者正在审查它的决策，并征求你的意见。Owls 公司应该接受特殊订单吗？列出你的计算。

(学习目标 1、2) **4–30. 定价决策**

假设 Colod Rock 公司销售冰激凌，每品脱$4。每品脱冰激凌的成本如下所示。

材　料	$1.50
人　工	0.50
变动生产管理成本	0.25
固定生产管理成本（$20 000/每月，20 000 品脱/月）	1.00
每品脱总成本	$3.25

Cold Rock 公司的一个老客户要组织一个残奥会募捐野餐活动，要公司完成一份 400 品脱的特殊订单，每品脱销售价格为$3.00。Cold Rock 公司的生产能力能满足特殊订单，且不影响总的月固定成本。Cold Rock 公司的总经理关心的是按低于单位成本$3.25 的价格销售冰激凌，并征求你的意见。

要求：

a. 编制一张表，说明在每月正常生产和销售 20 000 品脱冰激凌之外，再提供 400 品脱冰激凌对公司利润的影响。

b. 仅根据上述数据，在不降低公司利润的情况下，特殊订单的最低价格应该是多少？

c. 总经理在为特殊订单制定价格的时候还可能考虑其他什么因素？

(学习目标 1、2) **4–31. 定价决策**

Mother Bottlers 公司是一家灌装和销售冰茶的小型瓶装饮料公司，每瓶销售价格为$6。每瓶的成本如下所示。

材 料	$2.00
人 工	1.00
变动生产管理成本	0.50
固定生产管理成本（$20 000/每月，1 000 瓶/月）	2.00
每瓶总成本	$5.50

公司的一个老客户向公司提出了一份特殊订单，要求供应 1 000 瓶，每瓶销售价格为$5.00。公司利用现有生产能力能够满足订单需要，且不影响该月总固定成本。但是，公司经理关心的是按低于单位成本$5.50 的价格销售，并征求你的意见。

要求：

a. 编制一张表，说明在每月正常生产和销售 10 000 瓶之外，再供应 1 000 瓶的特殊订单对公司利润的影响。

b. 仅根据上述数据，在不降低公司利润的情况下，特殊订单的最低销售价格是多少？

c. 公司经理在为特殊订单制定价格的时候还希望考虑其他什么因素？

(学习目标 3) **4–32. 目标成本管理与定价**

Sid 外观设计公司为电子记事簿和便携式音乐播放器生产各种外壳。公司的设计师发现了一个新市场，即为一款畅销的音乐播放器生产印有大学标志的新型透明塑料外壳。市场研究表明，像这样的外壳能够以$15 的价格畅销市场。Sid 公司希望经营利润达到成本的 20%。

要求：

Sid 公司生产这款外壳所愿意接受的最高生产成本是多少？

(学习目标 3) **4–33. 目标成本与定价**

Dino 公司生产各种印有标志的 T 恤。公司发现了一个新市场，即印有标志的运动衫。市场研究表明，像这样的运动衫可以每件$30 的价格在市场上销售。Dino 公司希望经营利润达到成本的 15%。

要求：

Dino 公司生产运动衫所愿意接受的最高生产成本是多少？

(学习目标 4) **4–34. 自制与外购决策**

Mobility 合伙公司生产轮椅及其他残疾人专用设备。多年来，公司一直自制轮椅后轮配件。当地的自行车生产商 Trailblazers 公司，提出向 Mobility 合伙公司销售这些后轮配件。如果 Mobility 合伙公司自制配件，每个后轮配件的成本如下所示（根据年产量 2 000 个）。

项目	金额
直接材料	$25
直接人工	53
变动生产管理成本	16
固定生产管理成本	47
合　计	$141

Trailblazers 公司提出向 Mobility 合伙公司销售配件的价格为$110。订单总量为每年 2 000 个后轮配件，即如果 Mobility 合伙公司每年至少能节约$10 000，公司管理者就将外购，而不是自制。如果接受 Trailblazers 公司的报价，就能节约$40 000 的年固定生产成本。

要求：

Mobility 合伙公司应该自制后轮配件，还是应该从 Trailblazers 公司外购？编制一张表，说明单位后轮配件的差量成本。

(学习目标 4)　**4-35. 自制与外购决策**

Mel Meals 2 Go 快餐店每年生产和销售 10 000 份午餐盒饭，其中所含的曲奇饼外购。Mel 的厨房和相邻的会议室的生产能力利用率为 70%。Mel 快餐店外购曲奇饼的单位价格为$0.60，但是他们正在考虑自制曲奇饼。在不增加生产能力的情况下，Mel 快餐店自制曲奇饼的单位成本为原料$0.20，直接人工$0.15，生产管理成本$0.45。在$0.45 的生产管理成本中包括所分配的单位固定生产成本$0.30。但是，如果 Mel 公司自制曲奇饼，公司的总固定生产管理成本不会增加。

Mel 亲自来征求你的意见。“自制曲奇饼将花费我$0.80，但是外购只需要$0.60。我应该继续自制吗？”材料和人工是变动成本，但是单位变动生产管理成本只有$0.15。每份盒饭放两块曲奇饼。

要求：

你如何为 Mel 提供建议？编制一张表，说明差量成本。

(学习目标 4)　**4-36. 考虑机会成本的自制与外购**

参照第 4-35 题的事实，Mel 突然发现了一个销售晚餐盒饭的机会。新机会要求利用剩下的 30%的未利用生产能力。晚餐盒饭的贡献边际总计为每年$3 000。你在第 4-35 题中所作的建议会改变吗？为什么？

(学习目标 4)　**4-37. 关停产品线**

Atlantic Soup 公司目前的生产能力利用率为 75%。由于担心公司的业绩，总裁正在考虑关停公司的蛤蜊海鲜汤。如果关停了蛤蜊海鲜汤，就会损失与其相关的收入，节约相关变动成本。此外，公司的总固定成本将会下降 15%。

分部损益表如下所示。

产 品	西红柿	蛤蜊海鲜	鸡肉面
销售收入	$32 600	$42 800	$51 200
变动成本	22 000	38 600	40 100
贡献边际	$10 600	$ 4 200	$11 100
分配给每条产品线的固定成本	4 700	6 000	7 100
经营利润（损失）	$ 5 900	$(1 800)	$ 4 000

要求：

编制一张如图表4.8所示的差量成本表，说明Atlantic公司是否应该关停蛤蜊海鲜汤产品线。

(学习目标4) **4–38. 关停生产线**

S

Freeflight航空公司目前的生产能力利用率为70%。航空公司的管理层正在考虑停飞欧洲往返美国的航线。如果停飞这些航线，就会损失与之相关的收入，节约相关变动成本。此外，公司的总固定成本将降低20%。

某一个月的分部损益表如下所示（单位：百万美元）。

航 线	美国国内	欧洲本土	美国与欧洲之间
销售收入	$3.4	$2.6	$ 2.8
变动成本	1.4	1.0	1.5
分配给各航线的固定成本	1.7	1.3	1.4
经营利润（损失）	$0.3	$0.3	$(0.1)

要求：

编制一份如图表4.8所示的差量成本表，说明Freeflight航空公司是否应该停飞美国往返欧洲的航线。

(学习目标5) **4–39. 约束理论**

ComDesk公司为电脑用户生产单一型号的人体工程学电脑桌（配电脑椅）。电脑桌在1号楼生产，电脑椅在2号楼生产。月生产能力与生产水平如下所示。

	1号楼（电脑桌）	2号楼（电脑椅）
月生产能力	400	500
月产量	400	400

公司将配套销售电脑桌和电脑椅，每月销售电脑桌500个。每套（桌配椅）的销售价格为$300，变动成本为$125。

要求：

a. ComDesk公司存在瓶颈吗？如果存在，在哪里？

b. ComDesk公司的生产主管表示，他们将增加通过在周末生产电脑桌来增加1号楼的生产能力，每月可增加100个电脑桌。在周末生产不会影响销售价格。由于要付加班费，周末生产的电脑桌的单位变动成本将增加$25。每月固定成本也会增加$10 000。ComDesk公司应该在周末生产电脑桌吗？

c. 撇开要求（b）中的情境不考虑，ComDesk 公司能够增加 1 号楼的设备和工人，从而使其生产能力每月增加 100 个电脑桌。这不会影响单位销售价格或者单位变动成本，但是会增加月固定成本$20 000。ComDesk 公司应该在 1 号楼增加额外的设备和工人吗？

(学习目标 5)　**4-40. 约束理论**

Playful Pen 公司生产单一型号的笔。笔芯（含墨水）在一台机器上生产。笔的外壳（你用笔时握着的外壳）在另一台机器上生产。月生产能力和生产水平如下所示。

	1 号机器（笔芯）	2 号机器（笔外壳）
月生产能力 ……	800 000	1 000 000
月产量 …………	800 000	800 000

公司每月能销售 1 000 000 支笔。每支笔（笔外壳加笔芯）的销售价格为$10，变动成本为$4。月固定成本为$4 000 000。

要求：

a. Playful Pen 公司存在瓶颈吗？如果存在，在哪里？

b. Playful Pen 公司的生产主管表示，他们能够通过在周末生产笔芯，将 1 号机器的生产能力每月增加 200 000 个。在周末生产不会影响销售价格。由于支付加班费，周末生产的笔单位变动成本将增加$1。月固定成本也将增加$800 000。Playful Pen 公司应该在周末生产笔芯吗？

c. 撇开要求（b）中的情境不考虑，Playful Pen 公司能够通过增加额外人工持续维修，来扩大 1 号机器的生产能力。这样将使笔芯的月生产能力增加 100 000。这不会影响销售价格或者固定成本，但是会使所有产品的单位变动成本增加$4.5。Playful Pen 公司应该通过增加这些额外的人工来扩大 1 号机器的生产能力吗？

习　题

可参考McGraw-Hill的作业管理系统

(学习目标 1、2)　excel　mhhe.com/lanen2e

4-41. 特殊订单

Hi-Speed 电器公司生产低成本、消费者级的计算机。它将这些计算机销售给各种电器零售商（然后再贴上商店的品牌再售）。它生产两种型号的计算机：闪电 2.0 和闪电 2.4，两种产品在速度、内存和硬盘容量等方面有所不同。可获得的信息如下所示。

单位成本	闪电 2.0	闪电 2.4
直接材料 …………………	$ 45	$ 55
直接人工 …………………	$ 30	$ 40
变动生产管理成本 ………	$ 15	$ 20
固定生产管理成本 ………	$ 90	$ 120
单位总成本 ………………	$ 180	$ 235
价　格 ……………………	$ 300	$ 390
销　量 ……………………	4 000	2 000

平均工资水平为每小时$20。变动生产成本随直接人工小时数的变化而变化。车间的生产能力为 18 000 个直接人工小时，但是目前的生产仅利用了 10 000 个直接人工小时。

要求：

a. 一家全国性连锁折扣店提出，如果单位销售价格分别降至$200 和$250，就购买 2 000 台闪电 2.0 和 2 000 台闪电 2.4 计算机。如果 Hi-Speed 公司接受了这个报价，那么额外生产这些计算机需要多少直接人工小时？如果 Hi-Speed 公司接受了这个建议，利润将增加（减少）多少？正常销售的价格保持不变。

b. 假设全国性连锁折扣店提出分别按$200 和$250 的单位销售价格各购买两种型号 3 000 台。这个客户购买每种型号 3 000 台计算机的条件是"全量或零量"交易，即 Hi-Speed 电器公司要么每种型号供应 3 000 台，要么不供应。Hi-Speed 电器公司的管理者决定完全履行这两种产品的特殊订单。就公司生产能力约束而言，Hi-Speed 电器公司将在必要时削减向正常客户的销售，来履行特殊订单。如果接受特殊订单，利润将变化多少？假设公司不能扩大生产能力来满足额外需求。

c. 假设车间可以加班。加班生产的直接人工成本增至$30/小时，加班生产的变动生产管理成本比正常生产多$5/小时。请回答要求（b）中的问题。

(学习目标 1、2) **4–42. 特殊订单**

尼丽管理着一家生产婚纱的公司。她既按订单生产定制产品，也生产婚礼沙龙销售的标准产品。她的会计人员编制了 3 月份（这是一个旺季）的预测损益表，如下所示。

	定制婚纱	标准婚纱	合 计
婚纱数量	10	20	30
销售收入	$50 000	$25 000	$75 000
材 料	$10 000	$ 8 000	$18 000
人 工	20 000	9 000	29 000
机器折旧	600	300	900
租 金	4 200	2 800	7 000
热 电	1 000	600	1 600
其他生产成本			2 800
营销及行政管理成本			7 700
总成本			$67 000
经营利润（损失）			$ 8 000

尼丽女士已经将 10 件定制婚纱反映在 3 月份的预测损益表中。折旧费是两个产品线分别使用的机器计提的。机器根据所使用的小时数按每小时$1 的标准计提，所以这些成本是变动成本。在 3 月份，裁剪和缝纫机器预期运转 900 小时，其中 600 小时用于生产定制婚纱。建筑场地已经租赁了多年，租金为$7 000/月。租金、热电成本根据占用的场地面积分配给产品线。

一个重要的客户是一个婚礼顾问，她让尼丽女士帮个忙。这个婚礼顾问有一个客户希望在 4 月初结婚。尼丽女士的公司在满负荷生产，如果生产这件婚纱，就必须放弃一些其他订单。她不能对已经答应的定制订单违约，但是她可以将 3 月份标准婚纱的产量降至 10 件。因为在可预见的未来，尼丽没有未利用的生产能力，所以她永远没有机会弥补损失的标准婚纱的产量。这个婚礼顾问愿意为特殊订单支付$25 000。特殊订单的材料和人工成本分别为$6 000 和$10 000。特殊订单将需要 140 个机器小时。公司将因放弃标准婚纱订单而节约 150 个机器小时。租金、热电及其他生产成本不会受特殊订单影响。

要求：

尼丽女士应该接受特殊订单吗？为什么？

(学习目标 2)　**4–43. 定价决策**

山姆、马蒂纳、阿雷萨、洛克西和汤姆斯经营着一家管理咨询公司（SMART）。公司刚刚收到了一个潜在客户的咨询，询问教授主管提高沟通能力的培训课程的价格。这个潜在客户希望对如下三种经济活动水平询价。（1）为 20 人提供一次培训课程；（2）提供 4 次培训课程，每次 20 人，共计 80 人；（3）提供 8 次培训课程，共计 140 人。咨询公司的会计人员提供了下列差量成本估计数字。

整个任务的生产准备成本	$ 600
单位培训人员的材料成本（书、资料、咖啡、午餐等）	100
差量直接人工成本：	
1 次培训课程	$1 200
4 次培训课程	5 200
8 次培训课程	8 800

除了上面所列的差量成本之外，SMART 公司还根据直接人工成本将固定成本分配给各项任务，分配标准为直接人工成本的 75%（不包括生产准备成本）。例如，如果直接人工成本是$100，那么 SMART 公司还要为该任务计入$75 的固定成本。SMART 公司向客户收费的标准是成本加成 25%。在计算向客户的收费时，成本等于生产准备成本加材料成本加差量人工成本，再加所分配的固定成本。SMART 公司有足够的闲置生产能力来完成这项任务。

要求：

a. 假设 SMART 公司的报价等于总成本（包括分配给此项任务的固定成本），加 25%的成本加成。那么 SMART 公司应该分别为这三种经济活动水平提供什么样的报价？

b. 分别计算这三种经济活动水平的差量成本（包括生产准备成本）和对利润的贡献。请注意，固定成本不是差量成本。

c. 假设这位潜在客户提出了三种选择。它愿意接受 SMART 公司 1 次培训课程或 4 次培训课程这两种经济活动水平中的任一报价，但是这位潜在客户只愿意支付 8 次培训课程报价的 85%。SMART 公司的总裁回复道："如果靠削减报价，我们就无法在这个行业赚到钱！我们选择 4 次培训课程吧，因为这种选择为我们带来的利润最大。"你赞成这种观点吗？这三种选择对利润的贡献分别是多少？

(学习目标 2)　**4–44. 定价决策**

M.Anthony 有限责任合伙公司在伦敦的一个工作室制作音乐。制作一首歌曲的成本如下所示。

每首歌曲的平均成本：	
人工（包括音乐人和技术人员）	$14 000
变动生产管理成本（包括文书支持）	2 000
固定生产管理成本	21 000
营销及行政管理成本（均为固定成本）	25 000
每首歌曲的总成本	$62 000

每首歌曲的固定成本分配是基于音乐室每月制作60首歌曲的假设。

要求：

独立分析每个问题。除非另有说明，Anthony制作一首歌曲的收费标准均为$70 000。

a. 公司每个月必须制作多少首歌曲才能实现盈亏平衡？

b. 市场研究估计，如果制作每首歌的价格提高至$80 000，那么每月制作的歌曲数量就会降低至50首。会计部估计，如果每月的歌曲制作数量降至50首，那么总固定成本将保持不变，单位变动成本也保持不变。价格提高会对利润产生怎样的影响？

c. 假设Anthony目前正在按每月60首歌曲的正常产量经营。它从一所大学接到了一份特殊订单，要求制作一套两张的CD，共计30首歌曲。Anthony音乐室必须在下个月完成这些歌曲，否则大学就另寻他家。因为Anthony音乐室每月的生产能力只有80首歌曲，所以必须放弃正常生产的10首歌曲。由于歌曲必须及时制作，所以Anthony音乐室无法在其他月份弥补正常生产的这些歌曲。因为大学将提供自己的音乐人，所以大学特殊订单的单位变动人工成本将削减至每首歌曲$12 000。大学希望提供一个折扣价格。它只准备每首歌付$20 000，并且认为制作费的削减也是理所应当的。无论Anthony音乐室是否接受特殊订单，总固定成本都保持不变。Anthony音乐室应该接受特殊订单吗？

d. 参照上述（c）中的情境。假设大学不是提出每首歌支付$20 000，而是向Anthony音乐室提出了下列建议。大学工作人员说："我们希望贵公司为我们制作这30首歌曲，我们既不希望你们因制作这些歌曲而赔钱，也希望获得最低的价格。"Anthony音乐室在接受特殊订单而不赔钱的情况下所能收取的最低价格是多少？

(学习目标1、2、4)

eXcel

mhhe.com/lanen2e

4-45. 差量成本分析综合题

Davis厨房用品公司为商业厨房生产炉具。按公司6 000件的正常月产量生产和销售炉具的成本如下表所示。

单位生产成本		
变动材料	$50	
变动人工	75	
变动生产管理成本	25	
固定生产管理成本	60	
单位生产成本合计		$210
单位营销成本		
变　动	25	
固　定	70	
单位营销成本合计		95
单位成本合计		$305

除非另有说明，假设每个问题所规定的情境都彼此毫无联系。每个问题都是独立的。除非另有说明，假设正常的单位销售价格为每单位$370。忽略上表或问题本身所未提及的所得税及其他成本。

要求：

a. 市场研究估计，如果单位价格从$370 降至$325，那么销量就会增加至 7 000 件，并且在生产能力限制范围之内。假设表中所列的数据所反映的成本习性是正确的，那么你会建议采取这项行动吗？对月度销售收入、成本和收益的影响是什么呢？

b. 3 月 1 日，联邦政府提出与 Davis 签订一份合同，要求在 3 月 31 日之前向军事基地供应 1 000 件。由于常规客户也意外地提出了大批量紧急订单，Davis 公司计划 3 月份生产 8 000 件，这将利用所有可利用的生产能力。如果接受政府的特殊订单，公司就会损失向常规客户正常销售的 1 000 件产品，并将其推给竞争者。政府合同将补偿公司“应承担的 3 月份生产成本份额”加$50 000 的固定费用（利润）。（政府订单不会发生变动营销成本。）接受政府合同会对 3 月份的收益产生什么样的影响？（你所要解决的部分问题是弄清楚“应承担的 3 月份生产成本份额”的含义。）

c. Davis 公司有一个机会进入激烈竞争的国外市场。国外市场的一个吸引力在于，在国内市场需求十分低的情况下，国外市场需求最高，因此就可以在不影响国内业务的情况下充分利用闲置生产设施。公司寻求了一份进入国外市场的订单，数量 2 000 件，价格低于正常价格。对于这份订单，运输成本总计为每件$40。争取这份合同的总（营销）成本为$4 000。这份订单没有其他变动营销成本，也不会影响国内业务。对于这份 2 000 件的订单，Davis 公司应该考虑的最低单位销售价格是多少？

d. 仓库储存着 460 件陈旧的炉具。这些存货必须以折扣价通过正常渠道销售（因此发生变动营销成本），否则存货很快就会变得一文不值。这些存货的最低可接受销售价格是多少？

e. 外部承包商提出建议，他将在 Davis 的销售人员接到订单后，直接为 Davis 的客户生产和发货，每月 2 000 件。对于承包商生产的这 2 000 件产品，Davis 公司的固定营销成本不受影响，但是变动营销成本将削减 20%。Davis 公司的工厂的生产能力利用率将为 2/3，总固定生产成本将削减 30%。在比较外部供应商提供的报价时，应该采用什么自制单位成本？如果单位价格（向外部承包商支付的价格）为$215，那么应该接受这项建议吗？

f. 假设与要求（e）中的事实相同，但闲置生产能力将用于生产极端气候条件下使用的改进型炉具，月产量为 1 600。这些改进型炉具的单位销售价格为$450，单位生产成本为$275，均为变动生产费用。单位变动营销成本为$50。无论只生产最初的 6 000 件常规型号的炉具，还是生产 4 000 件常规炉具和 1 600 件改进型炉具的产品组合，固定营销与生产成本都保持不变。如果向外部承包商支付的单位价格为$215，那么应该接受这项建议吗？

(学习目标 4)　**4–46. 自制与外购**

AAE 公司生产自行车。按公司每月 10 000 辆的产量生产和销售自行车的成本如下表所示。

单位生产成本		
变动成本	$120	
固定生产管理成本	60	
单位生产成本合计		$180
单位非生产成本		
变　动	30	
固　定	70	
单位非生产成本合计		100
单位成本合计		$280

公司的生产能力为每月10 000辆，并且总是满负荷运转。自行车的单位销售价格为$300。

要求：

a. AAE公司接受了外部承包商的建议。当从AAE公司的销售人员接到订单的时候，承包商直接为AAE公司的客户组装自行车并发货，每月装配数量为这10 000辆中的4 000辆。AAE公司将提供每辆自行车的材料，而外部承包商将装配、装箱和发货。外部承包商装配的4 000辆自行车的变动生产成本将降低40%。AAE公司的固定成本不受影响，但是外部承包商生产的这4 000辆自行车的变动非生产成本将削减60%。AAE公司的工厂的生产能力利用率将为60%，总固定生产成本将削减20%。在比较外部承包商的报价时，应该采用什么自制单位成本？如果单位价格（支付给承包商的价格）为$70，那么应该接受这项建议吗？

b. 假设事实与要求（a）相同，但是假设闲置设施将用于生产专用赛车，每月产量为400辆。这些赛车的单位销售价格为$4 000，而单位生产成本则为$2 800，均为变动生产费用。单位变动营销成本为$100。无论生产最初的10 000辆常规自行车，还是生产6 000辆常规自行车加400辆赛车的产品组合，固定非生产成本与固定生产成本均保持不变。考虑这个利用闲置场地的机会，AAE公司愿意为外部承包商装配常规自行车支付的最高采购价格是多少？如果价格为$70，那么应该接受承包商的建议吗？

(学习目标4)　**4–47. 新增或关停决策**

Carson公司为本地市场和区域市场生产和销售三种产品：Alpha、Beta和Gamma。在本年第一季度末，编制了下列损益表（单位：千美元）。

	合 计	本 地	区 域
销售收入	$5 200	$4 000	$1 200
销货成本	4 040	3 100	940
毛利润边际	$1 160	$ 900	$ 260
营销成本	420	240	180
行政管理成本	208	160	48
营销与行政管理成本合计	$ 628	$ 400	$ 228
经营利润	$ 532	$ 500	$ 32

由于极差的销售利润率，所以管理者表达了对区域市场的特别关注。公司是由于过剩生产能力才在一年前进入这个市场的。最初认为，随着时间的推移，销售利润率会提高，但是一年过去了，从上述季度报表所报告的结果中看不出任何提高的迹象。

在决定是否放弃区域市场时，公司收集了下列信息。

	产品		
	Aplha	Beta	Gamma
销售收入	$2 000	$1 600	$1 600
变动生产成本占销售收入的百分比	60%	70%	60%
变动营销成本占销售收入的百分比	3	2	2

按市场计的产品销售	本地	区域
Aplha	$1 600	$400
Beta	1 200	400
Gamma	1 200	400

放弃区域市场后，所有行政管理成本和固定生产成本均不受影响。上表中未列为变动成本的营销成本在本期是固定的，可按市场区分。如果放弃区域市场，那么分配给区域市场的固定营销成本也可节约。

要求：

a. 假设 Carson 目前的生产能力没有其他用途，你会建议放弃区域市场吗？为什么？

b. 编制一份季度损益表，按产品反映贡献边际。不要向产品分配固定成本。

c. 人们认为，如果 Carson 公司决定继续研发，就会在明年开发出一种新产品推向市场。新产品将替代产品 Gamma，并且只需将目前用于生产产品 Gamma 的设备转产即可。这种转产将会增加每季度的固定成本$40 000。如果要使转产在经济上可行，那么新产品的季度最低贡献边际必须达到多少？

(学习目标 4) **4–48. 关停商店的决策**

Power 乐器行拥有 5 家店，销售唱片、乐器及其他用品。此外，它还租赁乐器。在去年年底，新账户显示，尽管企业作为一个整体是盈利的，但是第五大道店却发生了巨大损失。第五大道店上个月的损益表如下所示。

Power 乐器行 第五大道店 部分损益表		
销售收入		$350 000
销货成本		290 000
毛利润边际		$ 60 000
成 本：		
工资、直接人工和生产管理[a]	$31 500	
租 金[b]	13 000	
州税收[c]	1 500	
存货保险	12 000	
折 旧	3 500	
行政管理和办公费用[e]	11 000	
存货维持成本的利息[f]	2 500	
总成本		75 000
损 失		$(15 000)

其他计算：

[a] 如果商店关停，就能节约这些成本。

[b] 如果商店关停，就能节约租金。

[c] 根据月平均持有存货每年估定一次。

[d] 部门设备成本的 8.5%。设备没有残值，公司报废设备不会发生任何成本。

[e] 根据商店销售收入占公司总销售收入的比例分配。如果商店关停，就不会节约这些成本。

[f] 基于平均存货数量乘以公司三月期贷款利率。

通过分析这些结果，管理者考虑关停第五大道店。管理团队的成员都认为，继续第五大道店的运营对维持良好的客户关系以及支持公司的其他业务并不重要。换言之，关停第五大道店预期不会影响其他店的业务量。

要求：

你建议 Power 乐器行的管理者采取什么样的行动呢？向管理者写一份简短的报告，建议是否关停第五大道店，并说明理由。

(学习目标 4) **4–49. 关停工厂**

请你帮助 Ironwood 公司的管理者制定一些决策。Ironwood 公司的总部设在美国密歇根州，在威斯康星州、明尼苏达州和北达卡塔州租赁的厂房，均生产同样的产品。Ironwood 公司的管理者为你提供了明年的经营预测，具体如下。

	合 计	威斯康星	明尼苏达	北达卡塔
销售收入	$880 000	$440 000	$280 000	$160 000
固定成本				
厂 房	220 000	112 000	56 000	52 000
行政管理	70 000	42 000	22 000	6 000
变动成本	290 000	133 000	85 000	72 000
分配的总部成本	100 000	45 000	35 000	20 000
合 计	$680 000	$332 000	$198 000	$150 000
经营利润	$200 000	$108 000	$ 82 000	$ 10 000

单位销售价格为$5。

由于北达卡塔州工厂的经营利润十分微薄。Ironwood 公司决定停止该工厂的经营，在本年年底之前将工厂的机器设备出售掉。Ironwood 公司预期出售这些资产所获得的收入等于全部停业成本。但是，如果经济上可行，Ironwood 公司希望继续为该地区的广大客户服务，并且也在考虑其他三种备选方案。

- 通过利用现有闲置生产能力，扩大明尼苏达州的经营。这项行动将使工厂经营产生下列变化。

较明尼苏工厂目前的经营增长	
销售收入	50%
固定成本	
厂　房	20
行政管理	10

按照此项建议，单位销售变动成本将是$2。

- 与服务该地区客户的一个竞争者签订一项长期合同。这个竞争者将基于 30 000 个的估计销量，向 IronWood 公司支付特许经营费，每销售 1 个产品支付$1。
- 关停北达卡塔州的工厂，但不扩大明尼苏达州工厂的经营。

在任何一种情境下，总部成本都保持不变，均为$100 000。

要求：

为了帮助 Ironwood 公司的管理者，编制一张表，计算 Ironwood 公司选择下列每个方案的估计经营利润。

a. 扩大明尼苏达州的工厂。
b. 议定一份收取特许经营费的长期合同。
c. 关停北达卡塔州的工厂，但不扩大其他各州的经营。

(学习目标 4) excel mhhe.com/lanen2e

4–50. 最优产品组合

Austin 公司生产和销售三种款式的男礼服衬衫。管理者试图决定最盈利的产品组合。销售价格、需求和生产投入的耗用情况如下所示。

	基　本	经　典	正　装
销售价格	$30	$64	$190
最大年需求量（件）	20 000	10 000	30 000
每件所需投入			
直接材料	0.5 码	0.3 码	0.6 码
直接人工	0.7 小时	2 小时	7 小时

成 本	
变动成本	
材 料	$20/ 码
直接人工	$16/ 小时
生产管理成本	$4/ 直接人工小时
营 销	销售收入的 10%
年固定成本	
生 产	$36 000
营 销	$ 8 000
行政管理	$30 000

公司面临着两种限制：（1）它所能销售的每款衬衫的数量（参见最大年需求量）；（2）工厂布局所导致的每年 30 000 个直接人工小时数。

要求：

用适当的表格列出支持数据。

a. 如果公司能够满足年需求量，那么公司的经营利润是多少？

b. 在这三条产品线中，哪一条最充分地利用了约束资源——直接人工，创造了最大利润？

c. 根据到目前为止的问题信息，你将建议怎样的产品组合？

d. 你所建议的产品组合应该创造多少经营利润？

e. 假设公司能够通过加班增加 10 000 多个人工小时，扩大人工生产能力。对于所耗用的全部直接人工小时，直接人工成本将从每小时$16 增加至$19。Austin 公司应该增加哪些产品的生产？利用加班生产能增加多少利润？

4–51. 最优产品组合

Bubble 公司利用再生塑料生产和销售各种塑料瓶。公司有一台机器，能生产两种型号的塑料水瓶：1 升水瓶或 1/2 升水瓶。两种产品的销售需求是公司可以满负荷生产任何一种产品，并都能以现行价格全部销售出去。一个单位的 1/2 升水瓶的生产需要 1 个机器小时，一个单位 1 升水瓶的生产需要 2 个机器小时。“一个单位”表示一箱 150 个水瓶。

下面所列的是塑料水瓶的单位成本。

	一个单位（150 个水瓶）	
	1/2 升	1 升
销售价格	$30	$55
成 本		
材料	$ 8	$15
人工	1	1
机器维修与折旧[a]	8	16
固定生产成本分配部分[b]	6	6
单位成本合计	$23	$38
单位毛利润边际	$ 7	$17

[a] 此项为变动成本，因为它是基于机器使用量。

[b] 此项为固定成本，因为它不受机器使用量的影响。

无论 Bubble 公司生产 1 升水瓶、1/2 升水瓶，还是二者都生产，其他所有成本均相同，所以可以忽略不计。

要求：

Bubble 公司应该生产 1 升水瓶、1/2 升水瓶，还是二者都生产？

综合案例

(学习目标 1、2)　**4–52. 成本结构对掠夺性定价的影响**

为了打赢掠夺性定价案件，传统上，执法人员必须证明公司按低于其平均变动成本的价格销售产品或提供服务。如果公司的固定成本相对较高、变动成本相对较低，那么较之变动成本高而固定成本低的公司，被指控为掠夺性定价的可能性就较小。有一个案件就说明了这一点——在该案件中，美国司法部指控**美国航空公司**从事了针对较小航空公司的掠夺性定价。

航空业的固定成本相对较高，变动成本较低，至少在短期内是如此。如果人们将一个单位定义为乘坐一个定期航班的旅客，那么旅客的额外成本就小——信用卡收费、由于额外重量而少量增加的燃油、一两瓶饮料，等等。如果人们将一个单位定义为一次航班，那么更多的成本就是变动成本——例如乘务人员成本、燃油、行李托运成本。即使单位是一次航班，总成本的大部分也都是固定成本。

在小型航空公司定期竞争达拉斯至堪萨斯、威奇托及其他城市的航班，并认为这只是市场中简单的商业竞争时，**美国航空公司**就降低了机票价格。该案件的法官称**美国航空公司**一直是一个强有力的竞争者，但是裁决美国航空公司的机票定价高于其平均变动成本。因此，他裁决应该撤销对美国航空公司的指控。

要求：

a. 为什么在掠夺性定价中价格与变动成本之间的关系是一个问题呢？

b. 指出变动成本相对于固定成本较低，因此难以证明掠夺性定价的公司和行业。

c. 指出变动成本相对于固定成本较高的公司。

自学题答案

1. 在对备选方案进行了下列分析之后，应该接受特殊订单。

	现状（不接受）	备选方案（接受）	差　量
销售收入 ……………	$800 000	$860 000	$60 000
变动成本 ……………	(400 000)	(436 000)	(36 000)
贡献边际 …………	$400 000	$424 000	$24 000
固定成本 ……………	240 000	240 000	-0-
经营利润 …………	$160 000	$184 000	$24 000

其他方法：

特殊订单销售收入（4 000 × \$15）……		\$60 000
减：变动成本		
生产（4 000 × \$8）…………………	\$32 000	
销售佣金（4 000 × \$1）……………	4 000	36 000
增加的利润 ………………………………		\$24 000

2. 如果以每件\$38 的成本向承包商购买，将会使利润减少\$5 000（=如下所示的利润增加\$33 000– 向承包商支付的成本\$38 000）。

	现状（不接受）	备选方案（接受）	差 量
变动成本（忽略向供应商支付的成本）···	\$250 000	\$242 000[a]	\$ 8 000 更低
固定成本 ……………	350 000	325 000[b]	25 000 更低
成 本 ………………	\$600 000	\$567 000	\$33 000 更低

[a] \$242 000 =（1 000 × \$42）+（4 000 件 × \$50）

[b] \$325 000 =（0.90 × \$250 000 生产固定成本）+（\$100 000 非生产固定成本）

3. a. 单位贡献边际：

	单车架	皮艇架
销售价格 ………………	\$100	\$80
变动成本 ………………	40	35
单位贡献边际 …………	\$ 60	\$45

注：变动成本为材料、直接人工、生产管理成本中的变动部分，以及变动营销成本。

b. 完成最低产量所需要的分钟数：

$$= 5\,000 \times 6 + 2\,000 \times 3 = 36\,000 \text{ 分钟}$$

c. 约束资源（装配部的时间）的单位贡献边际：

	单车架	皮艇架
单位贡献边际 …………	\$60	\$45
装配部时间（分钟）···	÷ 6	÷ 3
每分钟的贡献边际 ……	\$10	\$15

因为皮艇架每分钟的贡献更大，所以 On-the-Move 公司应该利用装配部的额外时间生产皮艇架。公司的最优生产排程是最少生产 5 000 个单车架和 2 000 个皮艇架。然后它应该用额外的时间再生产 1 000 个皮艇架（=［139 000 分钟 − 36 000 分钟］÷ 3 分钟/皮艇架）。总贡献边际为\$435 000（= 5 000 × \$60 + 3 000 × \$45）。如果 On-the-Move

公司利用额外时间再生产 500 个单车架（= 3 000 分钟 ÷ 6 分钟/单车架），那么总贡献边际就只有$420 000（= 5 500 × $60 + 2 000 × $45）。

d. 如果需求仅限于 2 500 个皮艇架，那么 On-the-Move 公司就应该生产 5 250 个单车架和2 500 个皮艇架。根据要求（c）中的分析，On-the-Move 公司利用装配部的 36 000 分钟满足最低需求 5 000 个单车架和 2 000 个皮艇架。这样就剩下 3 000 分钟（= 39 000 分钟 - 36 000 分钟）。从要求（c）中，我们可以知道，公司应该再生产皮艇架，所以它应该再生产 500 个皮艇架，从而达到 2 500 个皮艇架的最大需求。这就要求额外的 1 500 分钟（500 个皮艇架 × 3 分钟/皮艇架）。利用剩下的 1 500 分钟（3 000 分钟 - 1 500 分钟），On-the-Move 公司可以生产 250 个单车架（1 500 分钟 ÷ 6 分钟/单车架）。

5 成本估计

第 5 章

学习目标

阅读本章之后，你应该能够：

1. 了解估计固定成本和变动成本的原因。
2. 利用工程分析法估计成本。
3. 利用账户分析法估计成本。
4. 利用统计分析法估计成本。
5. 解释回归分析结果。
6. 指出回归分析数据的潜在问题。
7. 评估不同成本估计方法的优缺点。
8. （附录 A）利用微软 Excel 进行回归分析。
9. （附录 B）了解描述学习现象的数学关系。

复习题

5–1. 常见的成本估计方法是什么？

5–2. 哪种成本估计方法通常不是主要基于公司会计记录的？

5–3. 在什么条件下采用工程分析法优于其他估计方法？

5–4. 如果人们只是希望采用回归分析法进行成本估计，并将数据输入程序计算回归估计，那么可能会遇到什么问题？

5–5. 在采用基于过去数据的成本估计方法时，怎样权衡收集更多数据还是收集较少数据？

5–6. 简单回归分析与多元回归分析之间的区别是什么？

5–7. R^2 与调整后的 R^2 有什么区别？

5–8. 为什么准确的成本估计很重要？

重点分析与讨论题

5–9. 下列成本按照会计中的一般意义标为固定成本或变动成本。在什么情况下，下列任何一项成本的成本习性与所标的恰恰相反？

a. 直接人工——变动

b. 设备折旧——固定

c. 公用事业（有最低收费标准）——变动

d. 生产管理人员工资——固定

e. 按一定规模采购、在几天内毁损的间接材料——变动

5-10. 为什么经验丰富的管理人员更喜欢账户分析法，而不是统计分析法？

5-11. 在采用账户分析法进行成本估计时，应该从历史会计记录中选取成本吗？

5-12. 在采用高低点法或回归分析法进行成本估计时，人们如何弥补价格不稳定所造成的影响呢？

5-13. 有些人说散点图法和回归分析法密不可分，为什么？

5-14. 在利用过去的数据预测具有固定和变动成分的成本时，有可能产生具有负截距的方程。这意味着在生产水平为零时，公司就能在固定成本上赚钱吗？请解释。

5-15. 一个决策者希望基于回归方程获得成本估计。价格、成本、技术或者经济活动与成本之间的关系会发生变化。只使用了一个变量，那么在成本估计时，应注意什么？

5-16. 一个朋友来请教你一个问题。“我采用回归分析法为老板提供了一个成本方程。他对结果不满意。他让我再分析分析，直到我对其中一个变量，即机器小时数，有了一个更低的成本估计之后，再去见他。我最初的分析涵盖过去 36 个月（共 36 个观测值）。通过去掉成本与机器小时之间的关系非常密切的 4 个月，我为机器小时数得出了一个更低的成本估计。我的老板对新的结果很满意。你认为我所做的不道德吗？”你的回答是什么？

5-17. 在进行了账户分析，并将结果提交你的老板之后，你发现在分析所涵盖的 24 个月中，有 3 个月的数据有误。在 24 个月的 6 个月中，你的助手去掉了成本中的 000。因此，你认为$10 000 000 是$10 000。你通知了老板，可老板说分析已经提交高管了，他明天要向董事会说明。你的老板不想把失误告诉高管，那么你呢？

5-18. 在进行成本分析时，你意识到会计记录可能有误。例如，12 月份维修成本的记录为零。但是，你知道维修是在 12 月份进行的。你发现下一个月（一月份）的维修成本几乎是正常月份的两倍。你怀疑维修成本之所以没有在年末的最后一个月（即 12 月份）入账，是为了使部门成本看起来低于预算。这项明显的错误会影响回归分析，因为你在分析中既使用了 12 月份的数据，也使用了 1 月份的数据。你应该报告你对维修成本的入账方式的关注吗？如果应该，你应该向谁报告呢？

5-19. 请至少举出 3 个书中没有提及的学习现象的应用。

5-20. 学习曲线可能会影响单位材料成本吗？

5-21. 快餐店麦当劳因员工流动率高、质量高、成本低而闻名。利用你所学的关于学习现象的知识，说明为什么麦当劳在员工流动率如此高的情况下还能保持高质量和低成本。

练　习

可参考McGraw-Hill的作业管理系统

(学习目标 3)　**5-22. 成本估计方法：账户分析法**

FarOut 贺卡公司的账户记录报告了去年的生产成本如下。

直接材料	$630 000
直接人工	525 000
变动生产管理成本	462 000

产量为 210 000 张。固定生产管理成本为$720 000。

明年，成本预期增长的情况如下。直接材料成本增加 20%，不含产量变化的任何影响；直接人工增加 4%；固定生产管理成本增加 10%。单位变动生产管理成本预期保持不变。

要求：

a. 在本年产量为 220 000 的水平下，进行成本估计。

b. 确定去年和本年的单位成本。

(学习目标 3)

5-23. 成本估计方法：账户分析法

咨询公司的账户记录反映第 1 年的成本如下。

直接材料	$120 000
直接人工	860 000
变动生产管理成本	180 000

产量为 100 000 个计费小时。固定生产管理成本为$200 000。

第 2 年，单位直接材料成本预期增加 10%。直接人工成本预期增加 15%。单位计费变动生产管理成本预期保持不变，但是固定生产管理成本预期增加 5%。

要求：

a. 第 2 年产量预期为 130 000 个计费小时。第 2 年估计的直接材料、直接人工、变动生产管理成本和固定生产管理成本分别是多少？

b. 分别计算第 1 年和第 2 年的单位计费小时总成本。

(学习目标 4)

5-24. 成本估计方法：高低点法、道德问题

Oak Island 娱乐中心提供了关于过去 3 年的维修成本及游客数量的数据，具体如下。

年游客量 (单位：千)	维修成本 (单位：千美元)
1 825	$1 950
2 007	2 150
2 375	2 500

要求：

a. 采用高低点法估计年固定维修成本和单位游客变动维修成本。

b. 公司预期明年的游客量为 2 600 000。估计的维修成本将是多少？

c. 公司的管理层正在考虑撤掉维修部，外包给外部公司。管理者尤其关注固定维修成本。维修部经理告诉你这个成本分析师，2 375 个游客量是异常值，在分析中不应该使用。假设这将降低估计的固定成本，将这个观测值视为异常值道德吗？

(学习目标 4)

eXcel
mhhe.com/lanen2e

5–25. 成本估计方法：高低点法

Lecouvreur 公司生产足球设备。在明年的规划中，管理者希望了解经济活动与生产管理成本之间的关系。通过与工厂主管的讨论，表明生产管理成本似乎随人工小时数、机器小时数或二者共同的变化而变化。下面所收集的是关于去年经营情况的数据。

月份	人工小时数	机器小时数	生产管理成本
1 ……	725	1 355	$102 687
2 ……	715	1 407	103 792
3 ……	680	1 520	109 915
4 ……	740	1 453	108 280
5 ……	780	1 591	116 229
6 ……	755	1 579	114 464
7 ……	740	1 390	107 022
8 ……	725	1 306	102 094
9 ……	710	1 454	106 439
10 ……	795	1 545	113 067
11 ……	675	1 298	100 755
12 ……	710	1 604	112 842

要求：

a. 基于机器小时数采用高低点法估计生产管理成本的固定与变动部分。

b. 管理者期望工厂明年按月平均 1 500 个机器小时数的水平运营。假设没有通货膨胀，估计月生产管理成本是多少？

(学习目标 4)　**5–26. 成本估计方法：散点图法**

根据第 5–25 题所提供的生产管理成本和机器小时数数据绘制散点图。

(学习目标 4)　**5–27. 成本估计方法：散点图法**

根据第 5–25 题所提供的生产管理成本和人工小时数数据绘制散点图。

(学习目标 5)　**5–28. 成本估计方法：简单回归分析**

根据 Lecouveur 公司（第 5–25 题）的数据所得出的简单回归分析结果如下所示。

方 程：

生产管理成本 = $41 293 + ($45.83 × 机器小时数)

统计数据

相关系数	0.962
R^2	0.925

要求：

如果公司预期工厂明年按月平均 1 800 个机器小时数的水平运营，估计生产管理成本。

(学习目标 5)　**5–29. 成本估计方法：简单回归分析**

根据 Lecouvreur 公司（第 5–25 题）的数据得出的简单回归分析结果如下所示。

方 程：
生产管理成本 = \$43 521 + （\$88.61 × 人工小时数）
统计数据

相关系数	0.610
R^2	0.372

要求：

如果公司预期明年按月平均人工小时数 600 的水平运营，估计生产管理成本。

(学习目标 5)　**5–30. 成本估计方法：多元回归**

根据 Lecouvreur 公司（第 5–25 题）的数据得出的多元回归分析结果如下所示。

方 程：
生产管理成本 = \$24 913 + （\$31.93 × 人工小时）
+ （\$41.10 × 机器小时）
统计数据

相关系数	0.982
R^2	0.964

要求：

利用多元回归分析结果估计生产管理成本，假设公司预期明年按月平均 1 800 个机器小时数和 600 个人工小时数的水平运营。

(学习目标 5)　**5–31. 解释回归分析结果：多项选择题**

Cortez 公司计划引进一项新产品，单位销售价格为\$96。第一年生产 20 000 件产品的生产成本估计如下所示。

直接材料 ………	\$800 000
直接人工 ………	640 000 （=\$16/ 小时 × 40 000 小时）

新产品的生产管理成本尚未估计，但是采用简单线性回归分析法分析了过去 24 个月的月度总生产成本和生产管理成本。简单回归分析得出了下列结果，并为新产品的生产管理成本估计提供了基础。

简单回归分析结果
因变量–生产管理成本
自变量–直接人工小时数
计算出的值

截距 ……………………………………	\$120 000
自变量系数 …………………………	\$　5.00
相关系数 ……………………………	0.921
R^2 ……………………………………	0.848

要求：

a. 自变量解释了多少生产管理成本的差异？

(1) 92.1%
(2) 45.0%
(3) 84.8%
(4) 8.48%
(5) 其他

b. 如果估计的经济活动水平为 50 000 个直接人工小时，那么总生产管理成本是多少？
(1) \$370 000
(2) \$120 000
(3) \$250 000
(4) \$320 000
(5) 其他

c. 根据回归分析估计的变动生产管理成本，单位变动生产管理成本是多少（假设直接材料和直接人工是变动成本）？
(1) \$88.00
(2) \$82.00
(3) \$86.80
(4) \$72.00
(5) 其他

d. 在第一年新产品产量为 20 000 的水平下，预期单位贡献边际是多少？（假设全部营销与行政管理成本均为固定）
(1) \$96
(2) \$24
(3) \$56
(4) \$14
(5) 其他

e. 这些结果所隐含的生产成本方程是什么？
(1) 总成本 = \$640 000 + \$5.00 × 产量
(2) 总成本 = \$120 000 + \$86.80 × 产量
(3) 总成本 = \$120 000 + \$72.00 × 产量
(4) 其他

(学习目标 5)

5–32. 解释回归分析结果

Brodie 公司的广告经理希望了解公司的广告计划是否成功。这位经理利用电子数据表程序估计广告费（自变量）与销售收入之间的关系。他将过去两年的月度数据输入程序。回归分析结果表明了下列关系。

销售收入 = \$169 000 – (\$200 × 广告费)
相关系数 = –0.864

这些结果似乎表明广告费在降低销售收入。当你进门时，经理正要得出结论，认为统计方法简直是无稽之谈。

要求：

请你帮助经理分析，什么可能导致了广告费与销售收入之间的负相关关系？

(学习目标 5) **5-33. 解释回归分析结果：简单回归分析**

一家本地餐厅 Fred's Fish Fry 在根据食品成本估计非食品厨房成本（人工、生产管理、水电等）。他们收集了过去 24 个月的数据，并利用电子数据表程序进行分析。所生成的输出结果如下所示。

方程	
截距	\$23 400
食品成本系数	250%
统计数据	
相关系数	0.483
R^2	0.233

公司计划明年按每月\$25 000 的食品成本水平运营。

要求：

a. 利用回归分析的结果，写出非食品成本方程。

b. 根据成本方程，计算明年估计的每月非食品厨房成本（人工、生产管理、水电等）。

c. Fred 征求你的意见，问是否应该依赖于这些估计，你怎么说？

(学习目标 6) **5-34. 学习曲线**

假设 General Dynamics 公司为宇宙飞船生产高科技仪器。印度希望发射自己的通讯卫星，General Dynamics 正在考虑向印度政府机构销售导航设备。印度政府机构计划采购 8 台，尽管它还考虑采购 16 台。General Dynamics 公司列了一张表，将生产导航设备所需要的人工时间联系起来。

产量（X）	生产第 X 台所需要的时间
1	10 000 小时
2	8 000 小时
4	6 400 小时
8	?
16	?

要求：

a. 填上表中生产第 8 台和第 16 台所需要的人工时间。

b. 假设人工时间成本为每小时\$100。比较生产第 1 台的成本与生产第 16 台的成本。第 16 台的成本是生产第 1 台的成本的百分之几？

(学习目标 6) **5-35. 学习曲线**

假设 WCH 会计师事务所发现它的暑期实习生在一项重要任务上（校对财务报）遵循 90%的学习曲线。对于其中一个实习生金·唐，会计师事务所开始分析时间与财务报表校对之间的关系。

财务报表校对（X）	校对第 X 份财务报表所需要的时间
1	4.0 小时
2	3.6 小时
4	?
8	?
16	?

要求：

a. 填上表中校对第 4、第 8 和第 16 份财务报表所需要的时间。

b. 假设金的人工时间成本为每小时$10。比较校对第 1 份财务报表的成本与校对第 16 份财务报表的成本。校对第 16 份财务报表的成本是校对第 1 份财务报表的成本的百分之几？

(学习目标 9) **5–36. 学习曲线（附录B）**

参照附录 B 中的例子。给定图表 5.18 中第 5 件、第 6 件和第 7 件的数字。

要求：

利用公式 $Y = aX^b$，以及题中所给的数据，验证第 5 件、第 6 件和第 7 件所需要的人工时间和成本（“验证”的意思是你应该检查图表 5.18 所给数字的准确性）。

习 题

可参考McGraw-Hill的作业管理系统

(学习目标 3) **5–37. 账户分析法**

一家大型豪华轿车公司的会计部正在分析它所提供的服务的成本。过去 16 个月的成本数据和经济活动水平如下所示。

月份	特殊分析	客户账户	所处理的工资支票	会计服务成本
1	2	325	1 029	$63 800
2	4	310	993	68 900
3	2	302	1 268	64 000
4	1	213	1 028	61 300
5	2	222	984	61 600
6	0	214	712	50 800
7	1	131	762	51 020
8	1	123	739	54 300
9	0	115	708	50 500
10	2	296	1 232	64 800
11	2	213	978	58 000
12	1	222	929	57 500
13	2	217	1 059	62 200
14	2	132	942	54 900
15	4	300	1 299	71 530
16	4	315	1 283	64 800
合计	30	3 650	15 945	$959 950

除了上述信息之外，你还了解到会计部过去16个月中下列每项的总成本分别为

处理工资支票的总成本 ……………………	$180 100
维护客户账户的总成本 ……………………	109 600
开展特殊分析的总成本 ……………………	120 000
总固定成本 …………………………………	550 250
总成本 ………………………………………	$959 950

要求：

a. 下列各项的单位成本分别是多少？（1）处理工资支票；（2）维护客户账户；（3）开展特殊分析。

b. 假设成本动因在一个月内的经济活动量水平如下，采用账户分析法，会计部提供服务的估计成本是多少？

- 处理1 000张工资支票。
- 维护200个客户账户。
- 开展3项特殊分析。

(学习目标4) **5-38. 根据公开数据进行回归分析**

从一家公司公布的财务报表中获取13年的数据。你应该能够从互联网上搜索到。此外，穆迪、标准普尔，以及Value-Line也是很好的财务数据来源。利用前12年的数据，进行回归分析——因变量为销货成本，自变量为销售收入。现在利用根据前12年的数据进行回归分析得出的结果，估计第13年的销货成本。你的估计与第13年的实际销货成本相去多远？

要求：

编写一份报告，说明你的分析，并讨论你的估计为什么与第13年的实际销货成本存在差异。

(学习目标4) **5-39. 高低点法、散点图法**

Cubicle计算机解决方案公司销售办公效率软件，比如，字处理、电子数据表，以及个人信息管理等。Cubicle公司为自己的客户支持颇感自豪，并维持着一个大型呼叫中心——客户可以打电话咨询Cubicle公司的产品安装和使用等方面的技术问题。

公司收集了去年客户支持电话的数量以及呼叫中心的成本的月度数据，如下所示（全部经济活动和成本的单位均为：千）。

月份	技术支持电话	呼叫中心成本
1 …………	37	$528
2 …………	53	690
3 …………	45	590
4 …………	39	535
5 …………	61	720
6 …………	47	610
7 …………	44	590
8 …………	48	620
9 …………	55	700
10 …………	40	545
11 …………	42	565
12 …………	41	550

要求：

a. 采用高低点法估计月固定成本和每个技术支持电话的单位变动成本。

b. 绘制散点图，将呼叫中心的成本与技术支持电话的数量联系起来。

c. 看看你的散点图，你对要求（a）中的估计有多少信心？

(学习目标 4) **5–40. 高低点法、散点图**

Academy 产品公司生产各种飞机导航及通信系统定制元件。主计长请你帮忙估计公司位于新墨西哥州工厂的固定与变动生产管理成本。主计长告诉你，估计生产管理成本的最佳成本动因是机器小时数。

公司收集了去年的机器小时数和生产管理成本的月度数据，如下所示。

月　份	机器小时数	生产管理成本
1 …………	630 000	$ 660 000
2 …………	900 000	2 170 000
3 …………	765 000	1 220 000
4 …………	665 000	780 000
5 …………	1 035 000	3 700 000
6 …………	800 000	1 400 000
7 …………	750 000	1 100 000
8 …………	815 000	1 500 000
9 …………	935 000	2 500 000
10 …………	680 000	840 000
11 …………	715 000	980 000
12 …………	700 000	910 000

要求：

a. 采用高低点法估计月固定成本以及机器小时数的单位变动成本。

b. 绘制散点图，将生产管理成本与机器小时数联系起来。

c. 看看你的散点图，你对要求（a）中的估计有多少信心？

(学习目标 4、5、8) **5–41. 解释回归分析结果：利用电子数据表进行简单回归分析**

Hartman 公司的 Lucas 工厂生产恒温控制器。工厂管理者经历每月波动的生产管理成本，希望准确估计生产管理成本，以规划经营及财务需要。与工厂工作人员的访谈，以及行业刊物上所报道的研究，都表明这个行业的生产管理成本一般随人工小时数变化。

主计长办公室的一个工作人员建议，确定这些生产管理成本的习性模式，以改进成本估计。另一个工作人员建议，确定成本习性模式的最佳出发点就是分析历史数据。根据这些建议，公司收集了关于过去两年的人工小时数和生产管理成本的月度数据。在这一期间，经营未发生重大变化。具体数据如下所示。

月 份	机器小时数	生产管理成本
1 …………	143 750	$1 566 402
2 …………	136 250	1 237 846
3 …………	110 000	1 086 992
4 …………	155 000	1 480 437
5 …………	185 000	1 755 321
6 …………	166 250	1 496 092
7 …………	155 000	1 417 275
8 …………	143 750	1 568 890
9 …………	132 500	1 263 885
10 …………	196 250	1 964 402
11 …………	106 250	1 322 535
12 …………	132 500	1 457 503
13 …………	218 750	2 059 262
14 …………	215 000	1 945 592
15 …………	166 250	1 723 710
16 …………	226 250	2 079 046
17 …………	203 750	2 030 792
18 …………	185 000	1 823 781
19 …………	222 500	1 989 551
20 …………	181 250	1 839 725
21 …………	196 250	1 997 385
22 …………	192 500	1 832 719
23 …………	218 750	2 057 498
24 …………	215 000	2 135 233

要求：

a. 采用高低点法估计 Lucas 工厂的生产管理成本习性（即成本中固定与变动部分的比例）。

b. 绘制散点图，反映各人工小时数所对应的生产管理成本。

c. 利用电子数据表程序计算回归分析系数，描述生产管理成本方程。

d. 假设下个月工作的人工小时为 200 000，利用回归分析的结果，估计生产管理成本。

(学习目标 4、5) **5–42. 解释回归分析结果：简单回归分析、回归题**

你的公司正在估计下一个会计期间的生产成本。主计长估计单位直接材料成本为$45，单位直接人工成本为$21。基于直接人工成本进行生产成本估计很难。

主计长办公室估计生产管理成本为固定成本$3 600、单位变动成本$18。你的同事兰斯刚从一所名校毕业，他已经作了分析，并报告了正确的成本方程，如下所示。

生产管理成本 = $10 600 + $16.05/件

兰斯还报告回归方程的相关系数为 0.82，并且说："生产管理成本 82%的差异可以由这个方程解释，当然应该用它作为估计成本的最佳基础。"

在被问及生成这个回归方程的数据时，兰斯提供了下列数据。

月　份	生产管理成本	产　量
1 …………	$57 144	3 048
2 …………	60 756	3 248
3 …………	77 040	4 176
4 …………	56 412	3 000
5 …………	81 396	3 408
6 …………	72 252	3 928
7 …………	63 852	3 336
8 …………	73 596	4 016
9 …………	77 772	4 120
10 …………	60 048	3 192
11 …………	61 632	3 368
12 …………	73 920	4 080
13 …………	73 248	3 888

公司主计长对成本估计差异如此大颇感惊讶。因此，派你检查兰斯的成本方程。你高兴地接受了这项任务。

要求：

分析兰斯的结果，并说明你支持或是拒绝他的成本方程的理由。

(学习目标 5) **5–43. 解释回归分析结果：多项选择题**

Eeasten 大学的商学院正在收集数据，作为编制下一年度预算的第一步。人们密切关注的一项成本是行政管理成本，它是学生学时的函数。关于最近 13 个月的行政管理成本与学时的数据如下所示。

月　份	生产管理成本	产　量
7 月 ………	$ 129 301	250
8 月 ………	82 613	115
9 月 ………	228 580	1 392
10 月 ………	216 394	1 000
11 月 ……	258 263	1 309
12 月 ………	184 449	1 112
1 月 ………	219 137	1 339
2 月 ………	245 000	1 373
3 月 ………	209 642	1 064
4 月 ………	191 925	1 123
5 月 ………	249 978	1 360
6 月 ………	170 418	420
7 月 ………	128 167	315
合计 ……	$2 513 867	12 172
平均 ………	$ 193 374	936

主计长办公室分析了数据，并向你提供了回归分析的结果。

	A	B	C	D	E	F	G
1	SUMMARY OUTPUT						
2							
3	*Regression Statistics*						
4	Multiple R	0.93339145					
5	R Square	0.87121959					
6	Adjusted R Square	0.85951228					
7	Standard Error	19954.5676					
8	Observations	13					
9							
10	ANOVA						
11		*df*	*SS*	*MS*	*F*	*Significance F*	
12	Regression	1	29631603873	2.96E+10	74.41672	3.16718E-06	
13	Residual	11	4380032428	3.98E+08			
14	Total	12	34011636301				
15							
16		*Coefficients*	*Standard Error*	*t Stat*	*P-value*	*Lower 95%*	*Upper 95%*
17	Intercept	96414.5566	12528.42904	7.695662	9.43E-06	68839.67022	123989.443
18	Credit Hours	103.56	12.00433166	8.626513	3.17E-06	77.1341621	129.9768738
19							
20							

要求：

a. 在标准回归方程 $y = a + bx$ 中，字母 b 最适宜描述为

(1) 自变量

(2) 因变量

(3) 常量系数

(4) 变动成本系数

(5) 相关系数

b. 在标准回归方程 $y = a + bx$ 中，字母 y 最适宜描述为

(1) 自变量

(2) 因变量

(3) 常量系数

(4) 变动成本系数

(5) 相关系数

c. 在标准回归方程 $y = a + bx$ 中，字母 x 最适宜描述为

(1) 自变量

(2) 因变量

(3) 常量系数

(4) 变动成本系数

(5) 相关系数

d. 如果主计长采用高低点法估计成本，那么行政管理成本的成本方程是

(1) 成本 = \$67 313 + \$133 × 学时

(2) 成本 = \$59 424 + \$202 × 学时

(3) 成本 = \$206.50 × 学时

(4) 成本 = \$193 374

(5) 其他方程

e. 基于主计长的回归分析结果，如果某个月的学时为 1 000，那么行政管理成本的估计值将是
  (1) \$198 808
  (2) \$201 000
  (3) \$199 975
  (4) \$96 409
  (5) 其他数字

f. 行政管理成本的回归方程的相关系数（四舍五入）是
  (1) 0.933
  (2) 0.871
  (3) 0.859
  (4) $\sqrt{0.933}$
  (5) 其他数字

g. 回归方程所能解释的总方差（四舍五入）百分比是
  (1) 93.3
  (2) 87.1
  (3) 85.9
  (4) 96.6
  (5) 其他数字

(学习目标 5)　**5–44. 解释回归分析结果：简单回归分析**

你的公司提供各种配送服务。管理者希望了解一种每月能创造\$10 000 税前经营利润的配送量。公司的收费标准为每次配送收取\$20。

主计长办公室估计的生产管理成本中，固定成本为每月\$9 000，变动成本为每次配送的\$12。你认为公司应该采用回归分析。你的分析表明的结果是

月生产管理成本 = \$26 501 + 每次配送\$10.70

你的估计基于下列数据：

月　份	生产管理成本	配送量
1 …………	\$142 860	11 430
2 …………	151 890	12 180
3 …………	192 600	15 660
4 …………	141 030	11 250
5 …………	203 490	12 780
6 …………	180 630	14 730
7 …………	159 630	12 510
8 …………	183 990	15 060
9 …………	194 430	15 450
10 …………	150 120	11 970
11 …………	154 080	12 630
12 …………	184 800	15 300
13 …………	183 120	14 580

公司主计长对成本估计如此不同略感惊讶。让你重新检查一下你的分析，看是否能说明你的结果与主计长的结果之间的差异。

要求：

a. 分析数据及你的结果，并说明你支持或反对成本方程的理由。

b. 写一份报告，告诉管理者能创造$10 000税前经营利润的正确配送量。

(学习目标 5) **5–45. 解释回归分析结果**

Lernev公司在归集数据，编制明年的年度利润计划。公司必须确定维修成本的成本习性模式。会计人员建议采用回归分析法得出以 $y = a + bx$ 形式表示的维修成本方程。关于上一年的维修小时数和成本的月度数据已经输入了回归分析。

本年总维修小时数	4 800
本年总成本	$ 43 200
回归分析结果：	
截距	$ 684.65
b 系数	$ 7.29
R^2	0.79724

要求：

a. 在以 $y = a + bx$ 形式表示的回归方程中，用什么可以最恰当地描述字母 b？

b. 在回归方程中，用什么可以最恰当地描述字母 y？

c. 在回归方程中，用什么可以最恰当地描述字母 x？

d. 基于从回归分析中得出的数据，如果某个月的维修小时数为360，那么估计成本是多少？

e. 回归方程所能解释的总方差的百分比是多少？

(学习目标 5、8) **5–46. 成本估计：简单回归分析**

下列关于过去两年的维修成本及销售收入的信息来自Arnie's Arcade & Vidio Place的会计记录。安妮让你帮助她理解业务量与维修成本之间的关系。

月　份	维修成本（千元）	销售收入（千元）
7月 ………	$1.56	$ 44
8月 ………	2.53	38
9月 ………	2.05	34
10月 ……	1.46	50
11月 ……	1.55	62
12月 ……	0.39	90
1月 ………	2.37	30
2月 ………	2.41	36
3月 ………	2.27	46
4月 ………	2.23	48
5月 ………	1.29	52
6月 ………	1.03	64
7月 ………	1.85	58
8月 ………	1.27	52
9月 ………	1.82	60
10月 ……	1.63	62
11月 ……	0.68	72
12月 ……	0.01	102
1月 ………	1.83	46
2月 ………	1.53	48
3月 ………	0.94	68
4月 ………	1.20	72
5月 ………	1.20	58
6月 ………	1.78	54

要求：

a. 忽略上述数据，一般而言，你会预测销售收入与维修成本之间存在正相关关系吗？为什么？

b. 以维修成本为因变量、销售收入为自变量，估计线性回归方程。结果支持你在（a）中的预测吗？哪些因素能够解释这个结果？

(学习目标 3、4、5、7、8)

eXcel

mhhe.com/lanen2e

5–47. 成本分析方法：账户分析法、利用电子数据表进行简单与多元回归法（附录A）

Carman 物流公司是一家美国消费品公司的巴西物流服务提供商。巴西的通货膨胀使试图渗透进该国农村地区的营销经理难以报价和编制预算。公司预期下个月能在巴西配送 450 000 箱产品。主计长按下列方式对经营成本进行了分解、归类（不包括所分销的产品的成本）。

账　户	经营成本	成本习性
物料用品 …………	$ 350 000	所有变量
生产管理 …………	215 000	$150 000 固定
运输车辆费用 ……	1 200 000	$190 000 固定
建筑物租赁 ………	855 000	$550 000 固定
水　电 ……………	215 000	$125 000 固定
仓库人工 …………	860 000	$140 000 固定
设备租赁 …………	760 000	$600 000 固定
数据处理设备 ……	945 000	全部固定
其　他 ……………	850 000	$400 000 固定
合　计 …………	$6 250 000	

尽管在整个公司生产管理成本都与销售收入相关，但是巴西的经验向营销经理表明，他们在预测生产管理成本时，应该以更有可能反映企业的经济状况的方式，适当考虑巴西公布的物流业的价格指数。

根据公司总部的指示，巴西的主计长办公室收集了下列关于去年月度经营情况的数据。

月份	箱　数	价格指数	经营成本
1 ……	345 000	115	$5 699 139
2 ……	362 000	117	5 806 638
3 ……	358 000	118	5 849 905
4 ……	380 000	122	5 927 617
5 ……	374 000	124	5 939 135
6 ……	395 000	125	6 043 364
7 ……	367 000	128	5 918 495
8 ……	412 000	133	6 133 868
9 ……	398 000	133	6 126 130
10 ……	421 000	132	6 186 625
11 ……	417 000	136	6 208 799
12 ……	432 000	139	6 362 255

公司认为这些数据能代表巴西过去和未来的经营情况。

要求：

a. 假设下个月将配送 450 000 箱，请根据主计长的账户分析估计经营成本。

b. 假设下个月将配送 450 000 箱，请采用高低点法估计经营成本。

c. 假设下个月将配送 450 000 箱，请利用以经营成本为因变量、以配送箱数为自变量的简单回归分析结果，估计经营成本。

d. 假设下个月将配送 450 000 箱，请利用以经营成本为因变量、以配送箱数和价格水平为自变量的多元回归分析结果，估计经营成本。

e. 向营销经理提供一些建议，说明在这种情况下的最佳估计。

(学习目标 9)　**5–48. 学习曲线（附录 B）**

参考附录 B 中的例子。假设现在公司发现，学习速度为 90%，而不是 80%。90%学习速度的系数为−0.152004，即在公式 $Y = aX^b$ 中，$b = -0.152004$。

要求：

利用公式 $Y = aX^b$，以及附录 B 中所给的数据，但是采用新的学习速度，重新计算图表 5.18 所示的人工时间和成本。

(学习目标 9)　**5–49. 学习曲线（附录 B）**

Krylon 公司每年从 Co 公司采购 8 件专用工具。这些工具的价格每年都有所增长，去年达到了每件$100 000。因为采购价格显著提高，所以 Krylon 公司的管理者希望对自制工具进行成本估计。

一个由工程、生产和会计部门的人员组成的团队向管理者提供了一份报告，其中包含了对生产第一件工具所作的下列估计。要生产这些工具，还必须新招聘生产工人。但是，不需要新增设备或场地。

报告指出，生产第一件工具的总增量成本估计为$120 000，如下所示。

材　料	$40 000
直接人工——完全包含计时生产工人（随产量变化）	80 000

生产管理成本和行政管理成本不受生产这一工具的影响。

目前的采购价格为每件$100 000，所以报告建议 Krylon 公司继续从 Co 公司采购产品。

要求：

假设 Krylon 公司的工具生产能够按照 80%的学习曲线实现人工—成本改进。为满足每年八件工具的需求，Krylon 公司应该采购还是自制呢？解释你的回答（请注意，80%学习速度的系数为-0.3219）。

自学题答案

1.

间接材料	$ 27 200
间接人工	44 300
运转机器的动力	18 500
总变动成本	$ 90 000

租　赁	$ 56 000
公用事业（热、电等）	19 200
保　险	16 400
维　修	14 500
折　旧	9 000
总固定成本	$115 100

平均月固定成本	=	$115 110 ÷ 24 个月	=	$4 796
单位直接人工成本的变动成本	=	$90 000 ÷ 12 000DLH*	=	$ 7.50
单位机器小时数的变动成本	=	$ 90 000 ÷ 14 400	=	$ 6.25
单位产品的变动成本	=	$ 90 000 ÷ 20 000	=	$ 4.50

* DLH 表示直接人工小时。

2. 基于统计结果，相比于人工小时数，生产管理成本似乎与以花篮数量计量的产量更相关。判定系数（R^2）分别为人工小时 0.54；产量 0.78。这表明生产管理成本方差的 54%变化由人工小时数解释，而 78%的变化则由产量解释。但是，我们不希望仅根据统计结果来决策。我们应该确保有很好的理由能说明生产管理成本与产量相关。

6

产品与服务成本核算

第 6 章

学习目标

阅读本章之后，你应该能够：

1. 解释成本管理系统设计的基本主题。
2. 解释成本分配如何在成本管理系统中运用。
3. 解释基本的产品成本核算制度如何运行。
4. 了解生产管理成本如何分配给产品。
5. 解释产品成本核算的两步成本分配法。
6. 介绍三种基本的产品成本核算制度：分批成本核算制、分步成本核算制和作业成本核算制。

复习题

6-1. 产品成本核算与成本分配之间的关系是什么？

6-2. 成本管理系统设计的三项标准是什么？

6-3. 为什么成本流程图有助于描述产品成本核算制度？

6-4. 下列三种成本核算制度有什么特点：（a）分批成本核算制；（b） 分步成本核算制；（c）作业成本核算制。

6-5. 描述预定生产管理成本分配标准。预定生产管理成本分配标准在产品成本核算中发挥着什么作用？

6-6. 什么是连续流程式生产系统？至少举出 3 个可能采用连续流程式生产系统的产品例子。

6-7. 基本成本流程模型的各个要素是什么？请描述每个要素。

重点分析与讨论题

6-8. “成本分配是主观随意的，所以它没有什么意义。我们应该只报告我们所知道的直接成本。”你赞成吗？为什么？

6-9. 在设计成本管理系统时，你在开始设计之前应该考虑哪几点？

6-10. 什么时候采用基本的成本流程模型？试举一个例子。

6-11. 你上班第一天，你们就讨论成本管理系统设计的主题。你的一位新同事问道：“如果不同成本信息用于不同目的，这是否意味着我们不知道花费了多少？我认为这正是成本管理系统所报告的。”你怎么回答？

6-12. 一位成本会计人员桑托斯，为生产经理盖茨编制了一份产品盈利能力报告。让桑托斯吃惊的是，公司几乎三分之一的产品都不盈利。他说："盖茨，看起来我们必须关停三分之一的产品，才能提高公司总体利润。幸亏我们决定审视各产品的盈利能力。"

你认为盖茨会赞成这种方法吗？为什么？

6-13. 商学院院长让会计俱乐部帮助对商学院进行产品成本核算分析。我们将如何定义产品？在接受这项任务之前，我们应该向院长问一些什么问题？

6-14. 在决定分配基础的选择时，哪些标准最重要？

6-15. 为什么采用不同的分配基础确定预定生产管理成本分配标准很重要？

6-16. 为什么两家公司可能采用不同的成本管理系统？

6-17. 一家公司有可能采用两步成本分配法，但在第二步中可能采用直接人工小时数等分配所有成本池中的成本吗？由此所得出的产品成本与采用一步分配法相同吗？

练　习

可参考McGraw-Hill的作业管理系统

(学习目标 3)　**6-18. 基本成本流程模型**

迈阿密南海滩欧玛特公司本年经历了下列事项。

1. 发生了$400 000 的营销成本。
2. 采购了$1 200 000 的商品。
3. 支付了$40 000 的采购运输成本。
4. 发生了$400 000 的行政管理成本。
5. 本年期末存货为$200 000。本年 1 月 1 日期初存货为$300 000。
6. 确定本年销售收入为$3 000 000。
7. 将所发生的全部成本都借记相关账户，贷记应付账款。所有销售收入均为现金。

要求：

列出商品存货账户中的下列各项金额。

a. 期初余额（*BB*）
b. 本期转入（*TI*）
c. 期末余额（*EB*）
d. 本期转出（*TO*）

(学习目标 3)　**6-19. 基本成本流程模型**

假设通用电气公司的一个分部本年三月份发生了下列事项。

1. 采购了3 000 万美元直接材料。
2. 发生了 1 600 万美元直接人工成本。
3. 确定生产管理成本为 2 700 万美元。
4. 将 80%的外购材料转入在产品。
5. 75%的在产品完工。成本在所有在产品中平均分配。
6. 存货账户没有期初余额。发生的所有成本均借记相关账户，贷记应付账款。

要求：

列出在产品账户的下列各项的金额。

a. 本期转入

b. 本期转出

c. 期末余额

(学习目标3) **6-20. 基本成本流程模型**

填出下列存货中遗漏的各项。

	A	B	C
期初余额 …………	$51 000	$28 400	$ 67 000
期末余额 …………	______	24 800	56 000
本期转入 …………	48 000	______	170 000
本期转出 …………	57 000	88 000	______

(学习目标3) **6-21. 基本成本流程模型**

填出下列存货中遗漏的各项。

	A	B	C
期初余额 …………	$250 000	$ 7 100	$156 000
期末余额 …………	______	6 200	128 000
本期转入 …………	260 000	______	260 000
本期转出 …………	270 000	22 000	______

(学习目标3) **6-22. 基本成本流程模型**

填出下列存货中遗漏的各项。

	A	B	C
期初余额 …………	$14 000	$ 90 000	$ 65 000
期末余额 …………	______	93 000	30 000
本期转入 …………	12 000	______	230 000
本期转出 …………	18 000	330 000	______

(学习目标3) **6-23. 基本产品成本核算**

Enviro 公司在它的绿色工厂生产一种专用清洁剂。6 月份的经营数据如下所示。

材　料 …………………………………	$595 000
人　工 …………………………………	51 000
生产管理成本 …………………………	204 000

绿色工厂 6 月份生产了 1 700 000 加仑。工厂从未有期初或期末存货。

要求：

计算 6 月份生产的清洁剂每加仑的单位成本。

(学习目标 3)

6–24. 基本产品成本核算

大都市银行在河畔运营中心（ROC）处理客户签发的支票。ROC 9 月份处理了 1 400 000 张支票。处理一张支票仅需几秒钟，所以日末没有未处理的支票。ROC 9 月份的成本数据列示了下列成本。

人　工	$17 000
中心生产管理成本	67 000

要求：

计算 ROC 9 月份所处理的支票的单位成本。

(学习目标 3)

6–25. 基本产品成本核算

Kim & Smith 炼油公司 3 月 1 日开业，下列是关于该公司 3 月份生产的一种润滑剂的经营数据。

	加仑
期初存货	-0-
3 月份投入生产	180 000
期末在产品存货（完工 80%）	20 000

3 月份发生的成本如下所示。

材　料	$94 000
人　工	24 200
生产管理成本	49 000

Kim & Smith 所生产的全部产品都能销售（没有产成品存货）。

要求：

a. 计算 3 月份的产品成本。

b. 3 月 31 日的在产品存货的价值是多少？

(学习目标 3)

6–26. 基本产品成本核算：道德问题

Old Tyme 苏打公司生产一种在本地很受欢迎的软饮料。它惟一的存货账户在 10 月 31 日没有在产品存货。在 11 月份，公司投入生产 10 000 桶。11 月 30 日的在产品存货是 1 200 桶。生产主管估计期末在产品存货的完工程度为 30%。通过审查公司的账簿记录，表明 11 月份的直接材料成本为$18 072，转化成本为$20 400。所生产的产品全部能销售。

要求：

a. 计算 11 月份的产品成本。

b. 11 月 30 日的在产品存货的价值是多少？

c. 公司总裁告诉主计长，股票分析师预期本月的收益更高，并让主计长将生产经理对期末在产品存货的完工程度估计改为 40%。

(1) 这种改变将如何影响销货成本？

(2) 主计长应该做什么呢？

(学习目标3) **6–27. 分步成本核算制**

Van Goe公司生产涂料。1月1日，公司没有在产品存货。1月份投入生产100 000加仑，完工了80 000加仑。公司1月份耗用的资源的成本包括下列各项。

材 料 ······································	$219 200
转化成本（人工和生产管理成本）······	280 000

要求：

生产主管估计期末在产品的完工程度为80%。计算转入产成品的涂料的成本，以及1月31日期末在产品存货的金额。

(学习目标3) **6–28. 分步成本核算制**

Opech公司生产石油并用输油管输送。5月1日，公司没有在产品存货。它在5月份投入生产2亿桶，通过输油管输送了1.8亿桶。Opech公司5月份所耗用的资源的成本包括下列各项。

材 料 ······································	$25亿
转化成本（人工和生产管理成本）········	$33.2亿

要求：

生产主管估计5月31日的期末在产品的完工程度为70%。计算输油管输送石油的成本，以及5月31日期末在产品存货的金额。

(学习目标3) **6–29. 分步成本核算制**

Oholics公司生产巧克力，供应糖果生产商。4月1日，公司没有在产品存货。它4月份投入生产40 000磅，完工了38 000磅。公司4月份所耗用的资源的成本包括下列各项。

材 料 ······································	$44 000
转化成本（人工和生产管理成本）········	54 000

要求：

生产主管估计4月30日期末在产品的完工程度为60%。计算完工的巧克力的成本，以及4月30日期末在产品存货的成本。

(学习目标4) **6–30. 预定生产管理成本分配标准**

Tiger家具公司生产作为家庭影院的一部分的壁柜，有两种类型：基本款和总统款。关于3月份的经营情况与成本的数据如下所示。

	基本款	总统款	合 计
产 量 ··············	1 000	250	1 250
机器小时数 ········	4 000	2 000	6 000
直接人工小时 ······	3 000	2 000	5 000
直接材料成本 ······	$10 000	$ 3 750	$ 13 750
直接人工成本 ······	64 500	35 500	100 000
生产管理成本 ······			174 100
总成本 ············			$287 850

要求：

假设 Tiger 家具公司根据直接人工小时数分配生产管理成本，计算预定生产管理成本分配标准。

(学习目标 4)　**6–31. 预定生产管理成本分配标准**

参考第 6–30 题中的数据。假设 Tiger 家具公司根据直接人工成本分配生产管理成本，计算预定生产管理成本分配标准。

(学习目标 4)　**6–32. 预定生产管理成本分配标准**

参考第 6–30 题中的数据。假设 Tiger 家具公司根据机器小时数分配生产管理成本，计算预定生产管理成本分配标准。

(学习目标 2、4)　**6–33. 预定生产管理成本分配标准**

参考第 6–30 题中的数据。假设 Tiger 家具公司根据直接人工成本分配生产管理成本，请绘制成本流程图。

(学习目标 6)　**6–34. 作业成本核算制**

Havrley-David 公司生产两种型号的摩托车：肥仔型和酷仔型。两种型号的摩托车都在同一个车间装配，要求同样的装配作业。两种型号的差别在于材料成本。下列是 8 月份的数据。

	肥仔型	酷仔型	合　计
装配产量	1 000	2 000	3 000
单位材料成本	$2 000	$3 000	
其他成本：			
直接人工			$3 000 000
间接材料			800 000
其他生产管理成本			1 300 000

要求：

Havrley-David 公司采用作业成本核算制，根据装配产量分配转化成本。计算 8 月份装配的每种型号产品的成本。

(学习目标 6)　**6–35. 作业成本核算制**

Organic Grounds 公司生产两种品牌的咖啡：星牌咖啡和巴克牌咖啡。两种咖啡都采用同一个生产流程在一个车间内生产。二者之间惟一的区别是未烘焙的咖啡豆。下列是 2 月份的数据。

	星　牌	巴克牌	合　计
产量（磅）	10 000	40 000	50 000
未烘焙咖啡豆与包装成本	$5	$7	
其他成本：			
直接人工			$ 60 000
间接材料			17 000
其他生产管理成本			121 000

要求：

Organic Grounds 大地公司采用作业成本核算制，根据所生产的咖啡磅数分配转化成本。计算 2 月份生产的每种品牌的咖啡成本。

习 题

可参考McGraw-Hill的作业管理系统

(学习目标 4) **6–36. 产品成本核算**

参考第 6–30 题中的数据。假设 Tiger 家具公司根据直接人工成本向产品分配生产管理成本，计算每种型号产品的产品成本。

(学习目标 4) **6–37. 产品成本核算**

参考第 6–30 题中的数据。假设 Tiger 家具公司根据机器小时向产品分配生产管理成本，计算每种型号产品的产品成本。

(学习目标 4) **6–38. 产品成本核算：道德问题**

参考第 6–30 题中的数据。Tiger 家具公司的总裁对因采用直接人工成本与采用机器小时数分配而产生的成本差异感到困惑。

要求：

a. 解释两种产品成本为什么不同？

b. 如果让你推荐其中一种分配基础，你将如何答复总裁？

c. 总裁说选择能使收益最高的分配基础。这是选择分配基础的适当标准吗？

(学习目标 5) **6–39. 两步成本分配法与产品成本核算**

Mets 公司生产棒球帽和 T 恤衫。大多数产品是由机器生产的。关于 10 月份的经营情况及成本的数据如下所示。

	棒球帽	T 恤衫	合 计
产 量 …………………	10 000	5 000	15 000
耗用的机器小时数 ……	1 000	800	1 800
直接人工小时数 ………	200	120	320
直接材料成本 …………	$12 000	$8 000	$20 000
直接人工成本 …………	$ 4 000	$2 400	$ 6 400
生产管理成本 …………			$22 200

管理层让公司的成本会计人员计算产品成本。会计人员首先将生产管理成本分配给两个成本池：与直接材料相关和与机器小时数相关的生产管理成本。成本会计人员对生产管理成本账户的分析如下所示。

账 户	金 额	相 关
水 电 ………………	$4 000	机器小时数
物料用品 ……………	2 800	材料
机器折旧与维修 ……	8 800	机器小时数
采购与仓储材料 ……	3 200	材料
杂 项 ………………	3 400	机器小时数

要求：

a. 假设公司根据机器小时分配与机器小时相关的生产管理成本，根据材料成本分配与材料相关的生产管理成本，计算预定生产管理成本分配标准。

b. 分别计算 10 月份生产每种产品的总生产成本和单位成本。

(学习目标 5)

6–40. 两步成本分配法与产品成本核算

Owl-Eye 放射诊所开展各种类型的诊断性透视显像服务。诊所使用复杂的设备进行检查。诊所的管理者希望为两种不同类型的患者进行检查，即住院患者（包括急诊室中的患者）以及非住院患者（但有医嘱）。关于这两类患者 6 月份的数据如下所示。

	住院患者	其他患者	合　计
检查人数 …………………	640	860	1 500
耗用的设备小时数 ……	240	120	360
直接人工小时数 ………	480	180	660
直接人工成本 …………	$38 400	$10 800	$49 200
生产管理成本 …………			$49 560

会计人员首先将生产管理成本分配给两个成本池：与设备小时数相关的生产管理成本和与人工小时数相关的生产管理成本。成本会计人员对生产管理成本账户的分析如下。

账　户	金　额	相　关
水　电 …………………	$ 4 800	设备小时数
物料用品 ………………	12 600	人工小时数
间接人工与生产管理 …	20 400	人工小时数
设备折旧与维修 ………	8 400	设备小时数
杂　项 …………………	3 360	设备小时数

要求：

a. 假设 Owl-Eye 放射诊所根据设备小时数分配与设备相关的生产管理成本，根据人工小时数分配与人工相关的生产管理成本，计算预定生产管理成本分配标准。

b. 分别计算 6 月份所检查的每类患者的总生产成本和单位成本。

(学习目标 6)

eXcel

mhhe.com/lanen2e

6–41. 作业成本核算制

Vermont 仪器公司生产两种型号的计算器，即财务型的 Fin-X 和科学型的 Sci-X。两种型号的计算器都在同一个车间装配，要求同样的装配作业。两种型号计算机的区别在于零部件成本。下列是关于 6 月份的数据。

	Fin-X	Sci-X	合　计
产　量 …………………	10 000	40 000	50 000
零部件单位成本 ……	$20	$25	
其他成本：			
直接人工 …………			$ 62 000
间接材料 …………			17 500
生产管理成本 ……			70 500
合　计 …………………			$150 000

公司采用作业成本核算制，根据装配数量分配转化成本。计算6月份Fin-X型号和Sci-X型号计算器的成本。

(学习目标2、4、5)

eXcel

mhhe.com/lanen2e

6-42. 账户分析法、两步成本分配法与产品成本核算

Tiger家具公司的首席财务官认为两步成本分配法能为管理者提供更好的成本信息。她让公司的成本会计人员分析各账户，将生产管理成本分配给两个成本池，即与直接人工相关的生产管理成本和与机器小时数相关的生产管理成本。

成本会计人员对生产管理成本账户的分析如下。

生产管理成本	估 计	成本池分配
水 电 ……………	$ 1 800	与机器小时数相关
物料用品 …………	5 000	与直接人工成本相关
培 训 ……………	10 000	与直接人工成本相关
生产管理 …………	25 800	与直接人工成本相关
机器折旧 …………	32 000	与机器小时相关
厂房折旧 …………	14 200	与机器小时相关
杂 项 ……………	85 300	与直接人工成本相关

其他所有信息均与第6-30题相同。

要求：

a. 根据成本会计人员的账户分析结果，绘制成本流程图，说明Tiger家具公司生产管理成本的两步成本分配法。

b. 假设公司根据直接人工成本和机器小时数分配产品的生产管理成本，计算各产品的产品成本。

自学题答案

1. 下表总结了11月份的成本。

	合计	产成品	在产品 (11/30)
生 产			
产 量 ………………	13 000	8 000	5 000
完工程度 ……………		100%	60%
约当产量 ……………	11 000	8 000	3 000
成 本			
材 料 ………………	$223 000		
转化成本 ……………	272 000		
发生的总成本 ………	$495 000		
约当产量单位成本 ……	$ 45[a]		
分配给产品的成本 ……	$495 000	$360 000[b]	$135 000[c]

[a] $45 = $495 000 ÷ 11 000 约当产量

[b] $360 000 = 8 000 约当产量 × $45

[c] $135 000 = 3 000 约当产量 × $45

2. 下面是 Lawrence 化工公司的成本流程图。

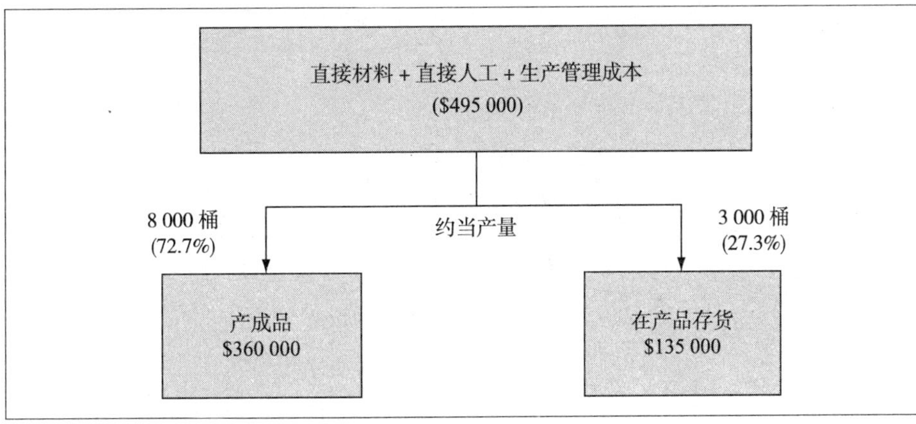

3. 下表报告了根据机器小时数分配生产管理成本时的成本。

	C–27	C–20	合　计
产　量 …………………	10	30	40
机器小时数 …………	1 000	3 000	4 000
直接人工小时数 ……	2 000	3 000	5 000
直接材料 ……………	$40 000	$36 000	$ 76 000
直接人工 ……………	72 000	78 000	150 000
生产管理成本 ………			180 000
总成本 ………………			$406 000

生产管理成本分配标准：　($180 000 ÷ 4 000 个机器小时数) =　$45.00

产品成本核算	C–27	C–20	合　计
直接材料 ………………	$ 40 000	$ 36 000	$ 76 000
直接人工 ………………	72 000	78 000	150 000
生产管理成本 ($45/机器小时×机器小时数) …	45 000	135 000	180 000
	$157 000	$249 000	$406 000
产　量 …………………	10	30	
单位成本 ………………	$ 15 700	$ 8 300	

4.

	X3G	X2G	合　计
产　量 …………………	6 000	14 000	20 000
单位价格 ……………	× $250	× $175	
成　本 …………………	$1 500 000	$2 450 000	$3 950 000
直接人工 ……………			$ 414 000
生产管理成本 ………			806 000
			$1 220 000
单位成本 ……………	($1 220 000 ÷	20 000)	$ 61.00
作业成本（@61/台）…	$ 366 000	$ 854 000	$1 220 000
材料成本 ……………	1 500 000	2 450 000	3 950 000
总成本 ……………	$1 866 000	$3 304 000	$5 170 000
产　量 …………………	6 000	14 000	
单位成本 ……………	$ 311	$ 236	

第7章 分批成本核算制

学习目标

阅读本章之后，你应该能够：

1. 解释工作和车间的含义。
2. 采用分批成本核算制分配成本。
3. 采用预定的分配标准核算生产管理成本。
4. 在服务型组织中应用分批成本核算制。
5. 了解分批成本核算制的道德问题。
6. 说明工作与项目的区别。

复习题

7-1. 可能采用分批成本核算制的企业具有哪些特点？

7-2. 直接人工小时和直接人工成本是在美国（实际上，在全世界也是）最常用的分配基础。你认为它们为什么比其他分配基础更常用？

7-3. 建立两个生产管理成本账户，即“生产管理成本总账”和“已分配生产管理成本”的目的是什么？

7-4. 会计人员如何知道哪些计入一项工作或一个客户的直接材料？直接人工成本呢？

7-5. 服务型组织（例如咨询公司）的分批成本核算制与生产型组织的分批成本核算制有什么不同？

7-6. 采用定额成本核算法时，产品成本是什么？

7-7. Mega 承包商采用成本加成合同向政府机构销售，采用固定价格合同向民营公司销售。Mega 承包商在设计影响政府工作成本的分批成本核算制时，有哪些选择？

重点分析与讨论题

7-8. 为什么大多数公司都采用定额成本核算法或标准成本核算法？毕竟，实际成本核算法提供了实际成本，所以公司等知道成本之后也未尝不可。

7-9. 为什么从管理规划的角度来讲材料控制十分重要？

7-10. “担心生产管理成本分配基础的选择简直是浪费时间。最终，所有生产管理成本都要计入生产。”你赞成这种观点吗？为什么？

7-11. 采访建筑公司的经理（例如，从事住房建设、改造、景观规划或路桥建设的公司），了解公司如何为未来的工作报价。例如，它使用以前类似工作的成本信息吗？它有估计未来工作的成本等方面的成本估计专家吗？给你的领导写一份报告，总结你的访谈结果。

7-12. 访谈一家校内或本地的冲印店管理者，了解公司如何为未来工作报价。例如，它使用以前类似工作的成本信息吗？它有估计未来工作的成本等方面的成本估计专家吗？给你的领导写一份报告，总结你的访谈结果。

7-13. 牙医、建筑师、景观设计师，以及律师会采用分批成本核算制，还是分步成本核算制？为什么？

7-14. 在成本核算中，一次刑事审判算一项“工作”吗？

7-15. 假设让你粉刷一个公寓的内部墙壁。具体说明你将如何估计这项工作的成本，包括你自己的人工报酬。

练　习

可参考McGraw-Hill的作业管理系统

(学习目标 1、2)　**7-16. 将成本分配给工作**

Pawenee 工厂是一家定制家具生产商，4 月份发生了下列交易。

1. 采购了$8 000 的材料。
2. 从材料存货领取了$400 的物料用品。
3. 采购了$5 600 的材料。
4. 支付交易（1）中的材料货款。
5. 向生产部门发出了$6 800 的直接材料。
6. 发生了$10 000 的直接人工成本，贷记“应付工资”。
7. 用现金为生产车间支付了$10 600 的水电、设备维修及其他杂项支出。
8. 根据$10 000 的直接人工成本的 125%分配生产管理成本。
9. 计提生产厂房及设备折旧$5 000。

Pawnee 工厂各账户 4 月份的余额如下所示。

	期　初	期　末
材料存货 …………	$14 820	
在产品存货 ………	3 300	
产成品存货 ………	16 600	$14 320
销货成本 …………		26 340

要求：

a. 写出记录各项交易的会计分录。
b. 绘制 T 字账户，反映本期从“材料存货”到“销货成本”的成本流。

(学习目标 1、2)　**7-17. 将成本分配给工作**

Barry Snyder 公司是一家自行车生产商，4 月份发生了下列交易。

1. 采购了$4 000 的材料。
2. 从材料存货领取了$200 的物料用品。
3. 采购了$5 000 的材料。
4. 支付交易（1）中的材料采购款。
5. 向生产部门发出了$6 000 的直接材料。
6. 发生了$5 000 的间接人工成本，贷记“应付工资”。
7. 用现金为生产车间支付了$4 300 的水电、设备维修及其他杂项支出。
8. 根据直接人工成本的 125%分配生产管理成本。
9. 计提生产厂房及设备折旧$1 000。

Barry Snyder 4 月份各账户余额如下所示。

	期 初	期 末
材料存货 …………	$ 1 800	?
在产品存货 ………	3 300	?
产成品存货 ………	13 000	$ 7 300
销货成本 …………		14 600

要求：

a. 写出记录各项交易的会计分录。

b. 绘制 T 字账户，反映本期从“材料存货”到“销货成本”的成本流。

(学习目标 2、3) **7–18. 将成本分配给工作**

Tiger 公司 7 月份部分完成的 T 字账户及其他信息如下所示。

材料存货

	借方	贷方
BB（7/1）	10 000	
	40 000	32 000

在产品存货

	借方	贷方
BB（7/1）	20 000	
人工	30 000	

产成品存货

	借方	贷方
BB（7/1）	30 000	
	60 000	40 000

销货成本

借方	贷方

生产管理成本总账

借方	贷方
26 000	

已分配生产管理成本

借方	贷方

关于 7 月份的其他信息如下所示。

- 人工工资标准为每小时$30。
- 生产管理成本按每直接人工小时$24 分配。
- 本月，销售收入为$90 000，销售与行政管理成本为$16 000。
- 该公司没有间接材料或物料用品。

要求：

a. 7 月份向生产发出的直接材料的成本额为多少？

b. 7 月份向产品分配的生产管理成本为多少？

c. 7 月份完工产品的成本是多少？

d. 7 月末“在产品存货”账户的余额是多少？

e. 7 月份生产管理成本超额分配或分配不足为多少？

f. 7 月份的经营利润为多少？任何生产管理成本超额分配或分配不足均冲销“销货成本”。

(学习目标 3) **7–19. 预定生产管理成本分配标准**

Cardinals 公司生产一种产品，采用分批成本核算制核算成本。你获得了下列关于公司第 1 年截至 12 月 31 日的账簿记录的信息。

- 本年总生产成本为$2 000 000，包括实际直接材料、实际直接人工和分配的生产管理成本。
- 生产管理成本按直接人工成本的 150%分配给在产品。本年分配的生产管理成本占本年总生产成本的 50%。

要求：

计算实际耗用的直接材料、实际直接人工和分配的生产管理成本（提示，这些成本总计为$2 000 000）。

(学习目标 3) **7–20. 预定生产管理成本分配标准**

Bird 公司估计第 1 年的生产管理成本为$110 000，直接人工成本为$200 000。第 1 年，工作 301 的实际直接人工成本为$50 000；工作 302 为$75 000；工作 303 为$100 000。实际生产管理成本为$130 000。根据直接人工成本采用预定分配标准将生产管理成本分配给各工作。

要求：

a. 第 1 年分配给各个工作的生产管理成本为多少？

b. 第 1 年的生产管理成本超额分配或分配不足为多少？

(学习目标 3) **7–21. 分摊生产管理成本分配不足或超额分配**

参考第 7–20 题的信息。写出按下列比例分摊生产管理成本分配不足或超额分配的会计分录。

在产品存货 …………………………………………	10%
产成品存货 …………………………………………	25%
销货成本 ……………………………………………	65%

(学习目标 3) **7–22. 采用预定分配标准分配生产管理成本**

Lou’s 景观公司采用分批成本核算制。10 月份“在产品存货”账户的借（贷）事项如下。

	种 类	金 额
10 月 1 日 …………	余额	$ 13 500
本月 ………………	直接材料	81 000
本月 ………………	直接人工	54 000
本月 ………………	生产管理成本	43 200
本月 ………………	结转产成品	(162 000)

公司按基于直接人工成本的 80%的预定分配标准分配生产管理成本。工作 613 始于 10 月，是 10 月末惟一一个仍在生产的工作，该工作计入了$6 750 的直接人工。

要求：

工作 613 应计入多少直接材料成本？

(学习目标 3) **7–23. 采用预定分配标准分配生产管理成本**

Mel 工具模具公司采用分批成本核算制。6 月份“在产品存货”账户的借（贷）事项如下。

	种 类	金 额
6 月 1 日 …………	余额	$ 27 000
本月 ………………	直接材料	162 000
本月 ………………	直接人工	101 000
本月 ………………	生产管理成本	88 000
本月 ………………	结转产成品	(320 000)

公司按基于直接人工成本的 80%预定分配标准分配生产管理成本。工作 622 是 6 月末的惟一在产品，该工作已计入了$13 500 的直接人工。

要求：

工作 622 应计入多少直接材料成本？

(学习目标 3) **7–24. 计算生产管理成本超额分配或分配不足**

Rajiv 纺织公司采用基于机器小时数的预定生产管理成本分配标准。10 月份，公司的预算生产管理成本为$2 520 000，它是基于预算经济活动量 420 000 个机器小时数。实际生产管理成本为$2 730 000，实际机器小时数共计 462 000。

要求：

生产管理成本超额分配或分配不足的金额为多少？

(学习目标 4) **7–25. 服务型组织中的分批成本核算制**

本月月初，Arthur Olde 咨询公司有两个正在进行中的工作，以前的月份分配给这两项工作的成本如下所示。

工作编号	直接人工	分配的生产管理成本
SY–400 ………	$7 680	?
SY–403 ………	5 040	?

本月，工作 SY–400 和 SY403 完工，但是尚未向客户出具账单。完成 SY–400 需要$8 400 的直接人工；完成 SY–403 则耗用了$24 000 的人工。

本月，开始了惟一一个新工作 SY–404，但尚未完工。本月所有工作的直接人工成本总计达$49 440。在 Arthur Olde 咨询公司，生产管理成本是指不能直接归属于具体工作的成本，包括复印、打印和走访客户的差旅成本。本期以及以前各会计期间，生产管理成本均按直接人工成本的 60%的分配标准分配。本月实际生产管理成本为$30 000。

要求：

a. 工作 SY–400 和 SY–403 在（1）本月月初，以及（2）完工时的工作成本是多少？

b. 工作 SY–404 在本月月末的成本是多少？

c. 本月生产管理成本分配不足或超额分配了多少？

(学习目标 4)　**7–26. 服务型组织的分批成本核算制**

8 月份，皇家咨询与仲裁公司（RCMP）为 Alberta 公司工作了 900 小时，为 Ontario 公司工作了 2 100 个小时。皇家咨询与仲裁公司按每小时$210 的标准向客户收费。咨询人员的人工成本为每小时$105。9 月份共计工作了 3 000 小时，生产管理成本为$30 000。生产管理成本按每小时$18 的分配标准向客户分配。此外，皇家咨询与仲裁公司还发生了$126 000 的营销与行政管理成本。所有交易均已入账，所有服务均已出具账单。

要求：

a. 以 T 字账户的形式说明人工和生产管理成本的成本流。

b. 编制公司 8 月份的损益表。

习　题

可参考McGraw-Hill的作业管理系统

(学习目标 3)　**7–27. 根据生产管理成本数据估计所耗用的机器小时数**

Kiwi 公司估计，本年的机器小时数将为 40 000 小时，生产管理成本（均为固定成本）将为$160 000。公司基于机器小时数分配生产管理成本。本年，所有生产管理成本均与计划（$160 000）吻合。生产管理成本超额分配$22 000。

要求：

本期共耗用了多少机器小时数？写出计算过程。

(学习目标 3)　**7–28. 根据生产管理成本数据估计所耗用的人工小时数**

Salinas 公司估计本年直接人工将为 39 000 个小时。公司的生产管理成本（均为固定成本）基于直接人工小时数分配。公司估计生产管理成本为$156 000。本年，所有生产管理成本均与计划（$156 000）吻合。生产管理成本超额分配$5 200。

要求：

本期所耗用的直接人工小时数是多少？写出计算过程。

(学习目标 2、3)　**7–29. 分配成本——数据缺失**

下列 T 字账户反映了 9 月份的经济活动。

材料存货

	借方	贷方
BB (9/1)	8 000	
	(a)	4 300
		(b)
EB (9/30)	9 700	

在产品存货

	借方	贷方
BB (9/1)	22 300	
	180 500	
	121 000	
	94 000	
EB (9/30)	17 700	

产成品存货

	借方	贷方	
BB (9/1)	14 200		
	(e)	(f)	
EB (9/30)	(g)		

销货成本

	借方	贷方	
	402 800		

生产管理成本总账

	借方	贷方	
	121 000		
	4 300		
	36 200		
	31 600		
	3 200		

已分配生产管理成本

	借方	贷方	
		(d)	

应付工资

	借方	贷方	
		124 300	
	162 000	(c)	
		36 200	
		119 500	EB (9/30)

累计折旧——厂房及设备

	借方	贷方	
		204 100	BB (9/1)
		(h)	
		235 700	EB (9/30)

材料供应商

	借方	贷方	
		100 000	

预付费用

	借方	贷方	
BB (9/1)	24 300		
		(i)	
EB (9/30)	21 100		

要求：

计算字母（a）至（i）所代表的缺失金额。

(学习目标 2、3)　**7–30. 分配成本——数据缺失**

下列T字账户代表11月份的活动。

材料存货

	借方	贷方	
EB (11/30)	56 400		

在产品存货

	借方	贷方	
BB (11/1)	32 600		
直接材料	86 200		

产成品存货

	借方	贷方	
EB (11/30)	101 000		

销货成本

	借方	贷方	

生产管理成本总账

	借方	贷方	
	实际		

已分配生产管理成本

	借方	贷方	
		264 000	

应付工资

	借方	贷方	

销售收入

	借方	贷方	
		725 400	

其他数据：

- 本月采购材料\$113 600，“材料存货”账户的余额增加\$11 000。
- 生产管理成本按直接人工的150%的分配标准分配。

- 销售收入按未分摊生产管理成本分配不足或超额分配之前的销货成本的 180%出具账单。
- 本月“产成品存货”账户分摊生产管理成本分配不足或超额分配之前的余额减少了 \$28 600。
- 直接人工和间接人工应付工资的总贷记账户合计\$202 000。
- 厂房折旧总计\$48 200。
- 生产管理成本分配不足\$25 080。除了间接人工、间接材料和折旧之外的生产管理成本为 \$198 480，它们均需支付现金。此外，要分摊生产管理成本分配不足部分。
- 公司决定将生产管理成本分配不足的 25%分摊给“在产品存货”，15%分摊给“产成品存货”，其余分摊给“销货成本”。T 字账户所反映的余额为任何分摊之前的余额。

要求：

完成 T 字账户。

(学习目标 3)　**7–31. 采用预定分配标准分析生产管理成本**

Kansas 公司采用分批成本核算制核算生产成本。公司采用基于直接人工小时数的预定生产管理成本分配标准向各个工作分配生产管理成本。公司估计了本年不同经济活动量水平下的生产管理成本，如下所示。

直接人工小时	150 000	180 000	210 000
变动生产管理成本	\$1 050 000	\$1 260 000	\$1 470 000
固定生产管理成本	648 000	648 000	648 000
生产管理成本合计	\$1 698 000	\$1 908 000	\$2 118 000

全年预计经济活动量为 180 000 个直接人工小时。下列信息是关于 3 月份的完工工作 6023 和工作 6024。

存货（3 月 1 日）	
材料和物料用品	\$ 31 500
在产品（工作 6023）	\$162 000
产成品	\$337 500
材料和物料用品采购	
材　料	\$405 000
物料用品	\$ 45 000
生产领用材料和物料用品	
工作 6023	\$135 000
工作 6024	112 500
工作 6025	76 500
物料用品	18 000
	\$342 000
车间直接人工小时数（表示为 DLH）	
工作 6023	10 500 DLH
工作 6024	9 000 DLH
工作 6025	6 000 DLH

（转下页）

人工成本	
直接人工工资（均为$8/小时）…………………………	$204 000
间接人工工资（12 000 个小时数）……………………	51 000
生产管理人员工资 …………………………………	108 000
占用建筑场所成本（热、电、折旧等）	
生产设施 ………………………………………………	$ 19 500
销售与行政管理办公场所 …………………………	7 500
生产设备成本	
电　力 ………………………………………………	12 000
维　修 ………………………………………………	4 500
其　他 ………………………………………………	7 500
	$ 24 000

要求：

回答下列问题。

a. 计算本年向各个工作分配生产管理成本时所采用的预定生产管理成本分配标准（综合固定与变动成本）。

（注：无论你对要求［a］的回答是什么，假设预定生产管理成本分配标准为每直接人工小时为$9。根据这个数字，回答要求［b］至［e］。）

b. 计算工作 6023 完工时的总成本。

c. 3 月份向工作 6023 分配了多少生产管理成本。

d. 3 月份向各个工作总计分配了多少生产管理成本。

e. 计算 3 月份实际发生的生产管理成本。

f. 本年年末，Kansas 公司各账户的余额如下。

生产管理成本超额分配 ………………	$ 3 000
销货成本 ………………………………	2 940 000
在产品存货 ……………………………	114 000
产成品存货 ……………………………	246 000

假设它不是材料，你建议如何处理生产管理成本超额分配？在下表中填出新的账户余额。

生产管理成本超额分配 ………………	______
销货成本 ………………………………	______
在产品存货 ……………………………	______
产成品存货 ……………………………	______

(学习目标 2、3)　**7–32. 寻找缺失数据**

一种新的计算机病毒（“账户消失”）破坏了 BackupsRntUs 公司的大部分公司记录。公司的计算机专家只能恢复公司生产账户的一小部分数据，如下所示。

直接材料存货	
BB (2/1)　90 000	

在产品存货	
BB (2/1)　27 000	

产成品存货	
EB (2/29)　66 000	

销货成本	

生产管理成本总账	

应付账款	
	54 000　*EB* (2/29)

通过其他渠道的进一步调查和重建，又得到了下列信息。

- 主计长清楚地记得，实际生产管理成本按每人工小时$18 记录。（公司将实际生产管理成本分配给“在产品存货”）。
- 生产主管的成本计算单表明 2 月 29 日“在产品存货”中只有一项工作。该工作已计入$15 600 的材料，耗费了 300 个直接人工小时，每小时$36。
- 据应付账款负责人称，只有直接材料采购发生了“应付账款”。他清楚地记得该账户 2 月 1 日的余额为$36 000。通过对作废的支票（保存在司库的办公室）分析，表明本月向供应商支付了$252 000。
- 工资账户表明，本月发生了 5 200 个直接人工小时。经人事部门核实，员工之间的工资标准没有差异（这激怒了史蒂夫，他认为他的服务应该得到更高的报酬）。
- 产成品仓库的记录表明，2 月 1 日产成品存货总计为$108 000。
- 2 月份产品的生产成本为$564 000。

要求：

确定下列金额。

a. 2 月 29 日的在产品存货。
b. 2 月份的直接材料采购。
c. 2 月份的实际生产管理成本。
d. 2 月份的销货成本。

(学习目标 4)　**7–33. 成本归集：服务**

青少年运动服务公司（YAS）为有组织的青少年体育活动提供成人管理。公司有一位总裁（威廉·美伊斯），还有 5 名员工。他和 5 名员工中的一名承担全部的营销及行政管理职责。其余 4 名员工直接服务于各项活动。公司设有 4 个服务部门：管理、裁判、培训和争议解决。员工要刷时间卡，以记录各部门工作的每个员工所花费的工作时间。在业务不繁忙的时候，有闲暇时间，也标记在时间卡上（安排一些闲暇时间是有必要的，因为必须在每天和每周波动的高峰期能提供直接人工小时）。

7 月份的一些经营数据如下所示。

	闲暇时间	管理	裁判	培训	争议解决
销售收入 ································		$6 950	$7 900	$3 000	$1 000
直接人工（小时）······················	25	320	80	125	90
可归属于各部门的直接生产管理成本					
设　备 ································		$ 950	$ 875	$ 700	$ 10
物料用品 ································		200	300	250	200
交　通 ································		375	1 000	150	50

其他数据：

- 在运营部门工作的4名员工的工资标准均为每小时$15。
- 帮助负责营销与行政管理的第五名员工的工资标准为每月$2 250，威廉每月$3 000。
- 间接生产管理成本总计为$768，根据所耗用的直接人工小时数分配给各部门。因为有闲暇时间，所以有些生产管理成本不会分配给部门。
- 除了工资支出之外，像广告和特殊促销之类的营销成本总计为$600。
- 除了工资支出之外，其他行政管理成本为$225。
- 所有收入交易均为现金；所有其他交易均为记账。

要求：

管理者希望知道各个部门是否对公司利润作出了贡献。编制一份7月份的损益表，反映各部门的服务收入和服务成本。写一份报告，向管理者说明部门盈利能力。不持有存货。

(学习目标4) **7-34. 分批成本核算制：服务型企业**

1月份，Bay会计师事务所为Lake Lumber公司工作了2 000小时，为Marina公司工作了600小时，为州监狱系统工作了1 000小时。事务所对客户的收费标准为$120/小时。它的人工成本为$45/小时。1月份总计工作了4 000小时，其中400小时不向客户计费。发生了$45 000生产管理成本，根据直接人工小时数分配给客户。因为有400小时不计费，所以有些生产管理成本没有分配给各个工作。事务所发生了$30 000营销与行政管理成本。所有交易均为记账交易。

要求：

a. 单位客户的收入和成本分别是多少？

b. 编制1月份损益表。

(学习目标4) **7-35. 分批成本核算制：服务型企业**

9月1日，Macon Masonry公司正在进行的工作有两个，具体情况如下。

工作编号	直接材料	直接人工
MM-24 ············	$1 044	$ 384
MM-30 ············	640	1 680

9月1日的“材料存货”总计为$5 520，本月采购材料$696。从材料存货领取了间接材料$96。9月1日，产成品存货由两个工作构成——MM-12，成本为¥2 352；MM-14，成本

为$948。两个工作的成本均已转入本月的“已出具账单服务成本”。

此外，9 月份工作 MM–24 和 MM–30 完工。完成 MM–24 需要$1 360 的直接人工。完成工作 MM–30 的成本包括直接材料$648、直接人工$4 000。

Macon Masonry 本期耗用的直接材料总计为$1 884（不包括间接材料$96），本月的直接人工成本总计为$8 160。生产管理成本估计为直接人工成本的 50%，过去几年中一直保持这种关系。

要求：

计算工作 MM–24 和 MM–30 的成本，以及 9 月 30 日存货账户的余额。

(学习目标 2、3)

eXcel

mhhe.com/lanen2e

7–36. 在采用分批生产的企业中追溯成本

Klemstine Cabinetry 是一家采用分批成本核算制的家具生产商，1 月份它所发生的交易如下。

1. 赊购材料$35 800。
2. 从材料存货向生产部门发出物料用品$1 000。
3. 支付（1）中的采购货款。
4. 向生产部门发出直接材料$17 000。
5. 发生工资成本$28 000，借记临时账户“工资”。其中，$9 000 为代扣代缴所得税，贷记“应交所得税”。其余$19 000 以现金形式支付给员工。关于“工资”的更多信息，参见交易（6）和（7）。
6. 计提员工福利$14 000，它是由于支付（5）中的工资而发生的。借记“工资”，贷记“应付福利”。
7. 分析“工资”账户，确定 60%反映直接人工，30%反映间接生产人工；10%反映行政管理与营销成本。
8. 支付生产车间的水电、设备维修及其他杂项支出，总计$21 600。
9. 根据直接人工成本的 175%分配生产管理成本。
10. 计提生产用厂房及设备折旧$11 500。

要求：

a. 写出记录这些交易的会计分录。

b. Klemstine Cabinetry 账户的余额如下所示。

	期初	期末
材料存货 ……………	$37 050	—
在产品存货 …………	8 250	—
产成品存货 …………	41 500	$33 200
销货成本 ……………	—	65 850

绘制 T 字账户，反映本期的成本流。

(学习目标 2、3、4)

S

7–37. 成本在账户间的流转

Brighton 服务公司维修汽车发动机。它雇用了 100 名全职工人，工资标准为$20/小时。自去年开业以来，公司各个工作的定价均为直接人工和直接材料成本加成 20%。但是，尽

管满负荷运转，经理对去年的业绩也颇感失望。总计接受并完工了10个工作，发生了下列总成本。

直接材料	$1 035 400
直接人工	4 000 000
生产管理成本	1 040 000

在$1 040 000生产管理成本中，30%为变动生产管理成本，70%为固定生产管理成本。

公司预期本年经济活动量保持在去年的水平，生产管理成本和工资标准预期不变。本年第一季度，公司完工了两个工作，开始第三个工作。发生的成本如下。

工 作	直接材料	直接人工
101	$137 200	$490 000
102	93 000	312 400
103	94 000	197 600
生产管理成本总计		271 200
营销与行政管理成本总计		112 000

Brighton 服务公司向 Lodi 咨询公司咨询，而你是 Lodi 咨询公司的一名咨询顾问。咨询公司的高级合伙人审查了Brighton 服务公司的账户，决定将每个工作的实际生产管理成本均划分为固定成本和变动成本，具体如下。

	实际生产管理成本	
	变动	固定
101	$29 900	$104 000
102	27 500	88 200
103	4 600	17 000
	$62 000	$209 200

在本年第一季度，40%的营销与行政管理成本为变动成本，60%为固定成本。公司告诉你工作101和工作102的销售收入分别为$850 000和$550 000。本季度全部生产管理成本分配不足或超额分配均冲销“销货成本”。

要求：

a. 用T字账户反映本年第一季度三个工作的实际生产管理成本的成本流。

b. 用去年的生产管理成本和直接人工小时作为本年的估计，计算变动生产管理成本和固定生产管理成本的单位直接人工小时预定生产管理成本分配标准。

c. 用T字账户反映本年第一季度三个工作的定额生产管理成本的成本流。采用要求 (b) 中计算出的生产管理成本分配标准。

d. 按照下列成本核算法编制本年第一季度的损益表。

(1) 实际成本核算法

(2) 定额成本核算法

(学习目标 2、3) **7–38. 反映成本向工作的流转**

Kim Asphalt 公司为大型商业客户以及小型家庭用户提供车道和停车场的路面重铺服务。任何时候公司均持有材料和设备存货，以便及时开工。特殊设备根据需要订购。5 月 1 日，材料及设备存货账户的余额为$24 000。“在产品存货”账户记录尚未完工的工作成本。5 月 1 日有两个尚未完工的工作，其成本如下。

	工作 27 高地购物中心	工作 33 松山地产
材料及设备 ……………	$10 250	$35 000
直接人工 ………………	9 000	17 500
分配的生产管理成本 …	2 700	5 250

生产管理成本按直接人工成本的 30%分配。

5 月份，公司开始了两个新工作。并继续进行工作 27 和工作 33。工作 33 完工并向松山地产开具了账单。5 月份各个工作发生的成本具体如下。

工作	27	33	34	35
材料及设备 ……………	$2 000	$3 200	$4 600	$2 000
直接人工（应付工资）…	3 000	4 500	5 900	1 600

5月份发生的其他事项：

1. 收到 4 月份向客户交工的工作 24 的款项$12 500。
2. 采购材料及设备$9 400。
3. 向松山地产开具账单$87 500，已收到其中的$50 000。
4. 确定间接人工的工资总计$650。
5. 向现有的工作发出物料用品和杂项材料$155。
6. 记录生产管理成本和广告成本，具体如下（除设备折旧外均为现金）。

财产税 ………………………………	$550
仓储场所租金 ………………………	675
车辆及配送成本 ……………………	320
广告及促销活动 ……………………	600
检验 …………………………………	200
电话机其他杂项 ……………………	325
设备折旧 ……………………………	450

要求：

a. 编制记录 5 月份各项经营活动成本流的会计分录。

b. 计算本月生产管理成本超额分配或分配不足，并借记或贷记销货成本。

c. 确定“材料及设备存货”和“在产品存货”账户的余额。

(学习目标 2、3)

mhhe.com/lanen2e

7–39. 重建缺失数据

6 月 1 日，一场龙卷风袭击了 Toledo 农用机械（TFI）公司惟一的生产厂。所有在产品存货都被毁掉了，但是从废墟中抢救出来了一些记录，还从公司总部获得一些记录。如果能够提供可接受的证据，保险公司就可以赔偿损失。在产品存货的可保险价值包括直接材料、直接人工和分配的生产管理成本。

市中心的公司总部 4 月份的财务报表中反映了关于工厂的下列信息。

材料存货（4 月 30 日）	$ 98 000
在产品存货（4 月 30 日）	172 400
产成品存货（4 月 30 日）	64 000
销货成本（截至 4 月 30 日）	697 200
应付账款（材料、物料用品）(4 月 30 日)	43 200
生产管理成本（截至 4 月 30 日）	369 800
应付工资（4 月 30 日）	-0-
代扣及其他应付工资（4 月 30 日）	19 400
分配的生产管理成本（截至 4 月 30 日）	359 200

清点 5 月 31 日的存货表明

材料存货	$ 86 000
在产品存货	?
产成品存货	75 000

应付账款负责人告诉你为偿付供应商的大额账单总计$100 200，本月向供应商总计支付了$75 800 现金。她告诉你上个月生产性工资成本计入了$164 800，其中$29 400 为间接人工成本。

5 月末，总部提供了下列余额：

生产管理成本（截至 5 月 31 日）	$434 000
销货成本（截至 5 月 31 日）	793 200

你记起每月只领用一次间接材料。从碎纸片中，你发现了下列信息，并清晰地记录下来。

从桌子下面的碎纸片中发现：间接材料 —> $4 172

你还了解到本月的生产管理成本超额分配了$2 400。

要求：

确定灾害中损失的在产品存货的成本。

(学习目标 2、3、4)

7–40. 不完全数据：分批成本核算制

Chelsea 家装公司是一家快速发展的公司，尽管销售收入不断增长，但一直不盈利。公司聘请你作咨询顾问，寻找提高盈利能力的方法。你认为症结在于成本控制不严格，各个工作的成本估计不准确。公司实际上没有会计系统，因而也就无法收集数据。但是，你能够整合关于 6 月份的下列信息。

eXcel
mhhe.com/lanen2e

- 生产
  1. 工作 61 完工。
  2. 工作 62 开工并完工。
  3. 工作 63 开工。
- 存货价值
  1. 在产品存货

5 月 31 日：工作 61	
直接材料	$ 4 000
人工（960 小时×$20）	19 200

6 月 30 日：工作 63	
直接材料	$ 3 200
人工（1 040 小时×$20）	20 800

- 在产品存货中的每个工作就人工小时数而言都恰恰完成了 50%。但是，完成整个工作所必需的全部直接材料都在开工时计入了各个工作。
- 5 月 31 日或 6 月 30 日没有直接材料存货或产成品存货。
- 实际生产管理成本为$40 000。
- 销货成本（调整生产管理成本分配不足或超额分配之前）。

工作 61	
材　料	$ 4 000
人工（960 小时×$20）	?
生产管理成本	?
合　计	$61 600

工作 62	
材　料	?
人工（960 小时×$20）	?
生产管理成本	?
合　计	?

- 生产管理成本采用公司自开业起一直使用的基于人工成本的预定分配标准分配。
- 所有直接材料均为现金采购，采购时直接计入“在产品存货”。6 月份直接材料采购总计为$9 200。
- 6 月份计入各工作的直接人工为$6 400。6 月份所有人工的单位人工成本均相同。

要求：

向管理者提交一份报告，说明

a. 所销售的每个工作调整生产管理成本分配不足或超额分配之前的销货成本的成本要素（材料、人工和生产管理成本）。

b. 6 月 30 日在产品存货中的每个工作的各成本要素的金额（材料、人工和生产管理成本）。

c. 6月份的生产管理成本分配不足或超额分配。

(学习目标 2、3、5) **7–41. 分批成本核算与道德问题**

旧港船厂既为美国海军也为民营运输公司生产船只。公司的主要业务是船只改造——分别在公司的两个以所在地城市命名的干船坞生产，即“旧城船坞”和“新城船坞”。

关于两个船坞的经营数据如下所示。

	旧城船坞	新城船坞
生产管理成本 ………	\$20 000 000	\$80 000 000
直接人工小时数 ……	200 000	200 000

实际上，两个船坞的成本都包含折旧。新城船坞稍新一些，所以折旧也稍高一些。对于具体的船坞来说船坞的生产管理成本根据各船坞的直接人工小时数计入各工作。

公司准备开工两个工作，一个是海军的成本加成合同，一个是民营运输公司的固定费用合同。两个工作都要求同样数量的人工小时数。公司让你提供一些成本核算信息。你的主管告诉你，她确信海军的工作将在新城船坞生产，民营公司的工作将在旧城船坞生产。

要求：

a. 计算两个船坞的生产管理成本。

b. 你认为为什么你的主管说海军的工作将在新城船坞生产？

c. 生产场所的选择符合道德吗？为什么？

(学习目标 5) **7–42. 分批成本核算制与道德问题**

查克·穆尔在Price and Waters公司负责两个咨询工作。Prite and Water公司是帮助组织提高效率的一家咨询公司。其中一个咨询工作是美国国防部的，另一个是通用汽车公司的。查克收到了关于月末后3个星期的月度成本报告。通用汽车公司咨询工作包含着坏消息。在做了一番思想斗争之后，他在一周后打电话告知了老板这个坏消息。

“通用汽车公司咨询工作只完成了一半，但是我们已经花完了预期投入该工作的\$1 000 000，”他说，“但是，我们预期花在美国国防部咨询工作上的\$800 000只花了\$500 000，而我们已经完成了90%”。

他的老板告诉查克：“将完成通用汽车公司咨询工作所需要的其他成本分配给美国国防部咨询工作，该工作低于预算，何况对于政府项目我们根据成本收费。”

要求：

a. 查克应该怎么办？

b. 查克的咨询公司按成本向政府咨询工作收费有问题吗？为什么？

综合案例

(学习目标 2、3) **7–43. 成本估计、计算生产管理成本分配标准**

Ipanema制笔公司生产办公用品，比如纸夹和钉书钉。公司任何一个产品都是大批量生产，并采用定额分批成本核算制。生产管理成本按基于直接人工小时数的预定分配标准分配给各批次。最近两年，公司发生的生产管理成本（采用现行价格和工资标准调整物价水平变化之后）如下所示。

	第 3 年	第 4 年
耗用的直接人工小时 ···	138 000	108 000
发生的生产管理成本		
间接人工 ················	$ 5 520 000	$ 4 320 000
员工福利 ················	2 070 000	1 620 000
物料用品 ················	1 380 000	1 080 000
水、电 ··················	1 104 000	864 000
热、光 ··················	276 000	276 000
生产管理 ················	1 432 500	1 312 500
折　旧 ··················	3 965 000	3 965 000
财产税和保险 ············	1 502 500	1 502 500
生产管理成本合计 ···	$17 250 000	$14 940 000

要求：

根据最近两年的数据，写一份报告，向管理者说明用于向产品分配生产管理成本的固定与变动生产管理成本分配标准。公司预期在第 6 年按 115 000 个直接人工小时数的水平运营。

自学题答案

1. 各项交易的会计分录如下。

	借	贷
a. 直接材料存货 ························	10 000	
应付账款 ························		10 000
b. 在产品存货 ························	8 000	
生产管理成本总账 ························	2 000	
直接材料存货 ························		10 000
c. 在产品存货 ························	6 000	
生产管理成本总账 ························	1 000	
应付工资 ························		7 000
d. 生产管理成本总账 ························	13 000	
应付账款 ························		9 000
累计折旧 ························		4 000
e. 在产品存货 ························	12 000	
已分配生产管理成本 ························		12 000

根据预定分配标准，直接材料成本（=$8 000，参见会计分录 b）的 150%（= $120 000 ÷ $80 000）

2. 各项交易的会计分录如下。

a. 产成品存货	22 000	
在产品存货		22 000
b. 销货成本	22 000	
产成品存货		22 000
现　金	27 000	
销售收入		27 000
c. 已分配生产管理成本	12 000	
销货成本	1 000	
生产管理成本总账		13 000

8

分步成本核算制

第 8 章

学习目标

阅读本章之后，你应该能够：

1. 解释约当产量的概念及目的。
2. 产品成本分配的 5 个步骤。
3. 采用加权平均法向产品分配成本。
4. 编制与分析生产成本报告。
5. 采用先进先出法向产品分配成本。
6. 分析先进先出法与加权平均法之间的会计选择。
7. 了解何时采用分步成本核算制或分批成本核算制。
8. 比较和对比运行成本核算制与分批成本核算制、分步成本核算制。

复习题

8-1. 什么是最有可能采用分步成本核算制的行业特点？

8-2. 一家制造公司在“在产品存货”中记录了本月经济活动，以及期末在产品存货，但是却丢失了期初在产品存货的记录。要计算期初存货，需要哪些数据？请以等式的形式表示。

8-3. 如果从一个期间到另一个期间成本增加了，那么采用先进先出法从一个部门转出的成本比采用加权平均法高还是低？为什么？

8-4. 采用先进先出法计算的约当产量与采用加权平均法计算的约当产量之间有什么区别？

8-5. 据说上一部门成本的成本习性类似于直接材料成本。在什么条件下，这些成本相似？为什么单独核算它们？

8-6. 假设从一个部门转出的产品数量未知。采用基本的成本流模型计算转出产品数量的公式是什么？

重点分析与讨论题

8-7. 一家生产清洁剂产品的公司的管理层正在决定采用分批成本核算制还是分步成本核算制。生产副总裁说分批成本核算制能提供最好的控制，因为向特定批次产品分配成本是可能的。但是，主计长却说分批成本核算制要求做的记录太多。分步成本核算制能满足生产副总裁的控制目标吗？为什么？

8-8. 我们讨论了分步成本核算制的两种方法——加权平均法和先进先出法。你的同事向主计长建议采用后进先出法。主计长对这项建议十分关注，因为成本记录是基于先进先出法进行的。实际上，主计长从未听说过采用后进先出法进行分步成本核算。你能建议主计长如何解决这个问题吗？

8-9. 一位朋友拥有并经营着一家咨询公司，它根据一份咨询协议只为一个客户服务。咨询公司每月按发生的成本向客户计费。她问你能否建议一下她的公司采用分批成本核算制，还是分步成本核算制。你的建议是什么？为什么？

8-10. 在下列哪些条件下，分步成本核算制的先进先出法与加权平均法得出的生产成本相同？

a. 当生产的产品同质的时候。

b. 在没有期初存货的时候。

c. 在没有期末存货的时候。

d. 期初存货与期末存货的完工程度均为50%的时候。

8-11. 由于失误，生产主管调换了生产成本报告中的数字位数，致使每个存货要素报告的完工程度都高了。假设没有期初存货。这项失误对下列各个事项的影响是什么？

a. 总约当产量的计算。

b. 约当产量单位成本的计算。

c. 分配给本期转出产品的成本。

8-12. 在计算约当产量单位成本时，加权平均法考虑

a. 仅本期成本。

b. 本期成本加期初在产品存货。

c. 本期成本加期末在产品存货。

d. 本期成本减期初在产品存货。

8-13. 在采用加权平均分步成本核算制时，一定期间生产的总约当产量等于

a. 本期投产并完工的产品数量加期初在产品存货数量加期末在产品存货的数量。

b. 期初在产品存货数量加本期投产的产品数量加期末在产品数量，乘以产品完工所需要的工作的百分比。

c. 期初在产品存货数量乘以产品完工所需要的工作的百分比，加本期投产并完工的产品数量，加本期投产但仍处于期末在产品中的数量，乘以产品完工所需要的工作的百分比。

d. 本期转出的产品数量加期末在产品数量乘以产品完工所需要的工作的百分比。

e. 上述均不正确。

练 习

可参考McGraw-Hill的作业管理系统

(学习目标1、3) **8-14. 计算约当产量：加权平均法**

Clean公司生产窗户清洁剂。下列是关于其在产品的信息。

- 期初存货：40 000加仑部分完工的产品。

- 本期转出：210 000 加仑。
- 期末存货（材料是 20%的完工程度；转化成本是 10%的完工程度）。
- 本月投产：240 000 加仑。

要求：

a. 采用加权平均法计算材料的约当产量。

b. 采用加权平均法计算转化成本的约当产量。

(学习目标 1、5)　**8–15. 计算约当产量：先进先出法**

参考练习第 8–14 题中的数据。假设就材料而言，期初存货的完工程度为 50%，就转化成本而言，为 30%。

要求：

a. 采用先进先出法计算材料的约当产量。

b. 采用先进先出法计算转化成本的约当产量。

(学习目标 1、3)　**8–16. 计算约当产量：加权平均法**

Missouri 公司关于其工厂的在产品的信息如下所示。

- 期初存货部分完工（材料 100%完工；转化成本 60%完工）。
- 本月投产：60 000 件。
- 本期转出：50 000 件。
- 期末存货：20 000 件（材料 100%完工；转化成本 15%完工）。

要求：

a. 采用加权平均法计算材料的约当产量。

b. 采用加权平均法计算转化成本的约当产量。

(学习目标 1、5)　**8–17. 计算约当产量：先进先出法**

参考练习第 8–16 题的数据。

要求：

a. 采用先进先出法计算材料的约当产量。

b. 采用先进先出法计算转化成本的约当产量。

(学习目标 1、3、5)　**8–18. 计算约当产量**

Bears 公司在 MO 部门流程开始时投入材料。下列是关于 MO 部门 7 月份的实物产量信息。

在产品（7 月 1 日，就转化成本而言完工程度 60%）	18 000
7 月份投产	120 000
7 月份完工	120 000
在产品（7 月 30 日，就转化成本而言完工程度 75%）	18 000

要求：

a. 采用加权平均法计算材料成本和转化成本的约当产量。

b. 采用先进先出法计算材料成本和转化成本的约当产量。

(学习目标 1、3、5) **8–19. 计算约当产量：道德问题**

Aaron 公司采用分步成本核算制。全部材料均在转化成本达到 50%的时候投入。下列是关于 8 月份实物产量的信息。

在产品（8 月 1 日，就转化成本而言完工程度 60%）……	50 000
8 月份投产 ……	200 000
8 月份转入产成品部门 ……	210 000
在产品（8 月 31 日，就转化成本而言完工程度 40%）……	40 000

要求：

a. 采用加权平均法计算材料成本和转化成本的约当产量。

b. 采用先进先出法计算材料成本和转化成本的约当产量。

c. 公司总裁承受着增加收入的巨大压力。他告诉主计长将期末在产品的估计完工程度从 40%改为 60%。

1. 这一项变化会对 8 月份即将转为产成品的产品单位成本有什么影响？
2. 这符合道德吗？
3. 从长期看，这可能成为影响收入的成功战略吗？

(学习目标 3) **8–20. 计算约当产量的单位成本：加权平均法**

下列是关于 Dewenport 工厂 10 月份的信息（全部材料均在流程开始时投入）。

	产 量	材料成本
期初在产品 ………	90 000	$ 33 000
10 月份投产 ………	240 000	105 600
10 月份完工 ………	255 000	
期末在产品 ………	75 000	

要求：

采用加权平均法计算材料的约当产量的单位成本。

(学习目标 5) **8–21. 计算约当产量成本：先进先出法**

参考练习第 8–20 题中的数据。

要求：

采用先进先出法计算材料的约当产量的单位成本。

(学习目标 1、5) **8–22. 计算约当产量：先进先出法**

在 Santiago 公司，材料在生产流程开始时投入。公司采用先进先出分步成本核算制。下列是关于 4 月份的实物流的信息。

期初在产品（40%完工）……	90 000
4 月份投产 ……	1 020 000
4 月份完工并转出 ……	960 000
期末在产品（70%完工）……	150 000

要求：

计算转化成本的约当产量。

(学习目标 3)　**8-23. 计算约当产量的单位成本：加权平均法**

Matsui 润滑剂厂采用加权平均法核算在产品存货。会计记录反映的某一天的信息如下。

期初在产品存货	
直接材料	$1 952
转化成本	544
本期成本	
直接材料	22 880
转化成本	13 288

数量信息来自生产记录，包括下列信息。

期初存货	600 桶（就材料而言，60%完工，就转化成本而言，53%完工）
本期投产	4 000 桶
期末存货	1 200 桶（就材料而言，40%完工，就转化成本而言，20%完工）

要求：

计算直接材料和转化成本的约当产量的单位成本。

(学习目标 2、3)　**8-24. 向完工转出产品和期末存货分配成本：加权平均法**

参考练习第 8-23 题的数据。采用加权平均法计算完工转出产品和期末存货的成本。

(学习目标 5)　**8-25. 计算约当产量的单位成本：先进先出法**

采用练习第 8-23 题中的数据，采用先进先出法计算直接材料和转化成本的约当产量的单位成本。

(学习目标 5)　**8-26. 向完工转出产品和期末存货分配成本：先进先出法**

参考练习第 8-23 题和第 8-25 题中的数据，采用先进先出法计算完工转出产品和期末存货的成本。

(学习目标 3)　**8-27. 计算约当产量的单位成本：加权平均法**

Pacific 洋墨水公司 10 月 1 日的期初在产品存货为$372 480。其中，$152 460 是直接材料成本，$220 020 为转化成本。就直接材料和转化成本而言，期初存货的 24 000 瓶的完工程度均为 30%。

10 月份，完工转出 51 000 瓶，15 000 瓶为期末存货。就直接材料而言，期末存货的完工程度为 80%；就转化成本而言，完工程度为 40%。本期发生的成本总计为直接材料$1 171 800；转化成本$1 513 920。

要求：

采用加权平均法计算直接材料和转化成本的约当产量的单位成本。

(学习目标 2、3) **8–28. 向完工转出产品和期末存货分配成本：加权平均法**

参考练习第 8–27 题中的数据，采用加权平均法计算完工转出产品和期末存货的成本。

(学习目标 5) **8–29. 计算约当产量的单位成本：先进先出法**

参考练习第 8–27 题中的数据，采用先进先出法计算直接材料和转化成本的约当产量的单位成本。

(学习目标 2、5) **8–30. 向完工转出产品和期末存货分配成本：先进先出法**

参考练习第 8–27 题中的数据。采用先进先出法计算完工转出产品的成本和期末存货的成本。采用加权平均法计算的期末存货比采用先进先出法高还是低？为什么？

(学习目标 2、4、5) **8–31. 编制生产成本报告：先进先出法**

假设 El Paso 公司向你提供了一个部门 9 月份的经营情况信息（部门 B 未投入新材料）。

在产品存货-部门 B	
期初存货（15 000 件，就部门 B 的成本而言完工程度为 20%）	
转入成本（从部门 A）……	$ 29 000
部门 B 转化成本 ……	7 675
本期生产（投产 35 000 件）	
上一部门成本 ……	70 000
部门 B 成本 ……	149 075
期末存货 5 000 件，就部门 B 成本而言，完工程度为 50%，就上一部门成本而言，完工程度为 100%。	

要求：

采用先进先出法编制生产成本报告。

(学习目标 2、3、4) **8–32. 编制生产成本报告：加权平均法**

参考练习第 8–31 题中的信息。

要求：

a. 采用加权平均法编制生产成本报告。

b. 采用先进先出法计算的期末存货高，还是采用加权平均法高？为什么？

(学习目标 8) **8–33. 作业成本核算制：道德问题**

Brokia 电子公司生产三种型号的手机，即基本款、摄像款、掌控生活款，它们只是元器件有所不同。生产经过两个部门：装配部门和特殊包装部门。基本款和摄像款在经过装配部门后就完工了。掌控生活款要从装配部门转入特殊包装部门，在该部门完工。7 月份的数据如下表所示。转化成本基于所生产的产量分配。没有在产品存货。

	合 计	基本款	摄像款	掌控生活款
材 料 ……	$2 800 000	$600 000	$1 500 000	$700 000
转化成本：				
装 配 ……	$1 400 000			
特殊包装 ……	400 000			
总转化成本 ……	$1 800 000			

a. 7 月份三种型号的手机转入产成品存货的产品的单位成本分别是多少？

b. 掌控生活款仅向政府以成本加成的价格销售。营销副总裁建议装配部门的转化成本可以基于材料成本分配，这样它就能够为基本款手机提供一个更低的价格。

1. 如果营销副总裁的建议被采纳，那么三种型号的手机将报告的成本是多少？
2. 这符合道德吗？

(学习目标 8)　**8–34. 作业成本核算制**

Ferdon 制表公司生产 4 种款式的手表：炫礼、通勤、运动和退休。公司生产经过 4 个部门：装配、抛光、特殊处理、包装。4 种款式的手表均从装配部门开始，全部材料都在那里装配。炫礼款转入包装部门，包装后转入产成品存货。通勤款和运动款装配后转入抛光部门。一旦完成抛光流程，就转入包装部门，然后转入产成品。退休款装配后转入特殊处理部门，然后包装。包装后转入产成品存货。

10 月份的数据如下表所示。转化成本基于每个部门的产量分配。

	合 计	炫礼款 (5 000 块)	通勤款 (10 000 块)	运动款 (13 000 块)	退休款 (2 000 块)
材 料	$535 000	$25 000	$150 000	$260 000	$100 000
转化成本：					
装 配	$120 000				
抛 光	69 000				
特殊处理	20 000				
包 装	90 000				
总转化成本	$299 000				

a. 绘制不同款式手表在生产流程中的实物流。

b. 10 月份 4 款手表转入产成品存货的产品的单位成本分别是多少？

习　题

可参考McGraw-Hill的作业管理系统

(学习目标 1、3、5)　**8–35. 计算约当产量。**

为下列各个独立的多选题选择最佳答案。

a. Adams 公司的生产周期从部门A 开始。下列是 7 月份的信息。

	产 量
在产品（7 月 1 日，60%完工）	75 000
7 月份投产	360 000
在产品（7 月 31 日，30%完工）	40 000

部门 A 材料在流程开始时投入。采用加权平均法，7 月份的生产的约当产量是多少？

	材 料	转 化
(1) ………………	360 000	372 000
(2) ………………	435 000	407 000
(3) ………………	367 000	360 000
(4) ………………	397 500	367 000
(5) ………………	上述均不正确	

b. 部门 B 是 Boswell 公司的生产周期的第二道工序。11 月 1 日，期初在产品存货为 100 000 件，就转化成本而言，完工程度为 30%。11 月份，从生产周期的第一道工序转入 640 000 件。11 月 30 日，期末在产品存货为 80 000 件，就转化成本而言，完工程度为 65%。材料在流程末投入。采用加权平均法，11 月份生产的约当产量为

	上一部门成本	材 料	转 化
(1) …	640 000	660 000	712 000
(2) …	740 000	660 000	690 000
(3) …	740 000	660 000	608 000
(4) …	740 000	660 000	712 000
(5) …	上述均不正确		

c. 部门 C 是 Cohen 公司的生产周期的第一道工序。下列是关于 9 月份的转化成本的约当产量信息。

期初在产品存货（30%完工）………………………………	80 000
9 月份投产 ………………………………………………	1 360 000
9 月份完工并转入部门 D …………………………………	1 280 000
期末在产品（70%完工）…………………………………	160 000

采用先进先出法，计算的转化成本的约当产量为

(1) ……………………	1 280 000
(2) ……………………	1 392 000
(3) ……………………	1 192 000
(4) ……………………	1 368 000
(5) ……………………	上述均不正确

d. Draper 公司计算的 12 月份部门 D 的实物流如下。

完工产品	
来自 12 月 1 日的在产品 …………………………………	20 000
来自 12 月份的生产 ………………………………………	70 000
合 计 ………………………………………………………	90 000

材料在流程开始时投入。12 月 31 日的在产品数量为 16 000。就转化成本而言，12 月 1 日的在产品完工程度为 70%，12 月 31 日的在产品完工程度为 50%。采用先进先出法，12

月份生产的约当产量是多少？

	材　料	转　化
(1) ………………	86 000	84 000
(2) ………………	86 000	86 000
(3) ………………	106 000	100 000
(4) ………………	106 000	102 000
(5) ………………	上述均不正确	

(学习目标 5)

8-36. 先进先出法

下面是关于 Mckenzie 公司谷物部的信息。本部门期初在产品存货的转化成本为 80%的完工程度，期末在产品存货的转化成本为 50%的完工程度。关于 7 月份的转化成本信息如下所示。

	产　量	转化成本
7 月 1 日在产品（80%完工）…………	150 000	$ 258 000
7 月份投产及其发生的成本 …………	810 000	1 452 000
7 月份完工并转入下一个部门的产品 …	600 000	?

谷物部门采用先进先出法。

要求：

a. 7 月 31 日谷物部门在产品存货的转化成本是多少？

b. 上期与本期所生产的约当产量的单位转化成本分别是多少？

(学习目标 3、4)

8-37. 编制生产成本报告：加权平均法

Douglas 玩具公司是一家采用加权平均分步成本核算制核算生产成本的制造商。它生产的塑料玩具经过三个不同的部门，即成型、装配和精修。下列是获取的 9 月份装配部门的信息。

9 月 1 日的在产品共 100 000 件，其构成如下。

	产　量	完工程度
从成型部门转入的上一部门成本 ………	$ 64 000	100%
装配部门新增成本		
直接材料 ………………………………	40 000	100%
直接人工 ………………………………	14 400	60%
生产管理成本 …………………………	9 200	50%
	63 600	
在产品（9 月 1 日）……………………	$127 600	

9 月份，从成型部门转入 500 000 件产品，成本为$320 000。装配部门新增了下列成本。

直接材料 …………………………	$192 000
直接人工 …………………………	72 000
生产管理成本 ……………………	37 800
新增成本合计 ……………………	$301 800

装配部门完工400 000件产品，并转入精修部门。

9月30日，在产品存货为200 000。9月30日在产品存货的完工程度如下。

直接材料	90%
直接人工	70
生产管理成本	35

要求：

a. 采用加权平均法编制生产成本报告。

b. 管理者希望降低玩具的生产成本。具体而言，公司为装配部门制定了下列单位成本目标：材料，\$0.40；人工，\$0.20；生产管理成本，\$0.09。产品在装配部门实现管理者的成本目标了吗？写一份报告，向管理者说明你的回答。

(学习目标4、5)

8-38. 编制生产成本报告：先进先出法

参考习题第8-37题中的事实。

a. 采用先进先出法编制生产成本报告。

b. 回答习题第8-37题中的要求（b）。

(学习目标3、4)

eXcel mhhe.com/lanen2e

8-39. 编制生产成本报告并调整存货余额：加权平均法

Elmhurst零部件公司未经审计的原始记录反映了下列关于期末存货的信息，必须将它们调整为实际成本。

	产 量	未经审计的成本
在产品存货	600 000	\$1 321 920
产成品存货	100 000	562 600

作为审计师，你了解到了下列信息。就转化成本而言，期末在产品存货的完工程度为40%。材料在生产流程开始时投入，生产管理成本按直接人工成本80%的标准分配。期初没有产成品存货。此外，你还获得了下列信息。

		完工程度	
	产 量	直接材料	直接人工
期初存货			
（就人工而言，完工程度为80%）	\$ 400 000	\$ 400 000	\$ 910 000
本期投产	2 000 000	2 600 000	
本期成本			3 680 000
本期完工并转入产成品存货	1 800 000		

要求：

a. 采用加权平均法为Elmhurst公司编制一份生产成本报告（提示，你需要计算材料、人工及生产管理成本这三类成本的约当产量）。

b. 写出更正在产品存货和产成品存货未经审计的记录与实际期末余额之间的差额所需要的会计分录。任何差额都借记或贷记销货成本。

c. 如果不做要求（b）中的调整，公司的收入和存货会高估或低估吗？

(学习目标 5)

8–40. 说明成本流：先进先出法

Vermont 公司采用连续流程生产毛绒熊，并采用先进先出分步成本核算制核算生产成本。公司之所以采用先进先出法，是因为生产中所使用的精细材料的价格易于波动，从而导致成本十分不稳定。毛绒熊的生产经过一个部门。生产管理成本基于直接人工成本分配，分配标准在本题所涵盖的会计期间内保持不变。在产品存货账户反映了下列关于本期期初的余额。

直接材料	$131 000
直接人工	260 000
生产管理成本	325 000

这些成本是关于本期期初的 52 000 件在产品的。

本期，60 000 件产品转入产成品存货。在本期完工的产品中，销售了 80%。在产品转入产成品存货之后，不区分期初在产品存货完工所需要的成本以及本期投产并完工的产品成本。

本期材料的约当产量为 50 000（采用先进先出法）。其中，期末在产品存货就材料而言的约当产量为 10 000 件。本期发生的成本总计$300 400。

本期 62 500 件约当产量计入转化成本$1 287 000（采用先进先出法）。期末存货包含 22 000 件约当产量的转化成本。本期实际生产管理成本为$660 000。

要求：

绘制 T 字账户，反映该会计管理系统的成本流。本期实际生产管理成本与分配的生产管理成本之间的差额应借记或贷记销货成本。

(学习目标 4、5)

8–41. 编制生产成本报告并通过账户反映成本流：先进先出法

在 Recgders 公司的 R 部门，将捐赠的废布加工成毛巾，供本地旧货店销售。公司以成本价销售。直接材料成本为零，但是公司运营需要直接人工和生产管理成本。公司采用分步成本核算制，并记录各期的产量及发生的成本。本期期初，在产品为 300 条毛巾，完工程度为 60%，发生的成本为$168。

本月，发生的成本为$10 800，投产 2 700 条毛巾，月末在产品存货为 150 条毛巾。月末，毛巾的完工程度为 20%。

要求：

a. 采用先进先出法编制一份生产成本报告。

b. 用 T 字账户反映成本流。假设本期转化成本贷记各种应付款项。

c. 管理者对生产成本不断增加表示关注，希望将单位生产成本控制在$4.25 以内。公司实现这个目标了吗？编写一份简短的报告，向管理者说明你的回答。

(学习目标 4、5)

excel

mhhe.com/lanen2e

8–42. 先进先出分步成本核算制

Pantanal 公司在本地的一家工厂生产汽车座椅。为了成本核算的目的，公司采用先进先出分步成本核算制。工厂有三个部门：成型、装配和精修。下列是关于 8 月 1 日装配部门期初在产品存货的信息。

	成 本	完工程度
在产品期初存货（10 000 件）		
从成型部门转入 ……………	$ 98 000	100%
直接材料成本 ………………	164 400	60
转化成本 ……………………	61 000	40
在产品余额（8 月 1 日）……	$323 400	

8 月份，从成型部门转入了 102 000 件产品并在装配部门开始生产，成本为$2 142 000。装配部门 8 月份发生了$1 164 600 其他成本，具体如下。

	8 月份成本
直接材料成本 ……………………	$ 939 600
转化成本 …………………………	225 000
8 月份总成本 …………………	$1 164 600

在 8 月份月末，在产品存货为 16 000 件，就直接材料而言，完工程度为 90%，就转化成本而言，完工程度为 50%。

要求：

计算 8 月份转出的产品的成本，以及期末在产品存货的成本。

(学习目标 4、5) **8–43. 探究未知：先进先出法**

对于下列每个独立的案例，采用先进先出法确定所要求的信息。

a. 期初存货总计 1 000 件。本期投产并完工4 500 件。期末存货为 3 000 件，完工程度为 30%。采用先进先出法，本期约当产量为 5 600 件。期初存货的完工程度是多少？

b. 期末存货包括$87 000 的转化成本。本期完成期初存货所需要的约当产量为 42 000，本期投产并完工 60 000。采用先进先出法，期末存货代表 10 000 件约当产量。本期发生的转化成本总计为多少？

c. 期初存货为 5 000 件，就材料而言完工程度为 40%。本期完工转出 40 000 件。期末存货为 7 000 件，就材料而言，完工程度为 70%。本期投产并完工了多少件产品？

d. 期初在产品存货 4 000；期末在产品存货 3 000。本期转入下一部门的产品为 9 500 件。材料和转化成本在整个生产流程中均匀地投入。采用先进先出法。本期投产的产品为多少件？

(学习目标 3、4) **8–44. 探究未知：加权平均法**

对于下列每个独立的案例，确定所要求的产量或约当产量（假设采用加权平均法）。

a. 期初存货 12 300 件，就转化成本而言，完工程度为 40%。本期投产 10 500 件。期末存货 10 000 件，就转化成本而言，完工程度为 30%。本期转出多少件产品？

b. 期初存货为 16 000 件，其直接材料成本为$56 800。在产品存货账户的全部直接材料成本所反映的约当产量共计为 72 000 件。期末存货 24 000 件，就材料而言，完工程度为 20%。期末存货分配的直接材料成本为$18 000。本期发生的材料成本总计为多少？

c. 在产品存货账户的期初余额为$11 400，它是在产品的转化成本，本期计入的转化成本为

$108 600。此外，本期转出成本为$115 200。期初存货为 2 400 件，本期完工转出 28 800 件。期末存货的约当产量是多少？

d. 本期，转入本部门 8 400 件。转出 12 800 件，计入下一个部门的成本为直接材料$26 880。就直接材料而言，期末存货完工程度为 25%，分配的直接材料成本为$5 040。期末存货的实物量是多少？

(学习目标 8)

eXcel

mhhe.com/lanen2e

8–45. 作业成本核算制：在产品存货

Washington 公司为度假胜地生产三种型号的机动车：X–10、X–20 和 X–40。公司生产要经过两个部门：部门 A 和部门 B。全部三种型号的机动车都从部门 A 开始生产，所有材料在该部门装配。然后，X–10 转入产成品存货。在部门 A 加工之后，X–20 和 X–40 转入部门 B，进行最后装配，然后转入产成品。

4 月 1 日没有期初存货。4 月份的数据如下表所示。部门 A 的期末在产品 25%完工，部门 B 的期末在产品 60%完工。转化成本基于各部门的约当产量分配。

	合　计	X–10	X–20	X–40
本期投产		500	300	200
部门 A 完工		400	260	180
部门 B 完工			225	165
材料	$300 000	$50 000	$90 000	$160 000
转化成本：				
部门 A	$264 000			
部门 B	42 000			
转化成本合计	$306 000			

a. 4 月份各种型号的产品转入产成品的单位成本是多少？

b. 4 月 30 日部门 A 的在产品存货余额是多少？部门 B 呢？

(学习目标 3)

8–46. 分步成本核算制与道德问题：为了提高利润而增加生产

Pacific 墙板公司生产民用建筑和商用建筑用合成木墙板。公司的会计年度结束于 3 月 31 日。公司的分布成本核算制采用加权平均法。

本年度前 11 个月（截至 2 月 28 日）的财务结果远远低于管理者、所有者和债权人的预期。三月份已经过半，首席执行官和首席财务官让主计长编制一份生产成本报告，估计一下 3 月份的生产结果。本报告参见下页。

在获得了 3 月份的基本生产成本报告，并了解了公司生产远远没有达到生产能力之后，首席执行官和首席财务官决定 3 月份的后半月尽可能地多生产，即使销售量不会在可预见的未来很快增长。生产经理得到指示，要千方百计促生产，藉此增加期末在产品存货的完工程度。但是，生产流程需要 3 个星期才能完成，所以 3 月份后半月生产的全部产品都将成为 3 月末的在产品存货。

数据部分

产量信息		完工程度		
	数量（板材量尺）	直接材料	直接人工	生产管理成本
期初在产品存货（均为本期完工）	250 000	—	—	—
本期投产并完工	140 000	100%	100%	100%
本期投产并部分完工	70 000	40	60	30

成本信息	直接材料	直接人工	生产管理成本
期初在产品存货	$ 76 000	$ 90 000	$ 150 000
本期发生的成本	55 000	75 000	135 000

Pacific 墙板公司
初步生产成本报告
截至3月份

第1步：总结实物量与约当产量的计算

要核算的产量：	实物量
期初在产品存货	250 000
本期投产	210 000
要核算的产量合计	460 000

		约当产量		
核算的产量：	实物量	直接材料	直接人工	生产管理成本
本期完工并转出	390 000	390 000	390 000	390 000
期末在产品存货	70 000	28 000	42 000	21 000
核算的产量合计	460 000	418 000	432 000	411 000
核对：要核算的总产量＝核算的总产量？如果等于，则数量＝0→				0

第2步：总结要核算的成本

要核算的成本：	直接材料	直接人工	生产管理成本	合 计
期初在产品存货	$ 76 000	$ 90 000	$150 000	$316 000
本期发生的成本	55 000	75 000	135 000	265 000
要核算的总成本	$131 000	$165 000	$285 000	$581 000
核对：要核算的总成本＝核算的总成本？如果等于，则金额＝0→				$ 0

第3步：计算约当产量单位成本

	直接材料	直接人工	生产管理成本	合 计
要核算的总成本（a）	$131 000	$165 000	$285 000	
核算的约当产量（b）	418 000	432 000	411 000	
约当产量单位成本（a）÷（b）	$ 0.3134	$ 0.3819	$ 0.6934	$ 1.3888

第4步：向本期转出产品及期末在产品分配成本

	直接材料	直接人工	生产管理成本	合 计
分配给本期转出产品的成本	$122 225	$148 958	$270 438	$541 621
分配给期末在产品存货的成本	8 775	16 042	14 562	39 379
核算的总成本				$581 000

要求：

a. 解释首席执行官和首席财务官如何通过提高 3 月末的生产来增加利润（净收入）。假设大多数生产管理成本是固定的。

b. 采用下列假设，以编制 3 月份生产成本报告的形式，修订对生产结果的估计。假设基于首席执行官和首席财务官对提高生产的要求。

1. 本期投产并部分完工的产品将从最初估计的 70 000 增至 225 000。这是预测的 3 月 31 日的期末在产品存货。
2. 期末在产品存货的完工程度估计为直接材料将增至 80%；直接人工将增至 85%；生产管理成本将增至 90%。
3. 本期发生的成本将增至直接材料$95 000；直接人工$102 000；生产管理成本$95 000（请记住大多数生产管理成本为固定的）。
4. 3 月份完工并转出的产品在 3 月 31 日之前已全部售出。

c. 比较新的生产成本报告与主计长编制的生产成本报告。你认为由于 3 月份后半月生产的增加，利润会增加多少？

d. 首席执行官和首席财务官的要求符合道德吗？为什么？

自学题答案

1. 下面是采用加权平均法编制的生产成本报告。

BAPT 饮料公司

配料部门

截至 10 月 31 日

	(第一部分)	(第二部分)约当产量	
	实物量	材料成本	转化成本
产品流			
要核算的产量:			
期初在产品存货	1 000		
本期投产	5 000		
要核算的总产量	6 000		
核算的产量:			
完工并转出	5 500	5 500	5 500
期末在产品存货	500	400[a]	200[b]
核算的总产量	6 000	5 900	5 700
	成本(第三部分至第五部分)		
	合 计	材料成本	转化成本
成本流			
要核算的成本(第三部分):			
期初在产品存货	$ 1 307	$ 1 113	$ 194
本期成本	36 543	22 487	14 056
要核算的总成本	$37 850	$23 600	$14 250
约当产量单位成本(第四部分)		$ 4.00[c]	$ 2.50[d]
核算的成本(第五部分):			
分配给转出产品的成本	$35 750	$22 000[e]	$13 750[f]
分配给期末在产品存货的成本	2 100	1 600[g]	500[h]
核算的总成本	$37 850	$23 600	$14 250

[a] 就材料成本而言,完工程度为 80%。

[b] 就转化成本而言,完工程度为 40%。

[c] $4.00 = $23 600 ÷ 5 900 约当产量。

[d] $2.50 = $14 250 ÷ 5 700 约当产量

[e] $22 000 = 约当产量 5 500 × $4.00/约当产量

[f] $13 750 = 约当产量 5 500 × $2.50/约当产量

[g] $1 600 = 约当产量 400 × $4.00/约当产量

[h] $500 = 约当产量 200 × $2.50/约当产量

2. 下面是采用先进先出法编制的生产成本报告。

BAPT 饮料公司
配料部门
截至 10 月 31 日

	（第一部分）实物量	（第二部分）约当产量 材料成本	转化成本
产品流			
要核算的产量：			
期初在产品存货	1 000		
本期投产	5 000		
要核算的总产量	6 000		
核算的产量：			
完工并转出			
来自期初在产品	1 000	1 000	1 000
本期投产并完工	4 500	4 500	4 500
完工转出合计	5 500	5 500	5 500
期末在产品存货	500	400[a]	200[b]
核算的总产量	6 000	5 900	5 700
减：期初在产品存货	1 000	250[c]	100[d]
10 月份新生产	5 000	5 650	5 600
	成本（第三部分至第五部分）合　计	材料成本	转化成本
成本流			
要核算的成本（第三部分）：			
期初在产品存货	$ 1 307	$ 1 113	$ 194
本期成本	36 543	22 487	14 056
要核算的总成本	$37 850	$23 600	$14 250
约当产量单位成本（第四部分）		$ 3.98[e]	$ 2.51[f]
核算的成本（第五部分）：			
分配给转出产品的成本			
期初在产品存货成本	$ 1 307	$ 1 113	$ 194
完成期初在产品存货的本期成本			
本期所耗用的成本	5 244	2 985[g]	2 259[h]
期初在产品存货总成本	$ 6 551	$ 4 098	$ 2 453
本期投产并完工的产品成本	29 205	17 910[i]	11 295[j]
完工转出产品总成本	$35 756	$22 008	$13 748
分配给期末在产品存货的成本	2 094	1 592[k]	502[l]
核算的总成本	$37 850	$23 600	$14 250

[a] 就材料成本而言，完工程度为 80%。
[b] 就转化成本而言，完工程度为 40%。
[c] 就材料成本而言，完工程度为 25%。
[d] 就转化成本而言，完工程度为 10%。
[e] $3.98 = $22 487 ÷ 约当产量 5 650
[f] $2.51 = $14 056 ÷ 约当产量 5 600
[g] $2 985 = （100%–25%）× 约当产量 1 000 × $3.98/约当产量
[h] $2 259 = （100%–10%）× 约当产量 1 000 × $2.51/约当产量
[i] $17 910 = 约当产量 4 500 × $3.98/约当产量
[j] $11 295 = 约当产量 4 500 × $2.51/约当产量
[k] $1 592 = 约当产量 400 × $3.98/约当产量
[l] $502 = 约当产量 200 × $2.51/约当产量

3. 下面是生产成本报告：

BAPT 饮料公司

灌装部门

截至 8 月 31 日

	（第一部分）实物量	（第二部分）约当产量 转入成本	材料成本	转化成本
产品流				
要核算的产量：				
期初在产品存货	50 000			
本期投产	240 000			
要核算的总产量	290 000			
核算的产量：				
完工转出	250 000	250 000	250 000	250 000
期末在产品存货	40 000	40 000	40 000[a]	6 000[b]
核算的总产量	290 000	290 000	290 000	256 000
	成本（第三部分至第五部分）合　计	转入成本	材料成本	转化成本
成本流				
要核算的成本（第三部分）：				
期初在产品存货	$ 7 067	$ 6 998	$ -0-	$ 69
本期成本	99 213	33 602	58 000	7 611
要核算的总成本	$106 280	$40 600	$58 000	$7 680
约当产量单位成本（第四部分）		$ 0.14[c]	$ 0.20[d]	$ 0.03[e]
核算的成本（第五部分）：				
分配给转出产品的成本	$ 92 500	$35 000[f]	$50 000[g]	$7 500[h]
分配给期末在产品存货的成本	13 780	5 600[i]	8 000[j]	180[k]
核算的总成本	$106 280	$40 600	$58 000	$7 680

[a] 就材料成本而言，完工程度为 100%。

[b] 就转化成本而言，完工程度为 15%。

[c] $0.14 = $40 600 ÷ 约当产量 290 000

[d] $0.20 = $58 000 ÷ 约当产量 290 000

[e] $0.03 = $7 680 ÷ 约当产量 256 000

[f] $35 000 = 约当产量 250 000 × $0.14/约当产量

[g] $50 000 = 约当产量 250 000 × $0.20/约当产量

[h] $7 500 = 约当产量 250 000 × $0.03/约当产量

[i] $5 600 = 约当产量 40 000 × $0.14/约当产量

[j] $8 000 = 约当产量 40 000 × $0.20/约当产量

[k] $180 = 约当产量 6 000 × $0.03/约当产量

4. 下面是一份生产成本报告：

	合　计	5 000M–24	9 000D–12
材　料	$ 42 500	$20 000	$22 500
转　化			
加　工	42 000	15 000[a]	27 000[b]
精加工	21 000	7 500[c]	13 500[d]
转化成本合计	$ 63 000	22 500	$40 500
总产品成本	$105 500	$42 500	$63 000
产　量		5 000	9 000
单位成本		$ 8.50	$ 7.00

[a] $15 000 = 5 000 × ［$42 000 ÷（5 000 + 9 000）］

[b] $27 000 = 9 000 × ［$42 000 ÷（5 000 + 9 000）］

[c] $7 500 = 5 000 × ［$21 000 ÷（5 000 + 9 000）］

[d] $13 500 = 9 000 × ［$21 000 ÷（5 000 + 9 000）］

9

作业成本核算

第 9 章

学习目标

阅读本章之后，你应该能够：

1. 了解在决策中采用所报告的产品成本的潜在影响。
2. 解释两步成本分配法。
3. 比较和对比全厂统一分配法与部门独立分配法。
4. 解释作业成本核算与两步成本分配法之间是如何联系的。
5. 采用作业成本核算法计算产品成本。
6. 比较作业成本核算法与传统的部门制产品成本核算方法。
7. 通过 T 字账户说明采用作业成本核算法时的成本流。
8. 作业成本核算法在营销与行政管理服务中的应用。

复习题

9–1. 举出几个向产品和服务分配生产管理成本的常用成本动因。

9–2. 采用全厂统一分配法或部门独立分配法报告的产品成本相同，惟一的区别在于所使用的成本动因的数量。正确还是错误？为什么？

9–3. 公司为什么常用直接人工小数时或直接人工成本而不是产量来分配生产管理成本？

9–4. 转换为作业成本核算制度的成本是多少？收益是多少？

9–5. 采用作业成本核算计算成本的基本步骤是什么？

9–6. 成本分配只向产品分配一定数量的成本。所分配的总量相同，因此分配方法的选择无关紧要。正确还是错误？为什么？

9–7. 什么类型的组织最有可能从采用作业成本核算制进行产品成本核算中受益？为什么？

9–8. 在生产型企业的人事部门实施作业成本核算，与在工厂实施作业成本核算在哪些方面有相同之处？在哪些方面有不同之处？

重点分析与讨论题

9–9. 为什么人们广泛采用基于直接人工的成本动因？

9–10. “作业成本核算在分配直接成本与间接成本方面比传统方法更有效。”这种表述正确还是错误？还是不能确定？为什么？

9-11. “作业成本核算不适用于商学院”。你赞成这种观点吗？为什么？

9-12. “作业成本核算与部门成本核算相同。”这种表述正确还是错误？还是不能确定？为什么？

9-13. 营销副总裁吉姆认为，公司不应该采用作业成本核算，因为它会使有些产品的成本提高，但市场则不允许提高价格。你如何答复？

9-14. “读完本章后我清楚地了解到作业成本核算显然是最佳成本核算制度。无论什么人问我，我都会推荐他采用作业成本核算。”你赞成这种观点吗？为什么？

9-15. “从作业成本核算中学到的经验是所有成本实际上都是产量的函数。”这种表述正确、错误，还是不能确定？为什么？

9-16. “作业成本核算将间接成本分解为导致成本的多项作业（成本动因）。它们对于组织中的各个部门应该是相同的。”这种表述正确、错误，还是不能确定？为什么？

9-17. 如果让你判断一家公司是否采用了作业成本核算制度，那么你需要寻找什么信息来回答这个问题？

9-18. “我们都知道成本分配歪曲了决策。我们应该停止这样做，并只报告直接成本。”你赞成这种观点吗？为什么？

9-19. “作业成本核算只不过是另一种存货计价方法。它与经营决策无关。”你赞成这种表述吗？为什么？

练　习

可参考McGraw-Hill的作业管理系统

(学习目标 2)　**9-20. 全厂统一分配法与部门独立分配法**

Munoz 体育器材公司生产棒球棒和网球拍。部门 B 生产棒球棒，部门 T 生产网球拍。Munoz 公司现在采用全厂统一分配法向所有产品分配生产管理成本。直接人工成本是分配基础。所采用的分配标准是直接人工成本的 200%。去年的收入、材料与直接人工信息如下所示。

	棒球棒	网球拍
收　入 …………………………	\$2 700 000	\$1 800 000
直接人工 ……………………	500 000	250 000
直接材料 ……………………	1 100 000	550 000

要求：

a. 采用全厂统一分配法计算每种产品的利润。

b. 部门 T 的经理玛丽亚深信网球拍实际上比棒球棒更盈利。她让会计部门的同事将生产管理成本分配给两个部门。她发现，如果采用部门独立分配标准，部门 B 的分配标准将是直接人工成本的 150%，而部门 T 的分配标准将是直接人工成本的 300%。请采用各部门基于直接人工成本的分配标准重新计算每种产品的利润。

c. 要求（a）和（b）的计算结果为什么不同？

(学习目标 2) **9-21. 全厂统一分配法与部门独立分配法**

商业街冰激淋公司采用全厂统一分配法基于直接人工小时数分配生产管理成本，分配标准为单位人工小时$5。部门 SV 生产草莓味和香草味冰激淋。部门 C 生产巧克力味冰激淋。斯文管理部门 SV，沙琳管理部门 C。产品成本如下（单位：千加仑）。

	草莓味	香草味	巧克力味
直接人工（每 1 000 加仑）···	$1 000	$1 100	$1 500
原材料（第 1 000 加仑）······	800	500	600

要求：

a. 如果每 1 000 加仑耗用的人工小时数分别为草莓味 50；香草味 55；巧克力味 75。请采用全厂统一分配法分别计算每种口味的冰激淋生产 1 000 加仑的总成本。

b. 沙琳负责的部门采用较陈旧、过时的机器。她认为本部门接收了部门 SV 的一些生产管理成本，因为部门 SV 最近购置了一台先进的机器。在她要求将生产管理成本按部门分解之后，发现了下列信息。

	部门 SV	部门 C
生产管理成本 ·················	$176 400	$39 600
机器小时 ······················	25 200	36 000
人工小时 ······················	25 200	18 000

采用机器小时数作为部门 SV 的部门分配基础，采用人工小时数作为部门 C 的部门分配基础，计算各部门的分配标准。

c. 采用要求（b）中计算的部门独立分配标准，计算每种口味的冰激淋生产 1 000 加仑的成本，三种口味的冰激淋生产 1 000 加仑所需要的机器小时数分别为草莓 50；香草 55；巧克力 150。

d. 沙琳的观点正确吗？如果采用部门独立分配法，巧克力冰激淋的成本会怎么样？哪种成本核算方法提供的产品成本更准确？

(学习目标 4) **9-22. 作业成本核算**

在审察了詹尼斯在 Joplin 工业公司亚瑟港工厂建立的新作业成本核算制度之后，生产主管克里斯认为，他能够通过减少生产准备时间来降低生产成本。他上个月一直在和工人们一起研究更快且同样可靠的机器转产方式。他计划第一季度生产 100 000 件 J25P 相机和 40 000 件 J40X 相机。他认为，按照他的更高效的生产准备程序，能够使 J25P 相机和 J40X 相机的生产准备时间减少25%。

要求：

a. 参考图表 9.13 至图表 9.16，采用作业成本核算计算第一季度分配给 J25P 相机和 J40X 相机的生产管理成本。假设除了生产准备时间之外，第一季度发生的事项与第三季度（本章所举的例子）完全相同。假设单位生产准备时间的成本为$900。

b. 假设 Joplin 工业公司采用机器小时数和部门独立分配法分配生产管理成本，第一季度的单位生产准备时间分配标准为$900。克里斯能实现他的成本节约计划吗？较之传统的基于经济活动量的分配方法，作业成本核算有哪些优势和劣势？

(学习目标 4)

9–23. 非生产环境中的作业成本核算

Cathy 餐饮公司的经理凯茜采用作业成本核算制度计算公司所承办的宴会的成本。每个宴会仅限 20 个宾客，需要 4 个人服务和清理。凯茜提供两种类型的宴会服务，即午后野餐和正式晚宴。成本分解如下。

作业（及成本动因）	午后野餐	正式晚宴
广告（宴会）…………………	\$100/ 宴会	\$100/ 宴会
策划（宴会）…………………	\$75/ 宴会	\$125/ 宴会
租赁设备（宴会、宾客）……	\$50/ 宴会 +\$10/ 宾客	\$75/ 宴会 +\$20/ 宾客
保险（宴会）…………………	\$200/ 宴会	\$400/ 宴会
服务（宴会、服务人员）……	\$50/ 宴会 / 服务员	\$75/ 宴会 / 服务员
备办食物（宾客）……………	\$20/ 宾客	\$30/ 宾客

每次宴会的成本不随宾客数量的变化而变化。

要求：

a. 计算一次 20 个宾客的午后野餐的成本。

b. 计算一次 20 个宾客的正式晚宴的成本。

c. 如果凯茜想弥补成本，她应该向每种类型宴会的每个宾客分别收取多少钱？

(学习目标 4、5)

9–24. 作业成本核算与传统成本核算

Rodent 公司生产两种类型的电脑鼠标，即有线鼠标和无线鼠标。有线鼠标设计为低成本、性能可靠的输入设备。公司只是最近才开始生产更高质量的无线鼠标。自从推出新产品以来，利润在不断地下滑。管理者认为会计系统的产品成本分配不准确，特别是因为新产品的销售在不断增长。

管理者让你调查一下成本分配问题。你发现生产管理成本目前基于直接人工成本向产品分配。在调查中，你获得了去年的数据。生产管理成本为\$1 320 000，共生产了有线鼠标 320 000 个，无线鼠标 100 000 个。直接人工和直接材料成本如下所示。

	有线鼠标	无线鼠标	合　计
直接人工 ……………………	\$1 044 000	\$396 000	\$1 440 000
材　料 ………………………	750 000	684 000	1 434 000

管理者认为生产管理成本是由三个成本动因导致的。这些成本动因及其去年的成本如下所示。

		作业层面		
成本动因	分配的成本	有线鼠标	无线鼠标	合　计
生产批次 …………………	\$ 600 000	40	10	50
质检次数 …………………	540 000	12	18	30
处理的发货订单 …………	180 000	100	50	150
生产管理成本合计 ……	\$1 320 000			

要求：

a. 如果采用这三个成本动因分配生产管理成本，那么每种产品将分配多少生产管理成本？每种产品的单位生产总成本是多少？

b. 如果采用直接人工成本分配生产管理成本，那么每种产品将分配多少生产管理成本？每种产品的单位生产总成本是多少？

c. 要求（a）中采用作业成本核算的结果如何帮助管理者理解公司不断下滑的利润？

(学习目标 3、4、5)

9–25. 服务型经营环境中的作业成本核算

We-clean 公司是一家提供家庭保洁服务的公司。它最初专注于服务小型居民客户，但是最近开始签订大型公寓和办公楼的保洁合同。公司所有者罗杰认为商务客户具有更大的增长潜力，并考虑停止为居民提供服务。

去年，10 名保洁人员共工作了 40 000 小时，其中 26 000 个小时为居民保洁工作，14 000 小时为商务保洁工作。所有保洁服务的工资均为每小时$15。所耗用的全部材料均作为物料用品计入生产管理成本。所有生产管理成本都基于人工小时数分配，而且人工小时也是向客户计费的基础。由于商务客户的竞争日益激烈，罗杰可以向居民保洁服务收取$35/小时的费用，而商务保洁服务则只能收取$27/小时。

要求：

a. 如果去年的生产管理成本为$124 000，那么采用人工小时数作为分配基础，商务保洁服务和居民保洁服务的利润分别是多少？

b. 生产管理成本包括差旅、使用设备、使用物料用品等，它们可以追溯为

作业	成本动因	成本	成本动因耗用量：商务	成本动因耗用量：居民
差旅	服务的客户数量	$ 16 000	15	45
使用设备	设备小时数	36 000	3 500	2 100
使用物料用品	服务面积(平方英尺)	72 000	130 000	70 000
生产管理成本合计		$124 000		

基于作业重新计算商务保洁服务和居民保洁服务的利润。

c. 就这两种类型服务的盈利性而言，你对管理者提出的建议是什么？

(学习目标 3、4、5)

9–26. 作业成本核算与传统成本核算

Isadore 工具公司生产礼品用钢笔和自动铅笔。生产管理成本目前采用直接人工小时数进行分配，但是主计长根据下列数据，建议采用作业成本核算制度。

作业	成本动因	成本	成本动因耗用量：铅笔	成本动因耗用量：钢笔
差旅	生产准备次数	$100 000	20	30
使用设备	零部件数量	30 000	4	6
使用物料用品	发货箱数	60 000	45 000	75 000
生产管理成本合计		$190 000		

要求：

a. 计算采用作业成本核算时分配给每种产品的生产管理成本。

b. 计算采用人工小时数作为分配基础时分配给每种产品的生产管理成本。假设组装一盒产品所需要的人工小时数分别为铅笔 0.1；钢笔 0.2。本期共生产了 45 000 盒铅笔、75 000 盒钢笔。

c. 公司应该采纳主计长的建议吗？

(学习目标 3、4、5) **9–27. 作业成本核算与传统成本核算——道德问题**

温迪·陈建立了一家 Windy City 培训中心，为青少年提供辅导，以及为经理人提供培训。培训中心的每项服务的计费标准均为每小时$300。本年的收入和成本如下列损益表所示。

Windy City 培训中心

损 益 表

	青少年辅导	经理人培训	合 计
收 入	$66 000	$135 000	$201 000
费 用：			
行政管理支持			40 000
运输等			36 000
设 备			20 000
利 润			$105 000

Wirdy City 培训中心为了成本分配保持着完善的记录，具体如下。

		作业层面	
作 业	成本动因	青少年辅导	经理人培训
提供行政管理支持	客户数量	6	4
差 旅	差旅次数	100	150
使用设备	计算机小时数	900	700

要求：

a. 完成采用作业成本核算和三个成本动因的损益表。

b. 重新计算仅采用直接人工小时数作为分配基础的损益表（青少年辅导 220 小时；经理人培训 450 小时）。

c. 如果温迪采用直接人工小时数分配所有生产管理成本，那么培训中心的定价决策或者停止一项服务的决策可能会如何变化？

d. 在什么情况下，基于人工的分配法和作业成本核算法（采用温迪的三个成本动因）能得出相同的利润结果？

e. 一家本地的非营利慈善机构正在寻找有价值的事业，为其提供财务资助。赢得财务资助的一个基本条件是财务需要。温迪正在考虑为青少年辅导项目申请财务资助。哪种分配方法能为她赢得资助提供最大机会？如果温迪在申请时采用这种方法报告损益，那么符合道德吗？

(学习目标 6) **9–28. 作业成本核算：成本在 T 字账户中的流转**

德尔塔零部件公司最近从部门制成本分配方法转换成了作业成本核算法。生产部门的经理估计的成本动因及其分配标准如下。

作业中心	成本动因	成本动因分配标准
材料处理 ……………	材料处理量	\$18/ 磅
质检 …………………	检验批次	\$225/ 批次
生产准备 ……………	生产准备次数	\$2 700/ 次
机器运行 ……………	机器小时数	\$22.50/ 小时

7 月份直接材料成本为\$300 000，直接人工成本为\$150 000；生产部门处理了 3 750 磅材料，进行了 750 次质验，进行了 40 次生产准备，机器运行了 15 000 小时。

要求：

用 T 字账户反映了材料、人工和生产管理成本从四个生产管理成本作业中心到“在产品存货”再到“产成品存货”的流转。使用“材料存货”、“应付工资”、“在产品存货”和“产成品存货”4 个生产管理分配账户。

(学习目标 6) **9–29. 作业成本核算：成本在 T 字账户中的流转**

Carolina 时尚公司是一家衬衫生产商，最近从部门制成品成本分配法转换成为作业成本核算法。部门 S 生产衬衫，它的经理确定了下列成本动因和生产管理成本分配标准。

作业中心	成本动因	成本动因分配标准
材料处理 ……………	材料处理量	\$1/ 码
质检 …………………	检验批次	\$100/ 批次
生产准备 ……………	生产准备次数	\$800/ 次
机器运行 ……………	机器小时数	\$10/ 小时

10 月份的直接材料成本为\$200 000，直接人工成本为\$100 000。部门 S 处理了 40 000 码材料，进行了 800 批次质检，进行了 100 次生产准备，机器运行了 20 000 小时。

要求：

用 T 字账户反映材料、人工和生产管理成本从四个生产管理成本作业中心到“在产品存货”再到“产成品存货”的流转。使用“材料存货”、“应付工资”、“在产品存货”和“产成品存货”4 个生产管理成本分配账户。

习 题

可参考McGraw-Hill的作业管理系统

(学习目标 1、5、6) **9–30. 比较损益表和管理分析**

EZ–Seat 公司生产两种型号的躺椅，即标准型和豪华型。豪华型通过一套复杂的传感器为身体提供支撑，在生产时要求高度谨慎，以避免损坏材料和椅身。标准型是一种传统的躺椅，使用标准材料，生产也更加简单。公司上一个会计年度的经营结果如下表所示。

EZ-SEAT 公司
损 益 表

	豪华型	标准型	合　计
销售收入	\$1 950 000	\$1 840 000	\$3 790 000
直接材料	550 000	500 000	1 050 000
直接人工	400 000	200 000	600 000
生产管理成本			
行政管理			195 000
生产准备			450 000
质量控制			300 000
配　送			600 000
经营利润			\$ 595 000

EZ-Seat 公司目前采用人工分配所有生产管理成本，但是管理者正在考虑建立作业成本核算制度。在访谈了销售人员和生产人员之后，管理者决定基于直接人工成本分配生产管理成本，但是采用下列基础分配其余成本。

作业基础	成本动因	作业层面 豪华型	作业层面 标准型
生产准备	生产批次	50	100
质量控制	检验批次	200	200
配　送	发货数量	1 500	6 000

要求：

a. 采用前面的作业成本核算制度完成损益表。

b. 编写一份报告，说明管理者如何采用作业成本核算降低成本。

c. 采用直接人工成本作为惟一的生产管理成本分配基础，重新编报损益表。

d. 编写一份报告，向管理者说明为什么采用作业成本核算与采用传统方法计算的产品线利润有所不同。说明作业成本核算是否能够提供更准确的信息，为什么（如果你认为能提供更准确的信息）？在报告中说明基于人工分配生产管理成本为什么会导致公司管理者做出次优决策。

(学习目标1、5、6)

9-31. 比较损益表与管理分析

Bob花篮公司生产两种型号的花篮，即豪华型和标准型。去年，公司的成本和销售收入如下。

BOB花篮公司

损益表

	豪华型	标准型	合计
销售收入	\$144 000	\$160 000	\$304 000
直接材料	20 000	20 000	40 000
直接人工	48 000	72 000	120 000
生产管理成本			
行政管理			20 000
生产准备			40 000
质量控制			20 000
配送			16 000
经营利润			\$ 48 000

公司目前采用人工成本分配所有生产管理成本，但是正在考虑建立作业成本核算制度。在访谈了销售人员和生产人员之后，管理者决定基于直接人工成本分配行政管理成本，但是采用下列基础分配其余生产管理成本。

		作业层面	
作业基础	成本动因	豪华型	标准型
生产准备	生产批次	20	10
质量控制	检验批次	60	20
配送	发货数量	80 000	120 000

要求：

a. 采用前面的作业成本核算制度完成损益表。

b. 编写一份报告，说明管理者如何采用作业成本核算降低成本。

c. 采用直接人工成本作为生产管理成本的惟一分配基础，重新编报损益表。

d. 编写一份报告，向管理者说明为什么采用作业成本核算与采用传统方法计算的产品线利润有所不同。说明作业成本核算是否能够提供更准确的信息，为什么（如果你认为能提供更准确的信息）？在报告中说明基于人工分配生产管理成本为什么会导致公司管理者做出次优决策。

(学习目标1、5、6)

9-32. 道德与会计方法选择

参考习题第9-31题。假设你编制了财务报告，反映Bob花篮公司所生产的两种型号花篮的经营利润。再假设采用作业成本核算时（第9-31题中的要求[a]），豪华型花篮的利润较之仅采用直接人工成本分配生产管理成本时（第9-31题中的要求[c]）低。你知道，如果管理者看到了采用作业成本核算制度的结果，公司就可能关停豪华型花篮的生产。你有朋友负责豪华型花篮的生产与营销工作，而且你认为如果管理者关停这条生产线，他们就会失去工作。

要求：

你应该向管理者提交采用作业成本核算制度的结果吗？

(学习目标 3、5、6)

9–33. 作业成本核算与预定生产管理成本分配标准

mhhe.com/lanen2e

厨房设备公司生产三种型号的餐具，即制式、标准和银具。公司采用基于直接人工小时数成本的预定分配标准分配所有间接成本。一位咨询顾问最近建议公司转换为作业成本核算制度，并为所建议的成本动因第 2 年的成本进行了下列估计。

作　业	建议的成本动因	估计成本	估计成本动因耗用量
处理订单 …………	订单数量	$ 45 000	200 个订单
生产准备 …………	生产批次	180 000	100 个批次
处理材料 …………	材料耗用量（磅）	300 000	120 000 磅
机器折旧与维护 …	机器小时数	240 000	12 000 小时
质量控制 …………	检验批次	60 000	45 个检验批次
包　装 ……………	产量	120 000	480 000 件
估计成本合计 …		$945 000	

此外，管理者估计第 2 年为 7 500 个直接人工小时。

假设第 2 年 1 月成本动因发生的数量如下。

	制　式	标　准	银　具
产　量 ……………	60 000	24 000	9 000
直接材料成本 ……	$39 000	$24 000	$15 000
直接人工成本 ……	450	450	600
订单数量 …………	12	9	6
生产批次 …………	3	3	6
材料数量（磅）……	15 000	6 000	3 000
机器小时数 ………	580	140	80
检验批次 …………	3	3	3
发货数量 …………	60 000	24 000	9 000

实际人工成本为每小时$15。

要求：

a. 根据咨询顾问所提供的估计成本和估计成本动因耗用量，计算第 2 年的预定生产管理成本分配标准。此外，采用直接人工小时数作为分配基础计算预定生产管理成本分配标准。

b. 采用直接人工小时数作为分配基础，以及要求（a）中计算的预定分配标准，计算 1 月份每种产品的生产成本。

c. 采用咨询顾问所建议的成本动因，以及要求（a）中计算的预定分配标准，计算 1 月份每种产品的生产成本（注意，不要假设 1 月份采用作业成本核算法分配给产品的总生产管理成本与基于人工小时数分配的相同）。

d. 管理者看到了你提供的数字，希望你解释一下采用直接人工小时数作为分配基础计算出的生产成本与采用作业成本核算法计算出的生产成本为什么不同。编写一份报告，向管理者说明。

9-34. 作业成本核算与预定生产管理成本分配标准

College Supply 公司生产三种型号的饮水杯，即矮型、中型和高型。公司目前采用基于直接人工小时数的预定分配标准分配生产管理成本。一些公司员工建议公司转换成作业成本核算制度，并确定了第 5 年每个作业中心的作业、成本动因、估计成本和估计成本动因耗用量，具体如下。

作 业	建议的成本动因	估计成本	估计成本动因耗用量
生产准备 ………	生产批次	$ 30 000	100 个批次
处理订单 ………	订单数量	50 000	200 个订单
处理材料 ………	材料耗用量（磅）	20 000	8 000 磅
机器耗用 ………	机器小时数	60 000	10 000 个小时
质量管理 ………	检验批次	50 000	40 个检验批次
包装与发货 ……	产量	40 000	20 000 个
		$250 000	

此外，管理者估计第 5 年的直接人工小时数为 2 000。

假设第 5 年 2 月份成本动因发生的数量如下。

	矮 型	中 型	高 型
产 量 ……………	1 000	500	400
直接材料成本 ……	$4 000	$2 500	$2 000
直接人工成本 ……	100	120	110
订单数量 …………	8	8	4
生产批次 …………	2	4	8
材料数量（磅）……	400	800	200
机器小时数 ………	500	300	300
检验批次 …………	2	2	2
发货数量 …………	1 000	500	300

直接人工成本为每小时$20。

要求：

a. 计算员工建议的每个成本动因在第 5 年的预定生产管理成本分配标准。再计算采用直接人工小时数作为分配基础的预定生产管理成本分配标准。

b. 采用直接人工小时作为分配基础，以及要求（a）中计算的预定分配标准，计算 2 月份每种产品的生产成本。

c. 采用员工建议的成本动因，以及要求（a）中计算的预定分配标准，计算 2 月份每种产品的生产成本。（注意，不要假设 2 月份采用作业成本核算法分配给产品的总生产管理成本与基于人工小时分配的相同）。

d. 管理者看到了你提供的数字，希望你解释一下采用直接人工小时数作为分配基础计算出的生产成本与采用作业成本核算法计算出的生产成本为什么不同。编写一份报告，向管理者说明。

(学习目标3、5、6)

eXcel

mhhe.com/lanen2e

9–35. 选择作业成本核算制度

Pickle电动车制造公司生产三种款式的电动自行车，即巡航车（66号大道）、街道车（商业街）和初学者（流浪猫）。由于使用不同材料，每种款式的电动自行车的生产流程在机器类型和时间要求上也显著不同。但是，一旦生产了零部件，每款电动自行车所需要的装配时间都相同。因此，公司基于机器小时数分配生产管理成本。去年，公司发货数量为“66号大道”1 000辆、“商业街”4 000辆、“流浪猫”10 000辆。销售收入和费用如下。

Pickle电动自行车公司

损 益 表

	66号大道	商业街	流浪猫	合 计
销售收入	$7 600 000	$11 200 000	$9 500 000	$28 300 000
直接成本				
直接材料	3 000 000	4 800 000	4 000 000	11 800 000
直接人工	288 000	480 000	1 080 000	1 848 000
变动生产管理成本				
生产准备				520 000
订单处理				1 280 000
仓储成本				1 860 000
运转机器的能源消耗				840 000
发 货				720 000
贡献边际				$ 9 432 000
固定生产管理成本				
车间行政管理				1 760 000
其他固定生产管理成本				2 800 000
经营利润				$ 4 872 000

公司的首席财务官聘请了一位咨询顾问，请他建议成本分配基础。这位咨询顾问作了如下建议。

作 业	成本动因	作业层面 66号大道	商业街	流浪猫
生产准备	生产批次	22	34	44
处理订单	订单数量	400	600	600
仓 储	存货数量	200	200	400
能源耗用	机器小时数	10 000	16 000	24 000
总利润	发货数量	1 000	4 000	10 000

咨询顾问没有找到分配车间行政管理成本及其他固定生产管理成本的基础，所以建议不将它们分配给产品。

要求：

a. 采用机器小时分配生产管理成本，完成Pickle电动车制造公司的损益表（机器小时数参见“能源耗用”作业）。不要分配车间行政管理成本或其他固定生产管理成本。

b. 采用咨询顾问所建议的分配基础完成损益表。

c. 作业成本核算如何使 Pickle 公司的管理者制定更合理的决策？

d. 在听取了咨询顾问的建议之后，首席财务官决定采用作业成本核算制度，但是也表达了对产品不分配生产管理成本（即车间行政管理成本及其他固定生产管理成本）的关注。按照首席财务官的观点，“产品必须承担合理份额的生产管理成本，否则公司就无法弥补全部成本。”你对这种观点如何评论？

(学习目标 3、5、6)

9-36. 作业成本核算、成本流程图和预定生产管理成本分配标准

eXcel

mhhe.com/lanen2e

Huron 家具公司正在考虑更新其成本管理系统，转换为作业成本核算制度，并且十分关注其影响。公司的成本会计人员确定了三个生产管理成本池及其成本动因。

成本池	成 本	作业成本动因
物料用品 ……………	$ 30 000	60 000 个机器小时数
生产排程与生产准备 …	30 000	600 个生产批次
材料处理 ……………	80 000	1 600 000 磅

公司生产三种型号的桌子（椭圆桌、圆桌和方桌）。各产品线明年的生产计划以及预算的直接成本和作业如下所示。

	产 品		
	椭圆桌	圆 桌	方 桌
总直接成本（材料和人工）…	$ 80 000	$ 80 000	$ 80 000
总机器小时数 ………………	30 000	10 000	20 000
总生产准备次数 ……………	80	300	220
材料总耗用量 ………………	500 000	300 000	800 000
总直接人工小时数 …………	3 200	1 800	5 000
产 量 ………………………	4 000	2 000	6 000

要求：

a. 现行的成本核算制度是基于直接人工小时数将生产管理成本分配给产品。如果继续采用现行成本核算制度，那么三种产品所报告的单位产品成本是多少？

b. 一家咨询公司建议采用作业成本核算制度，作业基于成本会计人员确定的成本池。为建议的作业成本核算制度绘制一张成本流程图。

c. 成本会计人员所确定的三个成本池的成本动因分配标准是多少？

d. 如果采用成本会计人员所建议的作业成本核算制度（对成本池的分类），那么三种产品报告的单位产品成本是多少？

e. 如果管理者要决定建立作业成本核算制度，那么管理者应该期望获得的好处是什么？

(学习目标 1、6)

9-37. 作业成本核算的好处

Cauker 制造公司有两处生产设施——卢卡斯工厂和罗素工厂，均生产同样的产品。一直以来，两家工厂的生产流程都相同。去年，罗素工厂的生产主管泰勒，认为她能用成本较低的通用型人工替代技术型直接人工，将原材料运至装配线，再将产成品运至仓库。虽然所需要的时间总量保持不变，但是新材料处理流程计入生产管理成本，而不是视为直接人工。

为了反映这种变化，对罗素工厂的人员配备进行了调整。

在审查明年的生产计划时，公司的首席执行官考克对两个工厂的成本估计颇感惊讶。特别是，他注意到两个工厂的生产管理成本分配标准原本是可比的，现在罗素工厂的要高得多。他建议将一些生产移至卢卡斯工厂，以节约资金。

要求：

编写一份报告，说明作业成本核算制度可能会使公司受益，并消除首席财务官的疑虑。

(学习目标 3、5、6)

9–38. 选择作业成本核算制度

mhhe.com/lanen2e

“MTI 公司”生产三种型号的割草机，即 M3100、M4100 和 M6100。过去，公司采用机器小时数将生产管理成本分配给产品。去年，公司生产了 10 000 台 M3100；17 500 台 M4100；10 000 台 M6100。销售收入和成本信息如下。

MTI 公司

损 益 表

	M3100	M4100	M6100	合　计
销售收入 ……………………	\$9 000 000	\$15 000 000	\$13 500 000	\$37 500 000
直接成本				
直接材料 ……………	3 000 000	4 500 000	3 300 000	10 800 000
直接人工 ……………	600 000	900 000	1 800 000	3 300 000
变动生产管理成本				
生产准备 ……………				2 400 000
订单处理 ……………				1 800 000
仓储成本 ……………				2 400 000
运行设备 ……………				1 200 000
发　货 ………………				900 000
贡献边际 ………………				\$14 700 000
车间行政管理 …………				6 000 000
毛利润 …………………				\$ 8 700 000

MTI 公司的主计长听说过作业成本核算，他把员工们组织到一起，建议成本分配基础。员工团队所提出的建议如下。

作　业	成本动因	M3100	M4100	M6100
生产准备 …………	生产批次	10	20	20
处理订单 …………	订单数量	180	400	220
仓　储 ……………	存货数量	100	200	100
运行设备 …………	机器小时数	6 000	9 000	10 000
发　货 ……………	发货数量	10 000	17 500	10 000

员工团队建议车间行政管理成本不分配给产品。

要求：

a. 采用机器小时数分配生产管理成本，完成 MTI 公司的损益表。不要将车间行政管理成本分配给产品。

b. 采用员工团队建议的作业成本核算方法完成损益表。

c. 编写一份简要的报告，说明作业成本核算法如何能使公司制定更合理的决策。

d. 在听取了建议之后，公司总裁表达了对不分配车间行政管理成本的关注。如果将车间行政管理成本分配给产品，你将如何分配？

综合案例

(学习目标 1、3、5、6)

9–39. 成本分配与环保流程——道德问题

加州集成电路公司（3C）生产各种元器件。公司位于硅谷的工厂专门生产两种集成电路板用电子元器件。这些元器件的功能相同，性能也相同。两种产品的惟一区别在于原材料。XL–D 芯片是这两种元器件中较老的一个，由金属制成，装配前需要清洗。最初，工厂将污水直接排放到本地的一条河流。几年前，公司被勒令在排放前进行污水处理，所以公司安装了成本较高的设备。虽然设备已计提完折旧，但是污水处理每年仍然要发生$250 000的经营费用。

两年前，公司科学家开发了一种合金，具有 XL–D 所使用的原材料的全部性能，并且不产生污水。采用新材料的原型元器件投入生产，并对它进行检测，发现在与其适用性相关的各个方面都与老的元器件毫无差别。惟一的差别在于新合金比旧的原材料成本更高。公司对新版的元器件进行了试销，称为“XL–C”，现在就要决定它的命运。

两种元器件的生产均从生产部门开始，在装配部门完成。工厂不生产任何其他产品。关于两种元器件的信息如下。

	XL–D	XL–C
产　量 …………………………………	100 000	25 000
单位原材料成本 ……………………	$　12	$　14
单位直接人工小时数——生产 ……	0.1	0.1
单位直接人工小时数——装配 ……	0.4	0.4
直接人工分配标准——所有人工 …	$　20	$　20
单位机器小时数——生产 ………	1.6	1.6
单位机器小时数——装配 ………	0.4	0.4
单位检测小时数（全部用于生产）…	3.0	3.0
单位发货量（磅）…………………	1.0	1.6
单位污水排放量（加仑）…………	10.0	0.0

两个部门的年生产管理成本如下。

	生产部门	装配部门
生产管理 ……………………	$　100 000	$240 000
材料处理 ……………………	93 000	40 000
检　测 ………………………	150 000	-0-
污水处理 ……………………	250 000	-0-
设备折旧 ……………………	400 000	100 000
发　货 ………………………	7 000	120 000
合　计 ……………………	$1 000 000	$500 000

公司总裁认为继续生产两种本质上相同的产品简直太愚蠢了。同时，由于在另一家工厂（不是硅谷工厂）发现的有毒排放，公司形象有所破坏。公司总裁希望能够将硅谷工厂树立成一个生产环境友好型产品的榜样。公司主计长向总裁指出，公司的财务状况岌岌可危，除非采用最具成本效益的方法，否则无法为生产产品提供财务支持。

要求：

a. 加州集成电路公司的现行成本核算制度是采用全厂统一分配法基于直接人工将生产管理成本计入产品。如果采用现行分配方法，那么两种产品报告的产品成本是多少？

b. 主计长最近完成了一门介绍两步成本分配法的经理人培训课程。假设第一步将成本分配给部门，第二步将成本分配给产品。主计长认为，如果采用机器小时数分配生产部门的成本，采用人工小时数分配装配部门成本，那么成本就会更准确。如果采用这个两步成本分配法，那么两种产品报告的成本是多少？

c. 解释要求（a）和（b）中的结果。

d. 公司总裁认为作业成本核算制度将能提供更准确的成本。公司决定在假设只有生产部门采用作业成本核算制度的情况下才计算产品成本。装配部门的生产管理成本将继续基于直接人工成本分配。采用作业成本核算制度所选择的成本动因如下。

生产管理成本项目	成本动因
生产管理	直接人工小时数
材料处理	材料成本
检测	检测小时数
污水处理	污水排放量
设备折旧	机器小时数
发 货	重量

如果建立了作业成本核算制度，报告的产品成本将是多少？假设生产组合和成本与原计划保持一致。

e. 因为两种产品的用途相同，所以主计长认为决策应该只建立在成本的基础之上。你赞成吗？为什么？

(学习目标 1、3、5、6)

9-40. 生产管理成本分配不当所导致的歪曲

Chocolate Bars 公司生产高级牛奶巧克力糖。公司开发了三种不同的产品：杏仁梦幻巧克力、香脆巧克力、乳轧巧克力。

公司是盈利的，但是管理者十分关注每种产品的盈利能力，以及目前采用的产品成本核算方法。特别是，管理者质疑基于直接人工小时数的生产管理成本分配基础是否准确地反映了每种产品的生产流程中发生的成本。

在同营销经理一起审查成本报告时，成本会计员史蒂夫注意到乳轧巧克力似乎极其盈利，而杏仁梦幻巧克力似乎在亏损生产。这使他和营销经理都感到惊讶，在经过一番讨论之后，他们确信成本核算制度有误，杏仁梦幻巧克力在现行市场价格下运营得很好。

史蒂夫决定聘请管理顾问夏普下个月研究一下公司的成本核算制度，并向高管提交其研究结果和建议。夏普的目标就是指出并说明成本会计系统如何歪曲了公司的产品成本。

夏普首先通过收集信息，记录现行成本核算制度，开始他的研究。实际很简单，就是采用单一生产管理成本分配基础，即直接人工小时数，计算并向所有产品应用生产管理成本分配标准。分配标准的计算方法是，先汇总变动和固定生产管理成本，然后用所得的结果除以直接人工小时数。产品成本就等于生产产品所需要的直接人工小时数乘以生产管理成本分配标准，然后再加上直接人工和直接材料成本。

公司的每种产品都采用不同生产流程。流程1是劳动密集型的，使用的直接材料和人工的比例高。流程2采用专门包装设备，将每块巧克力包装好，再装成盒，每盒24块。然后再将成盒的巧克力包装成箱，每箱6盒。三种产品均使用特殊包装设备，月生产能力为3 000箱，每箱装有144块巧克力（= 6盒 × 24块）。

为了向高管说明成本扭曲的来源，夏普收集了三种产品的成本数据，参见图表9.21。

公司最近采用了一项统一的政策，即关停毛利润边际率（毛利润边际 ÷ 销售价格 × 100）低于10%的所有产品。通过比较销售价格与公司成本，然后计算毛利润边际率，夏普就能够确定在现行成本管理系统下，哪种产品应该关停。杏仁梦幻巧克力、香脆巧克力和乳轧巧克力的现行销售价格分别为每盒$85、$55和$35。在任何情况下，生产管理成本都保持每月$69 500。

要求：

a. 采用现行成本管理系统完成图表9.21，并确定哪种产品需要关停（如果有）。

b. 应该关停的产品的哪些特征使其看起来不太盈利？

c. 假设公司关停了上述要求（a）中所确定的产品。计算剩余产品的毛利润边际率。假设公司所生产的产品能全部销售，并且将使用关停产品的剩余生产能力生产最盈利的产品。如果公司维持现行的产品关停政策，在采用现行成本管理系统下，还有哪种产品（如果有）应该关停？

d. 假设公司关停了上述要求（a）和（b）中所确定的产品。重新计算其余产品的毛利润边际率，并确定是否还应该关停其他产品？

e. 讨论计算的结果，以及就现行成本管理系统和决策政策向管理者提出的任何建议。

图表 9.21

	杏仁梦幻	香脆	乳轧
产品成本			
每箱人工小时数 ……………………	7	3	1
总产量（箱）………………………	1 000	1 000	1 000
每箱材料成本 ……………………	$ 8	$ 2	$ 9
每箱直接人工成本 ………………	$ 42	$ 18	$ 6
每种产品人工小时 ………………	7 000	3 000	1 000
总生产管理成本 = $69 500			
总人工小时数 = 11 000			
每小时直接人工成本 = $6			
每人工小时分配标准 = (a).			
产品成本			
每箱材料成本 ……………………	$ 8	$ 2	$ 9
每箱直接人工成本 ………………	42	18	6
每箱分配的生产管理成本（待计算）…	(b)	(c)	(d)
产品成本 …………………………	(e)	(f)	(g)

(学习目标 1、3、5、6) **9–41. 多重分配基础**

参考习题第9–40题。夏普决定再收集一些其他数据，确定生产管理成本的成因，并找出哪些产品最盈利。她注意到$30 000的生产管理成本是因设备使用而发生的。她决定将机器小时数纳入生产管理成本分配基础，以确定对产品盈利能力的影响。杏仁梦幻巧克力每生产一箱需要2个机器小时；香脆巧克力每生产一箱需要7个机器小时；乳轧巧克力每生产一箱需要6个小时。此外，夏普注意到，租赁10 000平方英尺的厂房每月的租金支出为$15 000，占生产管理成本的近22%。厂房的分配为杏仁梦幻巧克力占用1 000英尺；香脆巧克力占用4 000英尺；乳轧巧克力占用5 000英尺。夏普决定将它纳入租赁成本的分配基础之中。

因为人工小时数仍然是生产管理成本的一项重要成本动因，所以夏普决定她应该采用人工小时数分配其余$24 500。

公司仍计划生产杏仁梦幻、香脆和乳轧巧克力各1 000箱。假设公司所生产的产品能全部销售，并且如果关停任何产品线，就利用剩余生产能力生产最盈利产品。在任何情况下，生产管理成本都保持每月$69 500不变。

要求：

a. 根据所收集的其他数据，采用三个分配基础（人工小时、机器小时和占地面积）计算每种产品的成本分配，确定每种产品的产品成本和毛利润边际率。

b. 根据关停毛利润边际率低于10%的产品的标准，管理者会建议关停一些产品吗？

c. 根据你在要求（b）中的建议，重新计算生产管理成本分配和利润边际，确定其余任何产品线是否应该关停。如果应该，请证明其余产品的盈利能力。

(学习目标 1、3、5、6) **9–42. 作业成本核算：葡萄可乐闹剧**

霍华德·拉克内斯忧心忡忡。过去几年间，尽管他的公司——Rockness罐装公司销售收入有所增加，但是利润却一直在下滑。收入不断增加，利润却不断下滑，霍华德明白成本一定存在问题。

霍华德向管理团队发了一封电子邮件，标题是“我们如何使公司重返正轨?”在公司宽敞的办公室内，管理团队开始进行头脑风暴，寻找利润下降问题的解决方案。有些团队成员希望增加新产品（这些是营销人员）；有些希望解聘效率低的工人（这些是财务人员）；有些希望向工人授权（这些是在人力资源部门工作的人员）；而有些则希望安装新的计算机系统(这些是什么人员，不用说你也明白)。

霍华德耐心地听着。在所有与会人员都发表了意见之后，霍华德说：“在公司规模较小、较简单时，我们还赚钱。现在公司发展了，增加了新产品线，老产品线也增加了新产品。而我们却在走下坡路，这究竟出了什么问题?”

霍华德继续说道：“看看这份报告，这是上个月关于可乐罐装线的报告，大家从中可以看到什么?”他向与会人员分发了一份报告，报告内容如下。

	A	B	C	D	E	F
1	关于可乐罐装线的月度报告					
2		**健怡可乐**	**普通可乐**	**樱桃可乐**	**葡萄可乐**	**合　计**
3	销售收入	\$ 75 000	\$ 60 000	\$ 13 950	\$ 1 650	\$ 150 600
4	**减去：**					
5	材　料	25 000	20 000	4 680	550	50 230
6	直接人工	10 000	8 000	1 800	200	20 000
7	直接人工的福利	4 000	3 200	720	80	8 000
8	间接成本（@直接人工的260%）	26 000	20 800	4 680	520	52 000
9	毛利润边际	\$ 10 000	\$ 8 000	\$ 2 070	\$ 300	\$ 20 370
10	销售利润率（参见注[a]）	13.3%	13.3%	14.8%	18.2%	13.5%
11	产　量	50 000	40 000	9 000	1 000	100 000
12	单位售价	\$ 1.50	\$ 1.50	\$ 1.55	\$ 1.65	\$ 1.506
13	单位成本	\$ 1.30	\$ 1.30	\$ 1.32	\$ 1.35	\$ 1.302
14						
15	a. 在扣除销售费用和行政管理费用之前的销售回报率					
16						

霍华德问道："大家看出这里的问题了吗？我们应该关停其中的一些产品吗？我们应该为这些产品重新定价吗？"会议室内静默了片刻，然后每个人又都立即开始讨论。根据报告中所提供的数据，大家都看不出什么问题，但是大家都向霍华德提出建议，有的说"新增一种可乐产品"，有的说"全部产品都应该削减成本"，还有的说"我们需要新的计算机系统以便管理者更迅速地获得成本信息"。本来就缺乏耐心的霍华德突然中止了讨论，宣布休会。

然后，他转向会议室内最安静的一个人——他的儿子罗杰，说："我对这些成本数据有些怀疑，我们采用260%的分配标准向产品分配间接成本。我真的想知道分配标准是否对于所有产品都准确，我希望你研究一下间接成本数据，找出成本动因，看看能否给我一些更准确的产品成本数据。"

罗杰首先从生产部门了解到流程需要四项作业。（1）生产准备；（2）管理生产批次；（3）管理产品。第四项作业不需要人工。它只是运行机器。接下来，他找到会计记录，将间接成本分解。下面是他所收集的信息。

	A	B
1	间接人工	\$ 20 000
2	间接人工的福利	8 000
3	信息技术	10 000
4	机器折旧	8 000
5	机器维修	4 000
6	能　源	2 000
7	合　计	\$ 52 000
8		

然后，他开始对部门领导进行一系列访谈，看如何将这些成本分配给成本池。他发现40%的间接人工成本负责生产排程或处理生产运行，包括采购、生产准备、发放材料和进行每个批次的首次检验。另外50%的间接人工成本为生产特定产品的生产准备。其余10%的间接人工成本要为四种产品维护记录、管理每种产品的原材料供应，以及改进每种产品的生产流程。这10%的间接人工成本归属给成本动因"产品种类"。

通过对信息技术部门的访谈，表明\$10 000分配给了可乐罐装线。在\$10 000的信息技术成本中，80%用于生产排程，20%用于每种产品的记录维护。

福利占人工成本的40%。其余生产管理成本用于提供10 000小时生产时间的设备生产能力。

从对生产人员的访谈中，罗杰发现了下列成本动因耗用量。

- 生产准备：560个人工小时
- 生产批次：110个生产批次
- 产品种类：4种产品
- 机器小时生产能力：10 000个小时

健怡可乐耗用了200个生产准备小时数、40个生产批次和5 000个机器小时数，共生产了50 000罐；普通可乐耗用了60个生产准备小时数、30个生产批次和4 000个机器小时数，共生产了40 000罐；樱桃可乐耗用了240个生产准备小时数、30个生产批次和900个机器小时数，共生产了9 000罐；葡萄可乐耗用了60个生产准备小时数、10个生产批次和100个机器小时数，共生产了1 000罐。罗杰了解到，生产人员很难生产出纯正口味的樱桃可乐和葡萄可乐，所以这些产品所需要的生产准备时间比健怡可乐和普通可乐都多。

要求：

a. 计算四个成本动因中每个成本动因的分配标准。

b. 计算四种可乐产品（健怡、普通、樱桃和葡萄）的单位成本。

c. 根据你修订的每种产品的间接成本数字，编制一份新的可乐罐装线月度报告。

d. 写一份备忘录，向霍华德建议应采取的措施。

自学题答案

1. 新的估计生产管理成本为\$180 000 + \$120 000 = \$300 000。新的生产管理成本分配标准为200%（=\$300 000 ÷\$150 000）。因此，成本管理系统报告的新的产品成本如下。

	C–27	C–20	合　计
产　量	10	30	40
直接人工小时	2 000	3 000	5 000
成　本：			
直接材料	\$ 40 000	\$ 36 000	\$ 76 000
直接人工	72 000	78 000	150 000
生产管理成本（@200%）	144 000	156 000	300 000
合　计	\$256 000	\$270 000	\$526 000
单位成本	\$ 25 600	\$ 9 000	

2. 全厂统一分配标准为32%（=\$1 600 000 ÷\$5 000 000）。计入两个项目组的生产管理成本如下所示。

项目组	直接成本	生产管理成本（@32%）
政　府 …………	$4 000 000	$1 280 000
民　间 …………	1 000 000	320 000

部门独立的分配标准为议定成本为每份合同$15 000（= $75 000 ÷ 50 份合同）；一般行政管理成本为 17%（= $850 000 ÷ $5 000 000）。计入两个项目组的生产管理成本分别为

	合　同	直接成本	议定生产管理成本（@$15 000）	一般行政管理成本（@17%）	生产管理成本合计
政　府 ………	20	$4 000 000	$300 000	$680 000	$980 000
民　间 ………	30	1 000 000	450 000	170 000	620 000

独立的分配标准使公司能够采用最适宜各部门的分配基础。劣势在于独立的分配标准要求更多的记录成本，这项额外的成本可能远远超出了它所带来的决策上的收益。

3. 生产准备的成本动因分配标准现在为$8 250/生产批次（= $396 000 ÷ 48 个生产批次）。采用这项信息的生产成本报告如下。

第 3 季度单位成本报告
作业成本核算
亚瑟港生产厂

	J25P	J40X
直接材料 …………………………………………	$1 500 000	$2 400 000
直接人工		
装　配 ………………………………………	$ 750 000	$ 600 000
包　装 ………………………………………	990 000	360 000
直接人工合计 ………………………………	$1 740 000	$ 960 000
直接成本 …………………………………………	$3 240 000	$3 360 000
生产管理成本		
装配车间		
装配（@$30/机器小时）……………………	$ 180 000	$ 900 000
生产准备（@$8 250/生产批次）…………	66 000	330 000
材料处理（@$3 000/生产批次）…………	24 000	120 000
包装车间		
检验与包装（@$5/直接人工小时）………	300 000	114 000
发货（@$1 320/批次）……………………	132 000	264 000
采用作业成本核算的生产管理成本合计 …	$ 702 000	$1 728 000
采用作业成本核算的成本合计 ………………	$3 942 000	$5 088 000
产　量 ……………………………………………	100 000	40 000
单位成本 …………………………………………	$ 39.42	$ 127.20

10 成本管理

第 10 章

学习目标

阅读本章之后，你应该能够：

1. 解释作业成本管理的概念。
2. 利用成本层次管理成本。
3. 介绍客户及供应商的行为如何影响公司成本。
4. 采用作业成本核算法评估客户及供应商的成本。
5. 区分资源耗用量与资源供应量。
6. 设计成本管理系统分配生产能力成本。
7. 介绍影响质量的作业如何影响成本和盈利能力。
8. 比较质量控制成本与质量控制失效的成本。

复习题

10–1. 作业成本核算与作业成本管理有何相似之处？有何不同之处？

10–2. 在不建立作业成本核算制度的情况下能实施作业成本管理吗？

10–3. 为什么对管理者评估其作业是增值作业还是非增值作业很重要？ 在许多企业中都常见的一些非增值作业有哪些？

10–4. 客户影响公司成本的方式有哪些？供应商影响公司成本的方式有哪些？

10–5. 计算客户成本与计算产品成本有何相同之处？有何不同之处？

10–6. 资源供应量与资源耗用量之间有何区别？为什么这种区别很重要？

10–7. 如何向产品分配生产能力成本为什么重要？

10–8. 质量如何影响成本？

10–9. 质量成本系统的四类质量成本是什么？试各举一例。

重点分析与讨论题

10–10. 举出下面两个服务型企业中的两例非增值作业：（a）医疗诊所；（b）银行。

10–11. 举出下面两个生产型企业中的两例非增值作业：（a）木材加工 厂；（b）家具生产商。

10 12. 举出下面两个流通型企业中的两例非增值作业：（a）服装零售店；（b）音像店。

10-13. 假设管理者能够通过减少贷款等待时间来缩短贷款申请的处理时间。贷款申请时间的缩短如何为组织增加价值？

10-14. “要计算客户成本，可以先计算客户购买的产品的成本，然后乘以客户购买的数量。”你认为这种方法有助于成本管理吗？为什么？

10-15. “客户不会耗费成本，他们只会带来收入。”你赞成这种观点吗？为什么？

10-16. “无论利用与否，我都必须为生产能力支付成本，因此剩余闲置能力实际上不会让我支出任何成本。”你赞成这种观点吗？为什么？

10-17. 你在度假胜地的一家酒店工作。经理告诉你酒店必须在冬季游客减少的时候提高客房价格，因为每个客房的成本会提高。你将如何回答？

10-18. 你能想出服务、质量和成本的一个或多个要素对客户不重要的产品吗？如果能，解释为什么？

10-19. 基于质量观的生产系统与基于传统的质量管理观的生产系统有何不同？

练 习

可参考McGraw-Hill的作业管理系统

(学习目标 2)

10-20. 非营利组织的成本层次

下面列出了一个帮助流浪人员定居下来的社会服务机构的各种资源和作业。

要求：

指出下列各项资源和作业可能是产量层面的作业，还是生产设施层面的作业？

a. 计酬社会工作者——走访及服务客户的人员。

b. 物料用品——办公室人员用材料。

c. 档案室——支持儿童、流浪人员和老年人服务的法规、研究和诉讼文件。

d. 信息技术——开发及维护本机构信息系统的电脑、移动计算机设备和人员。

e. 管理——行政人员工资及各种支持。

f. 建筑物——员工办公室。

g. 汽车——社会工作者走访客户的交通工具。

h. 公用事业——建筑物的电力、天然气、电话和卫生服务等。

(学习目标 2)

10-21. 成本动因识别

下面列出了一家商业信贷机构的各项作业。

要求：

指出下列各项作业的可行的成本动因，并说明所选择的成本动因为什么可行。

a. 销售访问——现有商业客户

b. 销售访问——新商业客户

c. 商业贷款议定

d. 商业贷款审核

e. 客户档案维护

f. 社区参与

g. 员工关系
h. 商业贷款客户服务
i. 消费贷款客户服务
j. 消费贷款审核
k. 消费存/取款办理
l. 商业存/取款办理
m. 某些产品广告宣传

(学习目标 3、4)

10–22. 客户的作业成本核算

Marvin 厨房设备公司供应全市的餐厅厨房设备。公司在厨房设备成本的基础上再加 5%，用以弥补配送成本。配送费旨在弥补配送成本。一位咨询顾问采用作业成本核算方法分析了配送服务，并确定了四项作业。关于这些作业的数据如下。

		成本动因数量	
作　业	成本动因	成 本	动因数量
处理订单	订单数量	$ 25 000	5 000 个订单
卡车装货	产品数量	50 000	100 000 件产品
配送商品	订单数量	30 000	5 000 个订单
出具发票	发票数量	24 000	4 000 张发票
生产管理成本合计		$129 000	

公司有两个客户分别是 City 餐厅和 Le Chien Chaud 餐厅。关于这两个客户的订单及配送数据如下。

	City 餐厅	Le Chien Chaud 餐厅
订单金额	$25 000	$30 000
订单数量	52	110
产品数量	600	1 500
发票数量	12	150

要求：

a. 按照现行订单金额的 5%的收费政策，每个客户应该计收多少配送费？
b. 如果采用作业成本核算制度，估计每个客户的配送成本是多少？
c. Marvin 公司如何通过新的成本核算方法利用确定的信息管理成本？

(学习目标 3、4)

10–23. 客户的作业成本核算

Rock Solid 信托公司（RSB&T）只提供支票账户服务。客户可以签发支票，并使用自动柜员机网络。RSB&T 公司通过存款投资赚取收入。目前，公司存款的年投资收益率平均为 6%。为了与大银行竞争，公司向所有储户支付 1%的利率。最近的一项研究将公司的年经营成本划分为四项作业。

作 业	成本动因	成 本	动因数量
使用自动柜员机 ……	使用次数	$ 1 000 000	10 000 次
到分支机构办理 ……	办理次数	3 000 000	750 000 次
办理交易 ……………	交易数量	2 000 000	40 000 000 笔
管理职能 ……………	存款总额	4 000 000	$250 000 000 存款
生产管理成本合计 …		$10 000 000	

两个具有代表性的客户的数据如下。

	客户 A	客户 B
ATM 使用 …………	200	250
分支机构 …………	5	20
交易数量 …………	40	1 500
平均存款余额 ……	$250	$8 000

要求：

a. 计算 RSB&T 公司的经营利润。

b. 计算客户 A 和客户 B 的利润，假设客户成本仅基于存款余额。利息成本 = 存款的 1%；经营成本为存款的 4%（=$10 000 000/$250 000 000）。

c. 计算客户 A 和客户 B 的利润，假设客户成本基于作业成本分析的信息计算。

(学习目标 3、4) **10–24. 客户的作业成本核算**

参考练习第 10–23 题的数据。

要求：

a. RSB&T 公司如何利用作业成本分析所得到的信息管理成本？

b. 在实施你在要求（a）中提出的建议之前，RSB&T 公司必须考虑什么？

(学习目标 3、4) **10–25. 客户的作业成本核算：道德问题**

Red 木材公司聘请了一名顾问，更新客户成本报告系统。这位顾问向 Red 做了一项分析，表明较之在周一至周五订购的客户，在周末订购的客户的客户支持成本显著更高。

a. Red 可能会根据顾问提供的信息制定怎样的定价决策？

b. 这些决策符合道德吗？为什么？

c. 顾问又回到 Red 的办公室，说他在分析中犯了一个错误。实际上在客户支持成本与客户性别之间存在这种关系。这影响你对要求（a）和（b）的回答吗？

(学习目标 3、4) **10–26. 客户的作业成本核算：道德问题**

Central State 大学（CSC）是一所州立大学，它拥有一个规模很大的商学院。商学院设有学士学位，还为本地生产商提供培训课程。州政府不资助培训项目，而是由生产商按照固定价格合同付费。

校长让商学院院长按培训项目将成本分解。校长会见向州立法委员并要求增加对大学培训项目的资助。商学院院长委派你带领一个团队，按培训项目核算成本。

商学院的计算机室是一个重要的成本项目。计算机室白天供本科生上课使用，晚上供培训使用。

a. 你建议如何将计算机室的成本分配给两类课程。请明确说明你的分配基础。

b. 商学院院长告诉你，除了直接成本之外，培训项目不应该分配任何成本。她指出大学是为了本科教育而建立的，培训项目只不过是增量作业。她说："毕竟，如果我们没有培训项目，仍然要建立计算机室。"你赞成商学院院长的观点吗？她的建议符合道德吗？

(学习目标 5)

10–27. 资源耗用量与资源供应量

S

Tri–State 工厂使用专用抛光机打磨木材。关于抛光机及其使用情况的数据如下。

	成本动因分配标准	成本动因数量
资源耗用量		
能　源 …………	$ 0.90/ 机器小时	4 000 个机器小时数
维　修 …………	$16.00/ 个工作	400 个工作
资源供应量		
能　源 …………	$4 600	
维　修 …………	8 000	

要求：

分别计算 Tri–State 工厂在能源和维修方面的资源未利用生产能力。

(学习目标 5、6)

10–28. 资源耗用量与资源供应量

S

参考练习第 10–27 题。抛光业务的销售收入总计为$20 000。

要求：

a. 编制一份像图表 10.10 那样的传统损益表。

b. 编制一份像图表 10.11 那样的作业成本损益表。

(学习目标 5)

10–29. 资源耗用量与资源供应量

Gundy 打印社报告了下列资源信息。

	成本动因分配标准	成本动因数量
资源耗用量		
生产准备 ………	$ 250/ 生产批次	175 个生产批次
文　书 …………	30/ 页	500 页
资源供应量		
生产准备 ………	$45 000	
文　书 …………	20 000	

要求：

计算 Gundy 打印社的生产准备和文书资源的未利用生产能力。

(学习目标 5、6)

10–30. 资源耗用量与资源供应量

参考练习第 10–29 题。销售收入总计为$80 000。

a. 编制一份像图表10.10那样的传统损益表。

b. 编制一份像图表10.11那样的作业成本损益表。

(学习目标5) **10–31. 资源耗用量与资源供应量**

Gunnison用品公司提供了下列资源信息。

	成本动因分配标准	成本动因数量
资源耗用量		
材 料 …………	$ 12/ 磅	16 000 磅
能 源 …………	48/ 机器小时	680 个机器小时数
生产准备 ………	300/ 生产准备	160 次生产准备
采 购 …………	240/ 采购订单	160 份采购订单
客户服务 ………	160/ 退货	100 次退货
长期人工 ………	80/ 人工小时	640 个人工小时数
行政管理 ………	60/ 人工小时	840 个人工小时数
资源供应量		
材 料 …………	$192 000	
能 源 …………	36 480	
生产准备 ………	50 400	
采 购 …………	44 000	
客户服务 ………	35 200	
长期人工 ………	53 000	
行政管理 ………	54 000	

此外，本期销售收入总计为$600 000。

要求：

a. 计算每种资源的资源未利用生产能力。

b. 解释资源未利用生产能力的含义。

(学习目标7、8) **10–32. 质量成本**

Hastings公司生产冰箱。下面列示了质量成本系统的各个账户。请将它们划分为预防成本（P）、鉴定成本（A）、内部失效成本（IF）或外部失效成本（EF）。

流程检验	客户投诉
废料	返工
质量培训	预防性维修
保修	材料检验
测试设备	现场测试

(学习目标7、8) **10–33. 质量成本**

下面列示了电子元器件生产商Trovatore公司两个月的财务信息。

	3 月	4 月
销售收入	$245 000	$220 000
成　本		
流程检验	$　1 650	$　1 880
废　料	1 850	1 930
质量培训	19 800	13 000
保　修	4 300	4 800
测试设备	7 000	7 000
客户投诉	2 800	3 400
返　工	17 000	18 500
预防性维修	13 500	9 500
材料检验	6 500	4 800
现场测试	9 400	12 400

要求：

a. 将这些成本项目划分为预防成本（P）、鉴定成本（A）、内部失效成本（IF）或外部失效成本（EF）。

b. 分别计算实现 3 月份和 4 月份的预防成本、鉴定成本、内部失效成本和外部失效成本占销售收入的比率。

(学习目标 7、8)　**10–34. 质量成本权衡**

利用练习第 10–33 题计算的成本，分别编制 3 月份和 4 月份的质量成本报告。

(学习目标 7、8)　**10–35. 质量成本**

Nuke–It–Now 公司生产微波炉。下面列示了该公司的一个生产厂两年的财务信息。

	第 1 年	第 2 年
销售收入	$3 500 000	$3 800 000
成　本		
流程再设计	$　29 000	$　37 000
丢弃缺陷产品	37 000	43 000
设备培训	250 000	210 000
保　修	129 000	176 000
合同取消	201 000	154 000
返　工	72 000	96 000
预防性维修	114 000	152 000
产品责任赔偿	302 000	176 000
最后检验	190 000	198 000

要求：

a. 将这些成本项目划分为预防成本、鉴定成本、内部失效成本或外部失效成本。

b. 分别计算第 1 年和第 2 年预防成本、鉴定成本、内部失效成本和外部失效成本占销售收入的比率。

(学习目标 7、8) **10–36. 质量成本权衡**

利用练习 10–35 计算的成本，分别编制第 1 年和第 2 年的质量成本报告。

(学习目标 7、8) **10–37. 质量成本：环境问题**

许多公司都对环境问题采用了质量成本框架。它们将成本分为四类：预防成本、鉴定成本、内部失效成本和外部失效成本，各类成本均针对环境作业及环境失效的后果。将环境作业发生的下列成本划分为上述四类。

a. 旨在实现跑冒滴漏和浪费最小化的流程设计。
b. 非法倾倒垃圾而受到的刑事处罚。
c. 车间跑冒滴漏的清理。
d. 员工培训：环境政策。
e. 因有毒物质泄漏曝光后而丧失的销售收入。
f. 因不遵守环境法规而受到的罚款。
g. 处理有害物质的机器的维护。
h. 监控化学流程的成本。

(学习目标 7、8) **10–38. 质量成本：财务报告问题**

试考虑将质量成本框架应用于财务报告问题。将成本分配给四类成本：预防成本、鉴定成本、内部失效成本和外部失效成本，这四类成本均针对财务报告作业及财务报告质量差甚至违法的后果。

要求：

将财务报告作业发生的下列成本划分为四类。

a. 旨在实现数据录入失误最小化的内部控制制度设计。
b. 由于新员工发生了大量失误而造成外部审计师完成审计所需要的额外工作。
c. 为了纠正财务报表中的错误而延期公布财务报表，由延期公示而造成的对股价的影响。
d. 员工培训：新会计法规。
e. 在首席执行官被判 10 年徒刑之后，由于此消息而造成的股价下跌。
f. 因未遵守会计法规而受到的罚款。
g. 旨在防止黑客的信息系统设计。
h. 内部审计师对上述（a）中事项的内部控制的审查。

习 题

可参考McGraw-Hill的作业管理系统

(学习目标 4、5) **10–39. 作业成本报告与生产能力**

参考练习第 10–31 题。

要求：

a. 编制一份像图表 10.10 那样的传统损益表。
b. 编制一份像图表 10.11 那样的作业成本损益表。

eXcel
mhhe.com/lanen2e

c. 编写一份简要的报告，向 Gunnison 公司的经理说明要求（b）中编制的作业成本损益表如何帮助他们管理成本。

(学习目标 3、4)

10–40. 作业成本报告：服务型企业

mhhe.com/lanen2e

Allcott 计算机服务公司（ACS）为学校和本地企业提供计算机培训及维修服务。第 1 年的销售收入总计为$2 700 000。关于本年的资源信息如下。

	资源耗用量	资源供应量
营　销	$224 000	$240 000
折　旧	174 000	179 000
培训人员	90 000	108 000
能　源	160 000	171 000
短期人工	450 000	620 000
长期人工	830 000	850 000
行政管理	140 000	158 000

此外，公司还在维修鉴定上花费了$84 000，共计 500 次，成本动因分配标准为$150。

要求：

管理者要求你完成下列事项。

a. 编制一份传统的损益表。

b. 编制一份作业成本损益表。

c. 编写一份简要的报告，向管理者说明为什么作业成本损益表能为管理者提供有用信息。利用要求（a）和（b）中的信息，为你的报告举例。

(学习目标 4)

10–41. 客户盈利能力

SkiBlu 公司将客户分为“黄金客户”和“白银客户”。公司在每 1 000 个黄金客户中设一个全职客户代表，在每 10 000 个白银客户中设一个全职客户代表。客户代表按工资加奖金计酬，奖金为客户毛利润边际的 2%。公司将 90%的促销成本都花在黄金客户上，以鼓励他们的忠诚度。

客户成本	合　计	黄金客户	白银客户
客户数量	100 000	30 000	70 000
客户代表的平均工资		$35 000	$35 000
促销成本	$4 000 000		
单位客户平均毛利润边际		$　440	$　50

要求：

a. 对于每类客户，扣除客户成本之后的毛利润边际是多少？

b. 写一份简短的备忘录，评估客户盈利能力。

(学习目标 4)

10–42. 客户盈利能力

Lighthouse 公司将客户分为“贵宾客户”和“标准客户”。公司在每 100 个贵宾客户中设一个全职客户代表，在每 1 000 个标准客户中设一个全职客户代表。客户代表按工资加奖金计酬，奖金为客户毛利润边际的1%。公司将80%的促销成本都花费在贵宾客户上，以鼓励客户的忠诚度。

客户成本	合 计	贵宾客户	标准客户
客户数量	10 000	2 000	8 000
客户代表的平均工资		$60 000	$60 000
促销成本	$1 000 000		
单位客户平均毛利润边际		$ 1 000	$ 200

要求：

a. 对于每类客户，扣除客户成本之后的毛利润边际是多少？

b. 写一份简短的备忘录，评估客户盈利能力。

(学习目标 4、5) **10–43. 作业成本报告：生产**

eXcel mhhe.com/lanen2e

Leidenheimer 公司生产小型飞机螺旋桨。第2年的销售收入总计为$850 000。关于本月的资源信息如下。

	资源耗用量	资源供应量
零部件管理	$ 30 000	$ 35 000
能 源	50 000	50 000
质量检验	45 000	50 000
长期人工	25 000	35 000
短期人工	20 000	24 000
生产准备	70 000	100 000
材 料	150 000	150 000
折 旧	60 000	100 000
营 销	70 000	75 000
客户服务	10 000	20 000
行政管理	50 000	70 000

此外，公司还在50项工程设计变更上支出了$25 000，其成本动因分配标准为$500。在8份外部合同上支出了$30 000，其成本动因分配标准为$3 750。

要求：

a. 编制一份传统损益表。

b. 编制一份作业成本损益表。

c. 编写一份简要的报告，说明为什么作业成本损益表为管理者提供了有用信息。利用要求（a）和（b）中的信息为你的报告举例。

(学习目标 6) **10–44. 分配生产能力成本**

凯茜和汤姆的 Specialty Icre Cream 公司经营一家小型生产厂，服务本地社区。工厂的生产能力为每年生产一种口味的冰激淋（GVI Chewy）18 000加仑。工厂只有两个客户，Chuck's Gas & Go 公司和 Marcee's Drive & Chew Drive Thru 公司。Chuck's Gas & Go 公司的年订货量总计为9 000加仑；Marcee 公司的年订货量总计为4 500加仑。变动生产成本为每加仑$1，年固定生产成本为$27 000。

要求：

成本管理系统应该报告的单位成本是多少？为什么？如果你需要更多信息才能回答这个问题，试予以说明。

(学习目标 6)　**10–45. 分配生产能力成本：季节性**

参考习题第 10–44 题中的信息。冰激淋行业有两个季节：夏季和冬季。每个季节持续 6 个月。Chuck 公司夏季的订购量为 4 500 加仑，冬季的订购量为 4 500 加仑。Marcee 公司冬季停业，夏季的订购量为 4 500 加仑。

要求：

如果需要，你将如何修订第 10–44 题中以前为凯茜和海汤的公司设计的成本管理系统？为什么？

(学习目标 6)　**10–46. 分配生产能力成本：季节性**

参考习题第 10–44 题和 10–45 题。在讨论企业经营时，凯茜和汤姆意识到，实际上存在三个季节，而不是两个季节，第三个季节是春秋（合并为一个季节）。每个季节都持续四个月。她们还了解到，Marcee 公司从春季中旬开业到秋季中旬停业。

凯茜和汤姆审查了一下订购模式，发现三个季节的需求分别如下（单位：加仑）。

	冬　季	春　秋	夏　季	合　计
Chuck 公司 ……	3 000	3 000	3 000	9 000
Marcee 公司 ……	–0–	1 500	3 000	4 500
合　计 ………	3 000	4 500	6 000	13 500

要求：

如果需要，你将如何修订第 10–44 题中以前为凯茜和汤姆的公司设计的成本管理系统？为什么？

(学习目标 7)　**10–47. 质量改进**

Iport 公司生产 MP3 用外套，生产分两道工序，即剪裁和缝纫。剪裁工序具有年生产 100 000 件的生产能力；缝纫工序具有年生产 120 000 件的生产能力。成本信息如下。

检验与测试成本 ………………………………	$ 60 000
废料成本（均在剪裁车间）………………	195 000

需求很旺盛。在每个外套$20 的销售价格条件下，公司能够销售所生产的全部产品。

由于生产能力约束，公司只能在剪裁车间投产 100 000 件。缺陷产品在剪裁车间生产结束后才能发现。届时，缺陷产品就成了废料。在剪裁车间投产的 100 000 件中，15 000 件为废料。剪裁车间的合格品和废料的单位成本均为每件$13，包括固定生产成本的分配，年固定生产成本总计为$600 000。

直接材料（变动成本）……	$5
直接生产、生产准备和材料处理人工（变动成本）……	2
折旧、租赁及其他生产管理成本（固定成本）……	6
	$13

单位固定成本$6 是分配给剪裁车间的每件产品的固定生产管理成本，而无论是合格产品还是缺陷产品，均分配。（无论剪裁车间生产的是合格产品还是缺陷产品，总固定生产管理成本都保持不变。）

剪裁车间的合格产品转入缝纫车间。缝纫车间的变动生产管理成本为每件$3，固定生产管理成本为每年$50 000。缝纫车间没有废料。因此，公司的总销售数量就等于剪裁车间的合格产品数量。公司不发生任何其他变动成本。

公司的设计师发现了一种新型直接材料，可以将剪裁车间的废料降至 5 000 件。但是，采用新材料会将剪裁车间所生产的 100 000 件产品的直接材料成本增加至每件$7.25。回想一下，每年只能投产 100 000 件。

要求：

a. 公司应该采用新型材料改进质量吗？假设如果采用新型材料，检验与测试成本将降低$20 000。无论生产 85 000 件还是生产 95 000 件，缝纫车间的固定成本保持不变。

b. 在决策时，公司管理者还应该考虑其他哪些非财务定性因素？

(学习目标 7) **10–48. 质量改进**

Metallic 公司用两道工序生产金属门，即弯（金属弯成正确的形状）和焊（弯好的金属材料焊成门）。弯形工序的年生产能力为 10 000 件焊接工序的年生产能力为 14 000 件。需求很旺盛。在每扇门$500 的价格条件下，公司能够销售生产的所有产品。

由于生产能力约束，公司在弯形车间只能投产 10 000 件。目前，弯形车间每年的缺陷产品为 1 500 件。直到弯形车间生产结束时，缺陷产品才能发现。届时，1 500 件缺陷产品就成了废料。所以，在弯形车间投产的 10 000 件产品中，1 500 件为缺陷产品。在弯形车间，合格产品和缺陷产品的单位成本均为每件$250，包括分配的固定生产成本，年固定生产成本总计为$750 000。

直接材料（变动成本）……	$125
直接生产、生产准备和材料处理人工（变动成本）……	50
折旧、租赁及其他生产管理成本（固定成本）……	75
	$250

单位固定成本$75 为分配给弯形车间每件产品的固定生产成本，无论合格产品还是缺陷产品均分配（无论弯形车间生产的产品是合格产品还是缺陷产品，总固定生产成本都保持不变）。

弯形车间的合格产品转入焊接车间。焊接车间的变动生产管理成本为每件$75，年固定生产管理成本为$500 000。焊接车间没有废料。

因此，公司的销售总量就等于弯形车间的合格产品数量。公司不发生任何其他变动成本。

公司的设计师发现，通过采用新型直接材料，公司就能将弯形车间的废料从 1 500 件降至 500 件。采用新型材料将使弯形车间 10 000 件产品的直接材料成本增至每件$180。试回想一下，每年只能投产 10 000 件。

要求：

a. 公司应该采用新型材料改进质量吗？假设采用新型材料之后，每年$120 000 的检验与测试成本将降低$20 000。无论生产 8 500 件还是生产 9 500 件，弯形车间的固定成本都保持不变。

b. 在决策时，公司管理者还应该考虑其他哪些非财务定性因素？

综合案例

(学习目标 1、2、3、4) **10–49. 成本层次、客户成本与定价**

S

WSM 公司正在考虑提供巴西圣保罗至里约热内卢的定期航班服务。它计划每天提供四个航班（特定假日除外），每年共提供 1 400 个航班（350 天×4 个航班/天）。公司聘请了一名管理顾问确定这项业务的作业成本。管理顾问的报告反映了下列事项。

作 业	作业指标（成本动因）	单位成本（单位作业的成本）
飞机飞行与维护 ……	航班次数	$1 600/ 航班
服务乘客 ……………	乘客数量	$4/ 乘客
广告与营销 …………	促销次数	$60 000/ 促销

WSM 公司估计了下列年度信息。广告促销 20 次，将创造每次航班 40 名乘客的需求，机票价格为$225。60 座飞机的租赁费为$4 000 000。其他设备成本为$2 00 000。行政管理及其他营销成本为$1 250 000。

要求：

a. 根据这些估计，公司预期这项新服务的年经营收入是多少？

b. 公司正在考虑在互联网上售票，以节约佣金及其他成本。由于互联网售票，估计航班的成本动因分配标准将降低$100。行政及其他营销成本将增加$1 000 000。公司估计由于更加便利，需求将增加 5%。其他所有成本和票价均保持不变。你建议公司采用互联网售票吗？说明你的理由。

c. 假设无论你对要求（b）的回答是什么，公司管理层都决定不采用互联网战略。相反，公司正在考虑一项计划，按两种价格销售机票。无限制机票（任何一天的任何时间均有效）价格为$250。折扣机票（仅限提前预订机票）价格为$150。管理层估计无限制机票能够销售 35 000 张（每次航班 25 张），销售价格为$250。其他所有数据均保持不变。

忽略要求（b）中的信息，公司每年必须销售多少折扣机票，才能获得$1 700 000 的经营收益？假设年航班保持飞行 1 400 次，折扣机票在 1 400 次航班中平均分摊。

(学习目标5、6) **10-50. 闲置资源生产能力：葡萄可乐闹剧**

参考第9章中的综合案例第9-42题。假设案例9-42中的事实在这里依然适用，但机器实际生产能力为20 000小时，而不是10 000小时。

要求：

a. 重新计算每种可乐产品的单位成本。

b. 未利用生产能力成本是多少？你建议公司如何处置未利用生产能力？

c. 现在假设公司考虑生产第五种产品香草可乐。因为在公司的市场中香草可乐需求很大，所以假设公司将利用10 000个机器小时数生产100 000罐（回想一下，在本案例中，机器生产能力为20 000小时，而其他口味仅消耗10 000小时）。除了机器耗用成本之外，香草可乐的单位成本与健怡可乐相同。香草可乐的成本将是多少？计算单位成本以及总成本。

自学题答案

1. 成本类别。
   a. 产量层面
   b. 与生产能力相关
   c. 产量层面
   d. 与产品相关
   e. 与生产批次相关
   f. 与生产批次相关
   g. 与客户相关
2. a.. 两个客户的成本如下。

	Jack	Jill
订单录入（@\$10/订单）················	\$ 750	\$ 500
订单备货（@\$2/产品）················	1 500	3 000
订单配送（@\$24/次）················	1 920	1 200
配送的一般行政管理成本（@5%）···	2 500	5 000
配送成本合计 ························	\$6 670	\$9 700
配送成本占订单金额百分比 ·········	13.3%	9.7%

   b. Jack的反应是减少了订购频率。Jill的反应是在不增加订购次数的情况下增加了订购数量。请注意两个客户的配送成本占订单金额的比率都降低了。
3. 尽管（从Red的角度看）Red木材公司的客户采购效率提高了，但是公司未必降低了成本。资源耗用量下降了，但是除非Red采取措施降低资源供应量，否则配送成本就不会降低。
4. a.和b.

WALSH 工业公司
质量成本报告
第 2 年

	质量成本		销售收入百分比（销售收入=$4 500 000）
预防成本			
员工培训	$130 000		
材料检验	65 000	$195 000	4.3%
鉴定成本			
产成品检验		150 000	3.3
内部失效成本			
废　料		85 000	1.9
外部失效成本			
退　货	31 000		
客户投诉	80 000	111 000	2.5
质量成本合计		$541 000	12.0%

11 服务部门与联合成本分配

第 11 章

学习目标

阅读本章之后，你应该能够：

1. 解释为什么分配服务成本。
2. 采用直接分配法分配服务部门的成本。
3. 采用分步分配法分配服务部门的成本。
4. 采用交互分配法分配服务部门的成本。
5. 解释为什么分配联合成本。
6. 采用可实现净值法分配联合成本。
7. 采用实物数量法分配联合成本。
8. 解释在销售还是进一步加工决策中如何利用成本数据。
9. 副产品的核算。
10. （附录）利用电子数据表解决交互分配法的成本分配问题。

复习题

11–1. 公司为什么分配成本？分配成本有什么优缺点？

11–2. 直接分配法、分步分配法和交互分配法有什么相同点和不同点？

11–3. 在采用分步分配法时，应采用什么标准确定服务部门的分配顺序？为什么？

11–4. 联合成本分配的目的是什么？

11–5. 为什么在分配联合成本时许多会计人员都偏好可实现净值法，而不是实物数量法？

11–6. 什么时候适宜用实物数量法？

11–7. 联产品和副产品的联合成本分配有什么基本区别？

11–8. 对于销售联产品还是进一步加工的决策，哪些成本是不相关的？

重点分析与讨论题

11–9. 如果成本分配是任意的、人为的，并且具有潜在的误导性，那么为什么公司（包括成功的公司）仍然分配成本呢？

11–10. 对成本分配的一种批评指出：“可以通过不向其他成本对象分配任何公共成本来避免成本分配的任意性问题”，你对此怎么看？

11-11. 如果交互分配法从概念上讲更好一些，那么为什么所有公司都不采用它呢？

11-12. 服务部门成本分配是两步分配法的第一步。假设公司设有一个采购部门，负责采购所有材料，包括公司三个生产部门的零星物料用品。每个生产部门都盛产多种产品。许多物料用品都用于多个生产部门。对于服务部门的成本分配问题（第一步），物料用品成本（不是采购作业的成本）是一项直接成本还是间接成本？对于第二步，物料用品成本是直接成本还是间接成本？为什么？

11-13. 为什么支持交互分配法是更好的服务部门成本分配方法？

11-14. 在什么条件下，采用直接分配法的结果与采用其他两种方法的结果相同呢？为什么？

11-15. 请考虑一家设有两个生产部门和一个服务部门的公司。服务部门基于各部门员工人数将成本分配给生产部门。如果服务部门的成本是固定的，那么一个部门增加员工会对分配给其他部门的成本有什么影响呢？请评论一下这种情况的合理性。

11-16. Surf Beach 州立大学（SBSC）的商学院提供三种教育：本科、研究生和经理人教育。大学设有三个服务部门：计算机支持、职业发展和图书馆。院长希望考核每个产品线的盈利能力，并且希望在分析中涵盖服务部门成本的分配。你将建议如何分配服务部门成本？

11-17. 本章指出联合成本核算用于存货计价和法律监管之目的。在什么条件下，联合成本分配才可能会对其他决策产生影响呢？

11-18. 联合成本分配与服务部门成本分配有什么相似之处？

11-19. 有联产品的三个行业是什么行业？

练　习

可参考McGraw-Hill的作业管理系统

(学习目标 1)

11-20. 为什么分配成本——道德问题

你是 Giga 公司的 Stable 分部的总裁。你的朋友丽吉亚是 Giga 公司的 Turmoil 分部的总裁。公司只有这两个分部。每个分部均有 5 000 名员工。去年，Stable 分部的员工流动率为 1 000 名员工（即 1 000 名员工离职了，招聘了 1 000 名员工）。Turmoil 分部的员工流动率为 4 000。两个部门之间没有人员交流。

公司的人事部门只为 Stable 分部和 Turmoil 分部提供员工离职或招聘服务。去年，人事部门的总成本为$100 000。

要求：

a. 作为 Stable 分部总裁，你建议如何分配人事部门的成本？理由是什么？

b. 作为 Turmoil 分部总裁，你认为丽吉亚将建议如何分配人事部门的成本？为什么？

c. 你调任到 Turmoil 分部，但是在调任之前，公司的首席执行官让你建议一下分配方法。你将如何建议分配人事部门的成本？理由是什么？

d. 根据你所领导的分部来建议不同分配方法符合道德吗？

(学习目标 2)

11-21. 成本分配：直接分配法

Warren 公司有两个生产部门（A 和 B）和两个服务部门（维修部门和餐厅）。6 月份，各部门的直接成本及其所耗用的服务成本比例如下。

部门	直接成本	所耗用的服务比例			
		维修	餐厅	A	B
A …………	$495 000				
B …………	322 000				
维修 ………	200 000	–	0.2	0.5	0.3
餐厅 ………	160 000	0.8	–	0.1	0.1

要求：

采用直接分配法计算服务部门成本向生产部门的分配。

(学习目标 2) **11–22. 首先将服务部门成本分配给生产部门，再分配给工作**

参考练习第 11–21 题的资料。假设生产部门 A 和 B 6 月份仅生产了两个工作，即 RW–12 和 RW–13。A 部门基于人工小时数、B 部门基于机器小时数将成本分配给工作。各部门耗用的人工小时数和机器小时数如下。

		部门 A	部门 B
工作 RW–12:	人工小时数 ……	160	20
	机器小时数 ……	20	40
工作 RW–13:	人工小时数 ……	20	20
	机器小时数 ……	20	180

要求：

采用直接分配法分配给部门 A 和部门 B 的服务部门成本应该向工作 RW–12 分配多少？应该向工作 RW–13 分配多少？

(学习目标 2) **11–23. 成本分配：直接分配法**

大学打印社有两个服务部门（维修部门和人事部门）和两个运营部门（打印和冲印）。管理者决定基于各部门的机器小时数分配维修成本，基于各部门员工工作的人工小时数分配人事部门成本。

下列是公司本会计期间的账簿记录中的数据。

	人事	维修	打印	冲印
机器小时 ………	–	1 000	1 000	3 000
人工小时 ………	500	–	500	2 000
部门直接成本 …	$10 000	$24 000	$30 000	$20 000

要求：

采用直接分配法将这些服务部门成本分配给运营部门。

(学习目标 3) **11–24. 成本分配：分步分配法**

参考练习第 11–21 题中关于 Warren 公司的数据。

要求：

a. 分配顺序从维修部门开始。

b. 按相反的顺序分配（即从餐厅开始）。

(学习目标 3)　**11–25. 成本分配：分步分配法**

参考练习第 11–23 题中关于“大学打印社”的数据。

要求：

从维修部门开始，采用分步分配法分配服务部门成本。采用这种方法对成本分配有什么影响？

(学习目标 4)　**11–26. 成本分配：交互分配法**

参考练习第 11–21 题中关于 Warren 公司的数据。

要求：

采用交互分配法分配服务成本。（不需要矩阵运算。）

(学习目标 4)　**11–27. 两个服务部门的成本分配——交互分配法**

上个月，Postaic 公司的三个生产部门和两个服务部门发生了下列成本。

	使用部门				
供应部门	行政管理	生产支持	生产	装配	精加工
行政管理 …	–	0.40	0.30	0.20	0.10
生产支持 …	0.10	–	0.20	0.15	0.55
直接成本 …	$240 000	$625 000	$780 000	$134 000	$119 000

要求：

采用交互分配法将服务部门成本分配给生产、装配和精加工部门，并确定分配后生产、装配和精加工部门的总成本。

(学习目标 4)　**11–28. 成本分配——交互分配法**

参考练习第 11–23 题中关于“大学打印社”的数据。

要求：

采用交互分配法分配服务部门成本（不要求采用矩阵运算，因为只有两个服务部门）。

(学习目标 2、3、4)　**11–29. 评估成本分配方法**

参考练习第 11–23、11–25 和 11–28 题（大学打印社）。

要求：

a. 你认为哪种方法最好？

b. 较之采用三种方法中最差的方法，采用最好的方法对于公司而言有多大价值？（回答时不必包含数字。）

(学习目标 6) **11–30. 可实现净值法**

公司生产一种专利化工产品 D–12，以及另外两种产出 C–30 和 C–40。3 月份，生产 D–12 的成本为材料成本$225 000；转化成本$450 000。C–30 的销售价值为$1 000 000，C–40 的销售价值为$250 000。

要求：

采用可实现净值法，将 3 月份的成本分配给 C–30 和 C–40。

(学习目标 6) **11–31. 估计可实现净值法**

Blasto 公司经营几家矿。在一家矿中，工厂的每批矿石都生产三种产品，即铅、铜和锰。在分离点，中间产品进一步加工后才能销售。每个生产批次的铅在发生了进一步加工成本$48 000 之后能卖$160 000。铜在发生$72 000 进一步加工成本之后能卖$240 000。加工铁矿石的联合成本（包括采矿成本）为每个生产批次$400 000。

要求：

采用估计可实现净值法分配联合加工成本。

(学习目标 6) **11–32. 采用可实现净值法求解未知数**

GG 公司采用联合生产流程生产芦笋尖和芦笋茎。公司生产 240 000 公斤芦笋尖，分离点的销售价值为$42 000。公司生产 240 000 公斤芦笋茎，分离点的销售价值为$10 500。采用可实现净值法，分配给芦笋尖的联产品总成本为$24 000。

要求：

计算分配之前的联产品总成本。

(学习目标 6) **11–33. 可实现净值法**

Alpha 公司采用联合生产流程生产产品 XX–1 和 XX–2。总联合成本为$60 000。在分离点，4 000 吨产品 XX–1 的销售价值为$70 000，1 000 吨产品 XX–2 的销售价值为$30 000。

要求：

假设采用可实现净值法在分离点分配联合总成本，那么分配给产品 XX–1 的联合成本是多少？

(学习目标 6、9) **11–34. 有副产品的可实现净值**

Grand 公司采用联合生产流程生产产品 Alpha 和 Beta，此外，还生产出了副产品 Gamma。公司在核算副产品销售收入时，将其视为其他收入。其他信息如下。

	Alpha	Beta	Gamma	合计
产量 …………………	45 000	27 000	18 000	90 000
分配的联合成本 ……	?	?	?	$351 000
分离点销售收入 ……	$375 000	$300 000	$75 000	$750 000

要求：

假设在分离点采用可实现净值法分配联合产品成本。分配给产品 Beta 的联合成本是多少？

(学习目标 6)　**11–35. 可实现净值法**

Douglas 公司采用联合生产流程生产四种等级的润滑油，即 W–10、W–20、W–30 和W–40。其他信息如下。

产 品	产 量	分离点销售价值	如果进一步加工	
			新增成本	销售价值
W–10 ………	35 000	$ 350 000	$ 37 500	$ 450 000
W–20 ………	25 000	300 000	30 000	350 000
W–30 ………	20 000	200 000	20 000	250 000
W–40 ………	20 000	150 000	12 500	150 000
	100 000	$1 000 000	$100 000	$1 200 000

要求：

假设使用分离点的销售价值（可实现净值法）分配$400 000 的联合成本，那么分配给每种产品的联合成本分别是多少？

(学习目标 7)　**11–36. 实物数量法**

下列问题是关于 Kyle 公司的，该公司采用联合生产流程生产产品 KA、KB 和 KC。联合成本为$126 000。其他信息如下。

产 品	产 量	分离点销售价值	如果进一步加工	
			销售价值	新增成本
KA …………	56 000	$160 000	$220 000	$36 000
KB …………	40 000	140 000	180 000	28 000
KC …………	16 000	100 000	160 000	20 000

要求：

a. 假设采用实物数量法（产量）分配联合成本，那么产品 KA 的总成本是多少（包括进一步加工成本$36 000）？

b. 假设采用分离点的销售价值（可实现净值法）分配联合成本，那么产品 KB 的总成本是多少（包括进一步加工成本$28 000）？

(学习目标 7、9)　**11–37. 有副产品的实物数量法**

Trans–Pacific 木材公司在美国西北部经营一个工厂，生产两种等级的木材 A 和 B，以及一种副产品锯末。公司选择采用实物数量法分配成本。

上一个月，公司生产了 125 000 方木材，总成本为$270 000。生产流程的产出为 25 000 方 A 级产品、37 500 方 B 级产品和 75 000 方锯末。锯末的销售价值为$10 000。将其视为可实现净值，从主产品的加工成本中扣除。

要求：

分配给 A 级产品和 B 级产品的联合成本应该是多少？

习 题

可参考McGraw-Hill的作业管理系统

(学习目标 3)

excel mhhe.com/lanen2e

11–38. 有三个服务部门的分步分配法

车模公司生产金属车模。公司运营着两个生产部门，即制模和喷绘，还有三个服务部门，即行政管理、会计和维修。三个服务部门的累计成本分别为$180 000、$250 000 和$132 000。服务部门的成本变得太高了，管理者十分关注。特别是，管理者希望将服务部门的成本控制在平均单位成本$2.50。管理者让你将服务部门成本分配给两个生产部门，并计算单位成本。

公司认为行政管理成本应该基于各生产部门和服务部门使用的平方英尺数分配。会计成本应该基于员工人数分配。维修成本应该基于各部门的设备价值分配。在本会计期间，各部门所使用的每种分配基础的数量如下。

	使用量				
分配基础	行政管理	会计	维修	制模	喷绘
建筑面积 …………	10 000	30 000	20 000	360 000	90 000
员工人数 …………	18	10	12	70	100
设备价值 ………… （单位：千元）…	$6.00	$120.00	$17.50	$312.00	$162.00

制模部门的直接成本包括$237 500 的直接材料、$337 500 的直接人工和$112 500 的生产管理成本。喷绘部门的直接成本包括$410 000 的直接人工和$72 500 的生产管理成本。

要求：

a. 采用分步分配法，分别确定两个生产部门分配的成本和总成本。自身的使用忽略不计（例如，行政管理部门为自身提供的服务忽略不计）。分配顺序如下：（1）维修部门；（2）会计部门；（3）行政管理部门。

b. 假设两个生产部门生产了 100 000 件产品。下列各部门的直接材料、直接人工和生产管理成本之和的单位成本是多少？（1）制模部门；（2）喷绘部门；（3）两部门总的单位成本。

c. 计算分配给生产部门的服务部门成本的单位成本。公司达到了将服务部门成本控制在$2.50/件以内的管理标准了吗？

(学习目标 2、3、4)

excel mhhe.com/lanen2e

11–39. 比较分配方法

GB 服务公司有两个服务部门，即行政管理和会计，以及两个运营部门，即东部和西部。行政管理成本基于员工人数分配，会计成本基于交易数量分配。公司的经营情况总结如下。

	行政管理	会计	东部	西部
员工 ………………	—	25	15	60
交易数量 …………	50 000	—	10 000	40 000
部门直接成本 ……	$50 000	$20 000	$130 000	$500 000

要求：

a. 采用直接分配法将服务部门成本分配给运营部门。

b. 采用分步分配法将服务部门成本分配给运营部门。从行政管理部门开始。

c. 采用交互分配法将服务部门成本分配给运营部门。

d. 请评论一下结果。

(学习目标 2)

11–40. 求解未知数

Pat 打印店有一个仓库，为各商店网点供应纸张及其他物料用品。公司有两个服务部门，即信息服务（S1）和运营支持（S2），以及两个运营部门，即打印部门（P1）和客户服务部门（P2）。作为内部审计师，你正在审查公司的成本分配程序。你发现 9 月份的成本分配结果如下。

分配给 P1 的成本 ………………	\$20 000 来自 S1
	?来自 S2
分配给 P2 的成本 ………………	?来自 S1
	\$11 250 来自 S2

两个服务部门的总成本为\$50 000。

运营支持部门提供的服务如下。

- 50%提供给打印部门
- 30%提供给客户服务部门

采用直接分配法分配成本。

要求：

a. 分配给 P2 的服务部门成本总计（S1+S2）为多少？

b. 完成下列计算。

	分配给	
来 自	打 印	客户服务
信息服务 ………	\$20 000	?
运营支持 ………	?	\$11 250

c. S1 分配给 P1 和 P2 的成本分别是多少？

(学习目标 3)

11–41. 成本分配——用分步分配法进行分析与决策

Steamco 公司正在审查其运营情况，看是否能够采纳其他节能项目。公司的生产厂采用从生产流程中吸收蒸汽的方法发电。生产厂的其他服务部门以及两个生产部门对服务部门所提供服务的使用情况总结如下。

mhhe.com/lanen2e

	服务使用量					
服务部门	蒸汽生产	固定成本	变动成本	设备维修	Alpha	Beta
蒸汽生产 ……	–0–	–0–	0.40	–0–	0.10	0.50
电力生产						
固定成本 …	0.10	–0–	–0–	0.10	0.30	0.50
变动成本 …	0.10	–0–	–0–	0.05	0.55	0.30
设备维修 ……	0.20	0.10	0.05	–0–	0.50	0.15

各部门的变动成本如下（单位：千元）。

部 门	直接成本
蒸汽生产（S1）……………………………	$ 210
电力生产：	
固定成本（S2）…………………………	90
变动成本（S3）…………………………	240
设备维修（S4）……………………………	144
生 产	
Alpha（P1）……………………………	1 800
Beta（P2）………………………………	1 320

Steamco 公司目前采用分步分配法将服务部门的成本分配给生产部门。本地的电力公司说按 Steamco 公司目前的内部发电量，电力公司的收费标准为每年$480 000。管理者拒绝转换成电力公司的电力供应，理由是电力公司的收费标准将超过公司目前自有发电系统的$330 000（$90 000 + $240 000）的成本。

要求：

a. 公司决定继续内部发电的决策所基于的电力服务部门的成本是多少？

b. 向管理者提供一份关于公司自已发电的运营成本分析（采用分步分配法）。分配的顺序为（1）S1；（2）S4；（3）S2；（4）S3。

c. 在要求（b）中你向管理者提供的分析中增加一个部分，说明如果公司现在能通过销售发电用的蒸汽每年实现销售收入$174 000，那么你的回答是否会发生变化。（假设没有销售成本。）

(学习目标 4、10) **11–42.（附录）成本分配——交互分配法（要求利用计算机）**

采用交互分配法的电子数据表（如图表 11.21 所示），说明分配给 Steamco 公司的生产部门的成本。利用习题第 11–41 中的数据。

(学习目标 3、4) **11–43. 成本分配：分步分配法与交互分配法**

Manzano 银行有两个运营部门（分支机构和电子银行），及三个服务部门（业务处理、行政管理和维护）。11 月份，成本及服务部门使用比例记录如下。

服务部门	使用部门				
	业务处理	行政管理	维护	分支机构	电子银行
业务处理 …	–0–	50%	–0–	10%	40%
行政管理 …	–0–	–0–	–0–	60%	40%
维　护 ……	10%	20%	–0–	20%	50%
直接成本 …	\$160 000	\$1 000 000	\$440 000	\$8 000 000	\$3 000 000

要求：

a. 采用交互分配法将服务部门的成本分配给两个运营部门（提示，你不必利用计算机，也不必参考本章附录）。

b. 现在采用分步分配法将服务部门的成本分配给两个运营部门，先分配维护成本，再分配业务处理成本，然后分配行政管理成本。你的答案与（a）中的答案有什么不同？为什么？

(学习目标 3、4) **11–44. 成本分配：分步分配法与交互分配法**

Farmingto 元器件公司有两个生产部门（生产和装配）及三个服务部门（工程、行政管理和维修）。7 月份，成本及服务部门使用比例记录如下。

服务部门	使用部门				
	工程	行政管理	维护	生产	装配
工　程 ……	–0–	50%	–0–	10%	40%
行政管理 …	20%	–0–	10%	50%	20%
维　修 ……	–0–	20%	–0–	30%	50%
直接成本 …	\$80 000	\$380 000	\$100 000	\$700 000	\$200 000

要求：

采用交互分配法将服务部门的成本分配给两个运营部门（提示，你不必利用计算机，也不必参考本章附录）。

(学习目标 2、3) **11–45. 分配服务成本：直接分配法和分步分配法**

Not–A–Mega 银行有三个服务部门（行政管理、通信和经营设施）及两个生产部门（存款部门和贷款部门）。本年末各部门分配服务部门成本之前的成本及其他数据汇总如下。

	行政管理	通信	经营设施	存款	贷款
直接成本 ……	\$320 000	\$480 000	\$406 400	\$13 460 000	\$9 700 000
员工小时数 …	15 500	21 000	13 500	281 250	218 750
员工人数 ……	6	10	4	140	100
场地面积 ……	3 500	9 600	4 000	176 000	144 000

服务部门成本基于下列基础分配。行政管理，员工小时；通信，员工人数；经营设施，场地面积。

要求：

所有计算结果均四舍五入至元。

a. 假设银行选择采用直接分配法将服务部门成本直接分配给生产部门。分配给存款部门的通信部门成本是多少？

b. 假设采用与要求（a）相同的分配方法。分配给贷款部门的行政管理成本是多少？

c. 假设银行选择分步分配法将服务部门成本分配给其他部门（从经营设施部门开始分配，然后是通信部门），分配给通信部门的经营设施部门成本是多少？

d. 假设采用同要求（a）同样的分配方法。分配给经营设施的通信部门的成本数量是多少？

(学习目标 2、3、4) **11-46. 分配服务部门成本：道德问题**

第五大道出版社（FSP）是几年前建立的一家印刷联盟，该联盟为会员公司提供印刷服务。大多数会员公司都是慈善和宗教组织。10 年前，出版社转型为一家营利组织，但仍保留对原成员公司的服务承诺。出版社有两个生产部门（会员部门和商业部门）。会员部门处理非营利组织的印刷工作，而商业部门则服务于其余客户。出版社之所以这样组织，是为了便于出具账单。出版社对非营利组织客户的计费标准为工作的完全成本，包括分配的生产管理成本；商业工作的计费标准为市场价格。出版社有两个服务部门（会计和计算机服务）。会计部门成本基于员工人数分配，计算机服务部门的成本基于计算机时间（小时数）分配。摘录的使用比例数据如下所示。

	使用部门			
服务部门	会计	计算机服务	会员	商业
会计（员工）…………	0%	20%	40%	40%
计算机服务（时间）…	50	-0-	10	40
直接成本 ……………	$10 000	$38 500	$120 000	$360 000

要求：

a. 假设出版社采用直接分配法分配服务部门成本。分配给各生产部门的服务部门成本分别是多少？

b. 假设在审查了结果之后，主计长告诉成本会计师将计算机使用时间的比例变动一下，会员部门的比例为 20%；商业部门的比例为 30%。这符合道德吗？

c. 假设主计长告诉成本会计师采用员工工资，而不是员工人数，分配会计部门成本。商业部门的员工工资较低。这符合道德吗？

d. 尽管出版社的政策是采用直接分配法分配服务部门成本，但是主计长让成本会计师采用分步分配法分配服务部门成本。先分配计算机服务部门成本。分配给各生产部门的服务部门成本分别是多少？

e. 主计长又让成本会计师采用交互分配法分配成本。分配给各生产部门的服务部门成本分别是多少？

f. 假设主计长告诉成本会计师每月采用分配给会员部门的成本最高的分配方法。这符合道德吗？

(学习目标 6)　**11–47. 联产品的可实现净值法**

Toledo 化工公司按每加仑$4.80 的价格采购 A–123。在第一个部门蒸馏后，A–123 分离成三种产品：B–1、B–2、B–3。公司在分离点销售 B–1，无需进一步加工。B–2 和 B–3 均需进一步加工后，才能销售。B–2 在第 2 个部门熔化，B–3 在第 3 个部门固化。截至 6 月 30 日本年成本及相关数据总结如下。

部　门	(1) 蒸馏	(2) 熔化	(3) 固化
A–123 的成本 ……	$576 000	-0-	-0-
直接人工 …………	144 000	$270 000	$390 000
生产管理成本 ……	120 000	126 000	324 000

产　品	B–1	B–2	B–3
销售数量（加仑）…	45 000	90 000	135 000
年末存货（加仑）…	30 000	-0-	45 000
销售收入 …………	$180 000	$576 000	$850 500

Toledo 公司 7 月 1 日没有期初存货，6 月 30 日没有 A–123 期末存货。就加工而言，6 月 30 日的全部产品均已完工。公司采用可实现净值法分配联合成本。

要求：

计算下列各项。

a. 截至 6 月 30 日 B–1 的可实现净值。
b. 截至 6 月 30 日所要分配的联合成本。
c. 截至 6 月 30 日 B–2 的销货成本。
d. 截至 6 月 30 日 B–1 的期末存货价值。

(学习目标 6、8)　**11–48. 估计可实现净值法和进一步加工的影响**

Fletoher 制造公司采用联合生产流程生产三种产品。原材料在部门 X 投入生产，在该部门生产结束后，出现三种产品。产品 A 在分离点无需进一步加工即可销售。产品 B 和产品 C 需要进一步加工，才能销售。产品 B 在部门 Y 加工，产品 C 在部门 Z 加工。公司采用估计可实现净值法分配联产品成本。本季度（截至 6 月 30 日）的成本及其他数据总结如下。

本季度期初没有存货。期末（截至 6 月 30 日）没有原材料存货。就加工而言，本季度期末的所有产品均以完全完工。

产　品	A	B	C
销售数量（磅）……	20 000	59 000	70 000
期末存货（磅）……	50 000	-0-	40 000
销售收入 …………	$15 000	$88 500	$122 500

部 门	A	B	C
原材料成本 ·········	$56 000	$ -0-	$ -0-
直接人工成本 ······	24 000	40 450	95 875
生产管理成本 ······	10 000	10 550	36 625

要求：

a. 确定每种产品下列各项的金额。（1）分配联合成本所使用的估计可实现净值；（2）分配给三种产品的联合成本；（3）销货成本；（4）产成品存货成本（6 月 30 日）。

b. 假设产品 A 的全部产出均可以每磅$2.00 的成本进一步加工，然后以每磅$4.30 销售。如果产品 A 本季度的全部产出均进一步加工后再销售，而不是在分离点销售，那么对经营利润的影响是什么？

c. 写一份备忘录，向管理者说明公司是否应该进一步加工产品 A 及其原因。

(学习目标 6) **11–49. 寻找遗漏数据：可实现净值**

Athen 公司采用联合生产流程生产 argon、xon 和 Zeon 气体。每种气体均可液化，并以更高的价格销售。关于生产流程的数据如下。

产 品	Argon	Xon	Zeno	合计
产 量 ·····················	16 000	8 000	4 000	28 000
联合成本 ··················	$60 000[a]	(a)	(b)	$120 000
分离点销售收入 ·········	(c)	(d)	$30 000	200 000
液化所需的额外成本 ···	14 000	$10 000	6 000	30 000
液化后的销售收入 ······	140 000	60 000	40 000	240 000

[a] 该金额为$120 000 联合成本中分配给产品 Argon 的部分。

要求：

确定标注字母的各项的金额。

(学习目标 6、9) **11–50. 分步成本核算制背景下的联合成本核算：估计可实现净值法**

West Coast 设计公司生产三种产品：优质、豪华、普通。优质产品和豪华产品是公司的主产品；普通产品是优质产品的副产品。关于上个月的生产流程信息如下。

- 在部门 A，共加工了 330 000 吨原材料，总成本为$870 000。在部门 A 加工之后，60%转入部门 B，40%（目前为未经加工的豪华产品）转入部门 C。
- 在部门 B，从部门 A 转入的材料再进一步加工，成本为$228 000。其中 70%成为优质产品转入部门 D。其余 30%成为普通产品，按$4.20 的单位价格销售。使普通产品成为可销售产品还需要的进一步加工成本为$48 600。
- 在部门 C，豪华产品的进一步加工成本为$990 000。在本部门豪华产品的合格产出量损失 10%，其余合格产出按$24 的单位价格销售。
- 在部门 D，优质产品进一步加工的成本为$98 880。在加工之后，优质产品可按$10 的单位价格销售。

要求：

编制一张表，说明如何采用估计可实现净值法将$870 000 的联合成本分配给优质产品和豪华产品。副产品的销售收入应该贷记相关主产品的生产成本（本章所介绍的方法一）。

(学习目标 6) **11–51. 寻找最高投入价格：估计可实现净值法**

Ticon 公司生产两种联产品。产品 delta 在分离点的单位销售价格为$24。在发生了$225 000 进一步加工成本之后，产品 omega 的单位销售价格为$83。一般每月加工 76 000 件，其中 60 000 件成为产品 delta，16 000 件成为产品 omega。

联合生产流程只有变动成本。一般每月联产品的转化成本总计为$456 300。材料价格波动不定，如果价格太高，公司就停止生产。

要求：

管理者让你确定公司应该为材料支付的最高价格。

a. 计算公司应该为材料支付的最高价格。

b. 写一份简单的备忘录，向管理者说明你是如何得出要求（a）中的答案的。

(学习目标 6、9) **11–52. 副产品的影响与联合成本核算**

Black 公司将 xyre 加工成产出 XY–1、XY–2、XY–3。XY–1 占分离点的可实现净值的 60%；XY–2 占 30%；XY–3 占 10%。联合成本总计为$182 750。如果 XY–3 按副产品核算，那么它在分离点的可实现净值$18 800 就采用本章所介绍的方法一贷记联合生产成本，即贷记副产品可实现净值，作为联合成本的扣除额。

要求：

a. 三种产出分配的联合成本分别是多少？

（1）如果 XY–3 按联产品核算？

（2）如果 XY–3 按副产品核算？

b. 管理者不明白为什么按副产品核算时分配给 XY–3 的联合成本不同。写一份简短的备忘录，说明其中的原因。

(学习目标 6、7、8) **11–53. 联合成本分配与产品盈利能力**

Westen 木材公司将原木加工成 A 级和 B 级木材。原木成本为每批$15 000。铣削流程生产 5 000 方 A 级木材，市场价值为$35 000；以及 15 000 方 B 级木材，市场价值为$5 000。铣削流程成本为每批$6 400。

要求：

a. 如果原木成本和铣削成本均基于产量分配，那么分配给每种产品的成本是多少？

b. 如果原木成本和生产成本均基于可实现净值分配，那么分配给每种产品的成本是多少？

c. 根据本题中的数据以及你在要求（a）中的分析，B 级木材能实现多少利润或损失？真的可能确定哪种产品更盈利吗？并说明为什么。

综合案例

(学习目标 6、7、8) **11–54. 成本分配对定价决策及自制与外购决策的影响**

Ag–Coop 公司是一家大型农业联合企业，有多个与农业相关的生产和服务部门。作为一家联合企业，它不缴纳联邦所得税。公司拥有一个化肥厂，该化肥厂将石化成分加工混合成三种品牌的农用化肥："绿牌"、"养牌"和"冬牌"。三种品牌的产品在销售价格和基本化学物质的含量上有所不同。

公司的化肥生产部门按各种化肥的成本加成的价格将产成品转入零售部门。

生产部门完全自动化，所以它发生的成本仅有石化原料的成本加生产管理成本，且生产管理成本被视为固定成本。主要原料成本为每磅$1.50。每 100 磅原料能生产下列组合的化肥。

	产出计划（单位：磅）	
	A	B
绿 牌 ………	50	60
养 牌 ………	30	10
冬 牌 ………	20	30

生产仅限于脱水设备 750 000 千瓦小时的月生产能力。由于不同的化学成分，每种品牌的化肥都要求不同的脱水设备使用量。单位产品的脱水设备使用量如下（单位：千瓦小时）。

产 品	每磅使用量（千瓦小时）
绿 牌 ………	32
养 牌 ………	20
冬 牌 ………	40

月固定成本为$81 250。公司目前正在按照生产计划 A 生产。包括固定生产管理成本在内的联合生产成本基于重量分配给各种产品。

化肥包装成 100 磅袋装，供零售部门销售。零售部门收取的各种产品的销售价格如下。

	每磅销售价格
绿 牌 ………	$10.50
养 牌 ………	9.00
冬 牌 ………	10.40

销售费用为销售价格的 20%。

零售部门的经理抱怨生产部门收取的价格太高，他们宁愿从另一个供应商采购。

生产部门的经理则认为生产组合是根据对各种产品的成本相对于零售部门收取的价格的认真分析而确定的。

要求：

a. 假设联合生产成本（包括固定生产管理成本）是基于重量分配给各种产品。在现行的生产计划条件下，每种产品的单位成本（包括固定生产管理成本和原料成本$1.50/磅）是多少？

b. 假设联合生产成本（包括固定生产管理成本）基于通过零售部门销售的可实现净值分配给产品。在现行的生产下，每种产品分配的单位成本是多少？

c. 假设联合生产成本（包括固定生产管理成本）是基于重量分配给每种产品的。从公司总体上讲，在两种生产计划 A 和 B 中，哪种生产计划生产的经营利润更高？

d. 如果联合生产成本（包括固定生产管理成本）是基于可实现净值分配给各种产品，那么你对要求（c）的回答会有什么不同？如果存在差异，存在多大差异？

自学题答案

1. 为了便于解题，首先以百分比的形式表述使用量。

	使用部门				
服务中心	人事	财务	办公场所管理	市中心分行	购物中心分行
人　事 …………	–	0.222[a]	0.111	0.444	0.222
财　务 …………	0.133	–	0.010	0.612	0.245
办公场所管理 …	0.150	0.100	–	0.300	0.450

[a] 0.222 = 30÷（30 + 15 + 60 + 30）。其他计算采用相同方法。

直接分配法：只有生产部门使用服务。

	使用部门	
服务中心	市中心分行	购物中心分行
人　事 …………	0.667[a]	0.333
财　务 …………	0.714[b]	0.286
办公场所管理 …	0.400[c]	0.600

[a] 0.667 = 0.444 ÷（0.444 + 0.222）等
[b] 0.714 = 0.612 ÷（0.612 + 0.245）等
[c] 0.400 = 0.300 ÷（0.300 + 0.450）等

		分配给	
分配自：	金　额	市中心分行	购物中心分行
人　事 …………	$202 000	$ 135 000[a]	$ 67 500[a]
财　务 …………	126 000	90 000[b]	36 000[b]
办公场所管理 …	150 000	60 000[c]	90 000[c]
分配的成本 ……		$ 285 000	$193 000
直接成本 ………		950 000	425 000
总成本 …………		$1 235 000	$618 500

[a] $135 000 = $202 500 × 0.667；$67 500 = $202 500 × 0.333
[b] $90 000 = $126 000 × 0.714；$36 000 = $126 000 × 0.286
[c] $60 000 = $150 000 × 0.400；$90 000 = $150 000 × 0.600

2. 从行政管理部门开始，我们可以采用图表 11.6 中的分析。

A 部分：比例

	部门直接成本	信息系统	行政管理	山顶煤矿	太平洋煤矿	合计
行政管理 …	$5 000 000	20%	–0–%	50%	30%	100%
信息系统 …	800 000	–0–	–0–	20	80	100
	$5 800 000					

B 部分：分步分配法

	成本分配给			
分配自：	信息系统	行政管理	山顶煤矿	太平洋煤矿
直接成本 ………………	$ 800 000	$5 000 000	$ -0-	$ -0-
行政管理 ………………	1 000 000	(5 000 000)	2 500 000	1 500 000
信息系统 ………………	(1 800 000)	-0-	360 000	1 440 000
合　计 ………………	$ -0-	$ -0-	$2 860 000	$2 940 000

3. 我们可以将服务部门成本的方程写成下列等式。

$$\text{服务部门总成本} = \text{服务部门直接成本} + \text{分配给服务部门的成本}$$

$$S1\ (\text{维修}) = \$100\,000 + 0.30\ S2$$

$$S2\ (\text{餐厅}) = 17\,600 + 0.20\ S1$$

将第一个方程代入第二个方程得出

$$S2 = \$17\,600 + 0.20\ (\$100\,000 + 0.30\ S2)$$

$$S2 = \$17\,600 + \$20\,000 + 0.06\ S2$$

$$0.94\ S2 = \$37\,600$$

$$S2 = \$40\,000$$

将 S2 的值代回第一个方程得出

$$S1 = \$100\,000 + 0.30\ (\$40\,000)$$

$$S1 = \$112\,000$$

现在我们像图表 11.9 那样利用 S1（$112 000）和 S2（$40 000）的值同时向各部门分配成本。

A 部分：比例

服务部门	部门总成本	维修	餐厅	精加工	装配	合计
维　修 ……	$112 000	–0–%	20%	50%	30%	100%
餐　厅 ……	40 000	30	–0–	20	50	100
	$152 000					

B 部分：交互分配法

	成本分配给			
分配自：	维修	餐厅	精加工	装配
直接成本	\$100 000	\$17 600	\$ -0-	\$ -0-
维 修	(112 000)	22 400	56 000	33 600
餐 厅	12 000	(40 000)	8 000	20 000
分配成本合计	\$ -0-	\$ -0-	\$ 64 000	\$ 53 600
生产部门成本			1 200 000	640 000
总成本			\$1 264 000	\$693 600

4. 10 吨糖用甜菜生产出 2 吨糖（10 吨×0.2）和 4 吨饲料（10 吨×0.4）。

	糖	饲料	合计
最终销售价值	\$800	\$800	\$1 600
减：进一步加工成本	-0-	-0-	-0-
分离点可实现净值	\$800	\$800	\$1 600
比例份额			
\$800 ÷ 1 600	50%		
\$800 ÷ 1 600		50%	
分配的联合成本			
(\$60 + \$40) × 10 吨 × 50%	\$500		
(\$60 + \$40) × 10 吨 × 50%		\$500	

5. 从糖的可实现净值中减去进一步加工成本\$200（\$100/吨×2 吨）。

	糖	饲料	合计
销售价值	\$ 900	\$ 800	\$1 700
减：进一步加工成本	200	-0-	200
分离点估计可实现净值	\$ 700	\$ 800	\$1 500
分配的联合成本			
\$700/\$1 500 × \$1 000 = 46.7% × \$1 000	467		
\$800/\$1 500 × \$1 000 = 53.3% × \$1 000		533	1 000
毛利润边际	\$ 233	\$ 267	\$ 500
毛利润边际占销售收入百分比	25.9%	33.4%	29.4%

6. 采用实物数量法重复自学题第 4 题中的分析。10 吨糖用甜菜生产出 2 吨糖（10 吨×0.2）和 4 吨饲料（10 吨×0.4）。

	糖	饲料	合计
最终产量	2 吨	4 吨	6 吨
比例份额			
2 吨 ÷ 6 吨	33.3%		
4 吨 ÷ 6 吨		66.7%	
分配的联合成本			
(\$60 + \$40) × 10 吨 × 33.3%	\$333		
(\$60 + \$40) × 10 吨 × 66.7%		\$667	

12 管理控制系统

第12章

学习目标

阅读本章之后，你应该能够：

1. 阐释管理控制系统的作用。
2. 明确分权制的优缺点。
3. 介绍并解释管理控制系统的基本框架。
4. 解释组织结构与责任中心之间的关系。
5. 了解管理者如何评估绩效。
6. 分析双重标准分配制度与单一标准分配制度的影响。
7. 了解激励与非法或不道德行为之间的潜在联系。
8. 了解内部控制如何有助于资产保护。

复习题

12-1. 会计在解决管理控制问题（比如本章开篇所描述的问题）方面有什么用途？

12-2. 会计是客观的、精确的。因此，基于会计数字的绩效计量一定是客观的、精确的。你赞成这种观点吗？

12-3. 在本章所讨论的委托人-代理人关系中，首席执行官永远是代理人吗？

12-4. 在本章所讨论的委托人-代理人关系中，分部总裁永远是委托人吗？

12-5. 有人认为支付或有薪酬是不必要的。相反，公司应该只支付“工允”工资，管理者自然会履行职责。你赞成这种观点吗？

12-6. 决策权授权如何帮助预防财务欺诈？

重点分析与讨论题

12-7. 管理控制系统从局部管理者那里收集信息，制定规划。然后根据规划评估局部管理者。这种做法有什么优势？又有什么劣势？

12-8. 销售人员经常基于销售收入计提佣金。这种激励制度如何会导致失效的后果？

12-9. 12月30日，一名经理确定收入为$9 900 000。这名经理的薪酬计划是如果收入超过$1 000 000，就发放奖金，数额为工资的25%；如果低于$1 000 000，就没有奖金。如果采用这样的奖金计划，会产生什么问题？

12-10. 在调查应付账款记录时，主计长办公室的一名工作人员发现，在预算期间快结束的一个月内，费用似乎显著增加。组织没有季节性产品或服务，所以不能解释这种行为。你认为是什么原因呢？

12-11. 一个经营部门的经理刚刚收到了一份成本报告，并对一个服务部门的成本分配作出了如下评论：“分配给我们分部的费用似乎不对。服务中心安装的设备生产能力超出了我们分部的需要。服务部门的大部分成本都是固定的，但在其他部门使用量少的时候我们似乎分配了更多的成本。在其他部门削减了使用量的时候，我们在为其他部门的剩余生产能力买单。”如何解决这位经理的问题？

12-12. 一家公司的奖金计划规定，如果分部收入排在所有其他分部的平均水平之下，该分部经理本年就没有奖金。这种系统会产生什么偏差？

12-13. COSO 评论说导致财务欺诈的力量在任何一个公司都不同程度的存在着，但是只有这些力量和从事欺诈的机会达到一触即发的正确结合时，才会造成欺诈性财务报告。根据你对目前的新闻故事的了解，举例说明 COSO 所提到的这种一触即发的结合。

12-14. COSO 评论说产生欺诈的一项因素是分部管理者有实现不现实的利润目标的压力。最高管理层为什么会制定不现实的利润目标呢？

12-15. COSO 指出基于实现短期财务结果的奖金计划是财务欺诈的一项因素，特别是在奖金占个人薪酬的比例很大的情况下。为什么会这样呢？

练 习

HM 可参考McGraw-Hill的作业管理系统

(学习目标 3、5)

12-16. 评估管理控制系统

Chama 汽车零件商店在洛杉矶地区经营着几家商店。公司实行分权制。在公司层面，设有两名经理，布朗负责人事，迈克负责商店运营。布朗的绩效基于商店人员（不包括商店经理）平均工资与目标工资之比。所有招聘都是在公司层面进行的。迈克的绩效基于商店利润与目标利润之比。实现了目标的管理者就可以获得相当于基本工资的 30%的奖金。

关于去年的绩效信息如下所示。

人 事		商店运营	
目标工资 …………	$15.13	目标利润 ………	$745 000
实际工资 …………	13.12	实际利润 ………	637 000

要求：

a. 基于公司采用的绩效指标评估布朗和迈克的绩效。

b. 评估 Chama 汽车零件商店所采用的管理控制系统，如有必要，请提出改革建议。一定要讨论

- 决策权
- 绩效指标
- 薪酬

(学习目标 3、5、7)

12–17. 评估管理控制系统——道德问题

Magnolia 公司生产大型飞机的机翼零件。凯文是生产经理，负责生产；米歇尔是营销经理。两名经理都按固定工资加奖金计酬。奖金等于利润每超出目标利润 10%就增加基本工资的 1%。最高奖金为工资的 5%。凯文的基本工资为$120 000，米歇尔的基本工资为$150 000。

本年的目标利润为$10 000 000。凯文看到一新的生产技术，能使年利润增加 20%。他不敢肯定是本年采用新技术，还是再等等，还是根本不采用。采用新技术不会影响目标利润。

要求：

a. 假设本年不采用新技术的利润为$10 000 000。如果凯文决定采用新技术，那么他的奖金会变化多少？如果凯文决定采用新技术，米歇尔的奖金会变化多少？

b. 假设本年不采用新技术的利润为$14 000 000。如果凯文决定采用新技术，他的奖金会变化多少？如果凯文决定采用新技术，米歇尔的奖金会变化多少？

c. 假设本年不采用新技术的利润为$8 000 000。如果凯文决定采用新技术，那么他的奖金会变化多少？如果凯文决定采用新技术，米歇尔的奖金会变化多少？

d. 在决策是否采用新技术时，凯文考虑它对自己的奖金的影响符合道德吗？为什么？

e. 评估 Magnolia 公司采用的管理控制系统，如有必要，请提供一些改革建议。一定要讨论

- 决策权
- 绩效指标
- 薪酬

(学习目标 1、3、5)

12–18. 管理控制系统与激励

有一家公司，我们称它“DC”，是一家《财富》100 强的多元化经营企业，经营领域涉及世界各地的许多行业。高管在评估分部经理时聚焦于年收益。对于分部经理而言，每年都要从零开始。

激励计划包括年度奖金，从分部经理的工资的 7%到 40%不等。还有一个相对绩效评估的部分，即每年的目标收益基于公司在同行业中的表现。一旦确定了目标利润，一年当中就不会改变。

如果未实现分部目标利润，就会对分部经理造成严重后果。首先，分部经理会损失部分或全部潜在奖金。其次，未实现目标的分部经理会发现面临着失掉工作的危险。连续两年未实现目标，就意味着分部经理将会被解雇。

要求：

a. 这项计划给了分部经理什么样的激励？

b. 这是一项合理的计划吗？你愿意做这个公司的分部经理吗？

(学习目标 1、3、5)

12–19. 管理控制系统与激励

有一家《财富》500 强公司，我们暂且称它为“重型公司”，它是一家机械设备和发动机制造商。该公司总部位于美国中西部地区的一个小城市。该公司的产品有一个颇受尊敬的品牌，并且在市场中获得了溢价。工会的工人待遇很好，工作效率也很高。

该公司面临着来自工资较低、生产设备更现代更高效的境外公司的挑战。因此，公司在

寻找既削减成本又不降低质量的方法。

公司最近引进了利润分享计划，藉此工人在盈利的年份可以获得利润分成。工人要获得利润分成，就必须放弃加薪。

要求：

评估为工人提供利润分成而不是加薪的优势和劣势。

(学习目标 6) **12–20. 其他分配基础：服务**

包裹速递公司有两个分部，即航空速递和陆地服务。他们共享公司通信网络的共同成本，每年的成本为$5 000 000。你获得了下列关于两个分部及公共通信网络的信息。

	电话数量	网络占用时间（小时）
航空快递 …	150 000	125 000
陆地服务 …	100 000	500 000

要求：

a. 如果采用电话数量作为分配基础，那么计入各分部的通信网络成本分别是多少？

b. 如果采用网络占用时间作为分配基础，那么计入各分部的通信网络成本分别是多少？

c. 无论哪个分部使用它，通信网络成本都是必要的。为什么分配方法很重要呢？

(学习目标 6) **12–21. 单一标准与双重标准**

要求：

参考练习第 12–20 题中的数据。

在通信网络成本中，如果$2 600 000 是固定成本，并且基于网络占用时间分配；其余为变动成本，基于电话数量分配。

(学习目标 6) **12–22. 单一标准与双重标准：道德问题**

一家咨询公司有两个部门，即公司部和政府部。计算机支持是两个部门共享的。计算机支持的成本为$3 000 000。公司提供了下列信息。

	存储量（字节数）	顾问数量
公司部 ………	37 500	200
政府部 ………	25 000	92

要求：

a. 如果基于存储量分配，那么计入各部门的成本分别是多少？

b. 如果采用顾问数量作为分配基础，那么计入各部门的成本分别是多少？

c. 公司部的大多数业务都是基于固定的计费标准定价，政府部的大多数工作都是基于成本加成固定计费标准定价。这会影响分配标准的选择吗？它应该影响分配标准的选择吗？

(学习目标 6) **12–23. 单一标准与双重标准**

采用练习第 12–22 题中关于咨询公司的数据。如果在计算机支持成本中，$2 000 000 为固定成本，基于顾问数量分配；其余为变动成本，基于各部门所占用的存储量分配，那么如何进行成本分配？

(学习目标 7) **12-24. 高层的定调：道德问题**

一家重要的电视新闻集团曾经操纵一家美国大型汽车制造商的卡车撞击另一个物体事件。新闻集团的目的在于证明汽车制造商将卡车油箱放在了一个危险的位置。当卡车发生交通事故的时候，许多卡车的油箱都爆炸了。但是，新闻集团在制片时所使用的卡车显然在撞击时没有爆炸。于是新闻集团在油箱中添加了易爆物，从而使卡车在撞击另一个物体时起火。根据报纸对事件的报道，电视台的总裁说，问题不在于事件发生了，而在于新闻集团被抓住了。

要求：

在电视台的总裁说问题不在于事件发生了，而在于新闻集团被抓住时，他定了什么调？

(学习目标 7) **12-25. 激励与道德**

一家大型公司聘用了你的朋友。她向你倾诉了她的老板的一个问题。她的老板让客户在年终时签订销售协议，表明销售已经实现了。她的老板告诉这些客户他将给客户 30 天的时间考虑是否变更，这样就到下一年了。如果客户没有改变主意，就把商品发送给他们。如果客户改变了主意，她的老板就同意取消订单，收回商品，并取消发票。她的老板已经将销售协议送到了会计部门，会计部门已经出具了发票，并确认了销售收入。会计部门的一个工作人员将这些客户的发票和运输单据保存在一个抽屉内，直到客户改变主意，取消销售，或者直到 30 天犹豫期到期日发送商品之后。

要求：

你的朋友很喜欢这家公司，希望保住自己的工作。你建议她怎么做？

(学习目标 8) **12-26. 内部控制**

本书的作者之一很喜欢一家三明治店，在这家店里，一个人制作三明治，另一个人电话销售，并收取客户的现金。起初，这个作者认为让两个人负责一家店，引发了他的兴趣。在仔细地观察了三明治店的经营之后，他发现这两个人参与每个三明治的制作和销售。制作三明治的人不做电话销售，也不收取销售所得的现金。

要求：

a. 在这个例子中，提供了哪些类型的内部控制？三明治店的经理或所有者为什么建立这样的内部控制？

b. 有更好的内部控制措施吗？

c. 员工能避开这项内部控制吗？

习 题

可参考McGraw-Hill的作业管理系统

(学习目标 5) **12-27. 分析分权制组织的绩效报告**

Hall O' Fame 公司是一家全国性的体育用品制造商。公司的生产和分销系统遍布各地，所以采用了高度分权制的管理体系。各分部经理分别负责 8 个地区中的一个地区的产品生产和分销。

公司评估分部经理所采用的绩效指标是分部对公司税前利润的贡献减去按分部投资基数的 20%计算的资本成本。各分部的投资基数等于年末应收账款、存货和生产性固定资产净值（成本减去累计折旧）的余额之和。公司政策规定分部应该尽量降低应收账款和存货。生产性固定资产投资是由分部和公司根据分部生产经理的建议、公司可利用的资金以及公司政策共同制定的决策。

加州地区的分部经理詹姆斯在第 1 年末编制了第 2 年的预算和第 3 年的初步预算。第 3 年的预算在第 2 年末调整了趋势并在第 2 年产生的其他信息之后才能最终批准。届时还会编制第 4 年的初步预算。在第 3 年 10 月份上旬，詹姆斯让分部主计长编制一份报告，反映第 3 年前 9 个月的绩效。报告如下。

HALL O'FAME 公司

加州地区

	第 3 年			第 2 年	
	年度预算	9 个月预算[a]	9 个月实际	年度预算	实际结果
销售收入	$19 600	$14 700	$15 400	$17 500	$17 010
分部成本与费用					
直接材料与人工	$ 7 448	$ 5 586	$ 6 965	$ 6 300	$ 6 230
物料用品	308	231	245	245	301
维护与修理	1 400	1 050	420	1 225	1 120
生产性折旧	840	630	630	770	770
行政管理	840	630	630	630	700
分部成本与费用合计	$10 836	$ 8 127	$ 8 890	$ 9 170	$ 9 121
分部利润边际	$ 8 764	$ 6 573	$ 6 510	$ 8 330	$ 7 889
所分配的公司固定成本	2 520	1 890	1 680	2 380	2 240
分部利润	$ 6 244	$ 4 683	$ 4 830	$ 5 950	$ 5 649
	预算余额 第 3 年 12 月 31 日	预算余额 第 3 年 9 月 30 日	实际余额 第 3 年 9 月 30 日	预算余额 第 2 年 12 月 31 日	实际余额 第 2 年 12 月 31 日
分部投资					
应收账款	$ 1 960	$ 2 030	$ 1 750	$ 1 750	$ 1 750
存　货	3 500	3 500	4 550	3 150	3 325
生产性固定资产（净值）	9 240	9 450	7 700	8 050	7 700
合　计	$14 700	$14 980	$14 000	$12 950	$12 775

[a] Hall O'Fame 公司的销售收入在一年之中都是均衡的。

要求：

a. 评估詹姆斯截至第 3 年 9 月 30 日的 9 个月的绩效，并用题中的相关事实支持你的评估。

b. 指出 Hall O'Fame 公司要有效地反映分部经理的责任，就必须修订分部绩效计量报告系统与评估系统的哪些特征。

(学习目标 3、5)

12–28. 分部绩效计量：行为问题

Paulista 公司的分部经理们对公司计量分部绩效的方法越来越不满。公司每个季度比较分部的实际绩效与上一年编制的预算来评估分部的经营。分部经理声称许多他们完全无法控制的因素都纳入了比较之中，因此绩效评估不公平，具有误导性。

分部经理们特别批评编制预算所采用的流程。年度预算按季度列示，在经营年度开始之前的 6 个月编制。由于最高管理层施加压力要反映收益的提高，造成分部经理经常高估收入或低估费用。此外，在建立了预算之后，分部就必须遵守它。最高管理层为分部下达的预算往往没有考虑外部因素，比如经济状况、客户偏好的变化，以及竞争者的行为等。如果预算不能调整以涵盖这些变化，绩效评估的可信度就会受到损害。

意识到这些问题之后，高管同意成立一个委员会，审查目前的形势，并建议新的绩效评估系统。委员会由各分部经理、公司主计长和执行副总裁组成。在第一次会议上，一个分部经理概括介绍了“目标实现系统”（AOS）。这个绩效评估系统按照三个标准考核分部经理。

- 好于上一年。各项指标均与上一年的同一个指标比较。
- 现实地规划。本年的实际绩效与现实的规划或目标比较。
- 管理现有资产。采用各种指标评估分部管理者的成就以及对不断变化的经营条件和经济条件的反应。

一个分部经理认为，这个系统将克服现行系统的许多不一致，因为分部可以从三个不同角度评估。此外，分部经理们将有机会表明他们对于无法控制的外部因素的变化，将如何反应及解释。

另一个经理则提醒说，除非有最高管理层的全面支持，否则新绩效评估系统的成功将是有限的。

要求：

a. 解释拟实施的目标实现系统是否比公司现行的分部绩效评估系统更好。

b. 为拟实施的评估分部经理的目标实现系统的三个标准，分别建立一些具体的绩效指标。

c. 讨论拟实施的绩效评估系统的激励方面与行为方面。此外，再建议一些用来提振士气、激励分部管理者的具体计划。

(学习目标 6)

12–29. 成本分配：比较双重标准与单一标准

excel
mhhe.com/lanen2e

太平洋酒店设有一个中央呼叫中心，提供酒店预订服务。与使用呼叫中心相关的成本基于呼叫时间的长度（使用时间）计入酒店的分部（豪华、度假、标准和经济）。预定人员的闲置时间、没有预定的呼叫所花费的时间，以及设备的固定成本，都基于各个分部的预定数量分配。由于最近酒店行业的竞争加剧，公司决定，为了使服务的定价更具竞争力、更盈利，有必要更准确地分配成本。在所获得数据所属的最近一个会计期间，酒店各分部对呼叫中心的使用情况如下。

在本会计期间，呼叫中心的成本为人事成本$1 410 000；设备及其他成本$1 000 000。

分 部	使用时间（千分钟）	预定数量（千次）
豪 华 ……	750	57
度 假 ……	510	63
标 准 ……	1 890	180
经 济 ……	1 500	450

要求：

a. 采用下列方法确定各分部的分配（四舍五入至千位）。

(1) 基于使用时间的单一标准。

(2) 基于使用时间（人事成本）和预订数量（设备及其他成本）的双重标准。

b. 写一份简短的报告，向管理层说明应该采用单一标准还是双重标准，为什么？

(学习目标 1、7)

12–30. 成本分配：差旅费

你的公司有差旅政策，即只报销商务旅行的“一般的、必要的”成本。员工经常在商务旅行的时候，延长在目的地停留的时间，或者从商务目的地再旅行到附近的旅游胜地或其他私人目的地。如果发生这种情况，就必须在旅行的商务部分和私人部分之间分配成本。但是，差旅政策所遵循的分配方法并不明确。

请考虑这样一个例子。一名员工拿到了一张商务舱的机票，价格为$9 537，旅行路线如下。

出发地	目的地	里　程	单程常规票价	目的
芝加哥	巴黎	4 140	$3 650[a]	商务
巴黎	里约热内卢	5 700	4 320	私人
里约热内卢	芝加哥	5 300	3 250	返程

[a] 在这期间能以$4 900 的价格获得限定的往返程机票。

要求：

a. 计算机票中的商务部分，并分别说明在下列两种独立的情境中适宜的分配基础。

(1) 基于员工的最高报销标准。

(2) 基于公司的最低成本。

b. 写一份简短的报告，向管理层说明你认为应该采用的方法以及原因。不必将建议局限于要求 (a) 中所列的方法。

(学习目标 7)

12–31. 激励、非法活动和道德问题

《华尔街日报》上的一篇文章指出，Fallo Me 服装公司（名字有所更改）将发票日期往前开，以便在实际实现销售收入的日期之前记录收入。只要销售旺盛，这种做法就不会被发现。但是，当零售商陷入衰退时，收入就下降，一个季度的不足就难以用下一个季度的预期收入来弥补。

Fallo Me 服装公司的薪酬计划包括，如果公司的净收入达到$1 600 000（近于销售收入的 2%），首席运营官和首席财务官就获得奖金。公司报告了$2 300 000 的净收入，首席运营官和首席财务官获得了奖金。

欺诈发生在远离公司总部（纽约）之外——俄亥俄州克利夫兰市的公司处理财务事务的办公室。公司的首席财务官在克利夫兰市建立了一套独裁的制度。他显然试图通过近乎疯狂的方式来弥补不断发展的组织在运营方面的缺陷。员工说他们有时被迫每天工作 16 小时，包括许多周末和假日，甚至有时迟到两分钟，就会遭到斥责。

公司首席执行官的工资为$3 600 000，大多以奖金的形式支付。他说他对这起会计丑闻感到很困惑。“我们就是不明白他们为什么这么做，”他说起几位中层员工——这些中层员

工的阴谋掩盖了公司财富的波动。

要求：

a. 描述一下将发票日期往前开如何影响所报告的利润。所报告的利润会被永久性地高估吗？还是只是在一个会计期间内高估？

b. 如果有，首席运营官和首席财务官的奖金计划对欺诈有什么影响？

c. 将财务事务的处理设置在克利夫兰市，而不是在公司位于纽约的总部，如何使人更易于做出欺诈行为？

综合案例

(学习目标 1、2、3、4、5)　**12–32. River 饮料公司案例：预算编制**

背景

River 饮料公司是一家生产食品和软饮料的公司，其经营遍布世界各地。公司设立了 5 个地区分部，分别由一个副总裁负责，并直接向首席执行官辛迪报告。每个副总裁都配备一个战略研究团队、主计长和三个分部——碳酸饮料、非碳酸饮料和食品（参见图表 12.3）。管理层认为这种组织结构很适宜于公司，因为不同地区都有不同的口味，各分部的产品彼此都是互补的。

图表 12.3
River 饮料公司的组织机构图

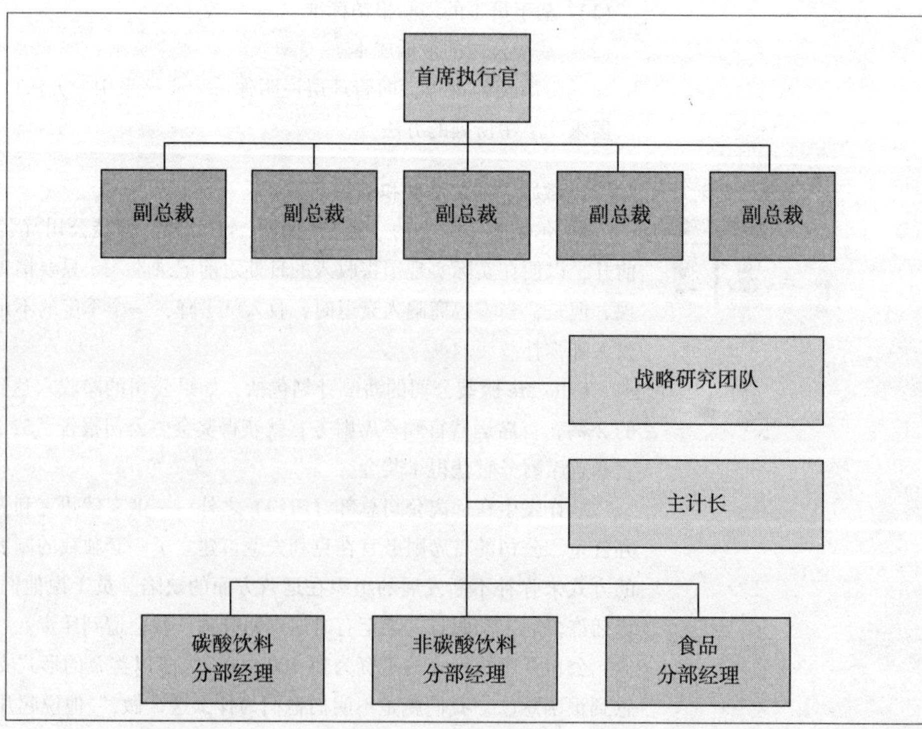

图表 12.4
River 饮料公司的分部组织结构图

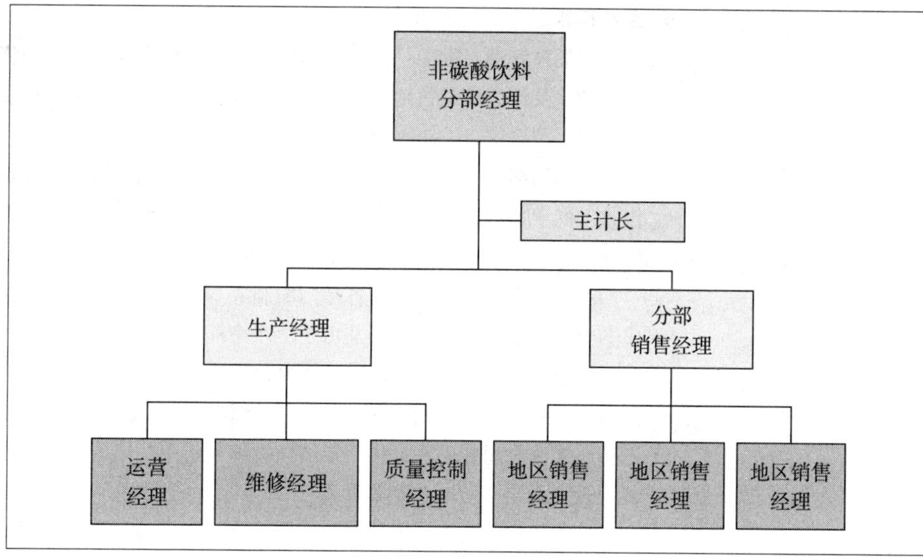

行业

美国饮料行业已经成熟，它的增长与人口增长持平。1995 年消费者饮用了 500 亿加仑饮料。行业的大部分增长都来自非碳酸饮料市场，它每年增长约 1.1%。在非碳酸饮料领域，软饮料是最大的细分市场，占饮料消费量的 53.4%。美国每年消费 260 亿加仑软饮料，给零售业创造了销售收入$50 000 000 000。瓶装水是仅次于软饮料的细分市场，占饮料市场的 23.7%。果汁占所消费的饮料的 12%。最小的细分市场是茶饮料，它增长迅速，但占饮料消费量的比例不到 5%。

销售预算

位于圣路易斯市的 River 饮料公司非碳酸饮料分部（参见图表 12.4）的生产经理苏珊，最近完成了年度预算处理。据苏珊说，分部经理对本经营单元拥有决策权，但资本融资活动除外。预算使分部经理聚焦于公司目标。

12 月初，分部经理向负责本地区的副总裁提交了一份报告，总结了未来一年（始于 7 月 1 日）的资本、销售收入和收入预测。尽管最初的报告编制得并不详细，但是很认真，因为要用于战略规划过程。

接下来，战略研究团队开始正式评估本地区的各细分市场。战略研究团队预测各分部的销售收入，并纳入公司预测。战略研究团队考虑各个地区的经济条件和现有市场份额。管理层认为战略研究团队工作很有效果，因为它能够整合各种分部产品，更准确地预测互补产品的需求。此外，战略研究团队还确保了假设和可实现销售收入目标的连续性。

在完成了公司预测之后，地区销售经理就估计未来预算年度的销售收入。地区销售经理最终要为自己的预测负责。然后，地区销售预测汇总，并报送分部经理。分部经理审查预测，但在与地区销售经理讨论之前不能修改。接下来，战略研究团队和分部主计长审查地区销售预测。最后，高管审查各分部的竞争性地位，包括增加市场份额的计划、资本支出，以及质量改进计划。

生产预算

在最高管理层批准了销售预算之后，就分解为各工厂的销售预算。生产工厂的选址依产品类型以及产品的销售地点而定。预算进一步分解为价格、产量和产品类型。生产经理根据销售工厂预算信息编制贡献边际、固定成本和税前收入预算。

预算利润是通过销售收入预测减去预算变动成本和预算固定成本而确定的。如果实际销售收入低于预测，那么生产经理仍然有责任实现预算利润。生产预算编制流程的一个最重要的方面就是生产经理将预算分解到各部门。

运营和维修经理一起为各部门编制成本标准和成本削减目标，为各部门、工厂的运营和成本中心制定固定成本，以及由于生产率提高和不利差异而削减的预算成本。

在生产经理提交预算之前，战略研究团队的一个成员和地区主计长要走访工厂，以便使公司层面的管理者时刻了解工厂层面的情况，并帮助他们了解生产经理如何确定预算。这种走访还能使公司管理者提供必要的预算编制指南。因为它们迫使生产经理与公司层面的管理者沟通，因此这种走访尤其重要。

最终的预算要在4月1日之前提交和汇总。副总裁要审查，以确保它们符合公司目标。在副总裁和首席执行官修订之后，预算提交董事会审批。董事会在6月初投票确定最终预算。

绩效计量

差异报告每月由公司总部编制。公司建立了一个复杂的信息系统，根据每日从各工厂下载的输入，自动生成报告。差异报告还可以由组织的管理者手工编制。大多数管理者每个月都要编制几次差异报告，以便在问题失控之前得以解决。

公司管理者审查差异报告——仔细审查超出预算的差异问题，但只就超出预算的项目质询生产经理。管理层认为这样能确保生产经理关注问题领域，并且使工厂尽可能高效地运营。在差异报告生成一星期后，生产经理必须提交一份答复说明差异的成因，以及计划如何在未来防止此类问题发生。公司也可能派一位专家到工厂，与生产经理一起解决重复发生的问题。

销售与生产关系

“我们应该实现经批准的预算，”River公司一个分部的主计长凯文说，“一两年前，我们的一个重要餐厅客户转向了另一个品牌，尽管这家餐厅每年销售1 000 000箱我们的产品，但是也不允许我们修改预算。”

预算在经批准之后很少调整。但是，如果销售收入在年初下降，生产经理就可以申请修订本年的预算利润。如果销售收入在年末下降，那么管理者通常不会修订预算金额。相反则要求生产经理尽可能地削减成本，将任何不必要的支出延期到下一年。重要的是记住，River公司设置预算，这样才能看出哪里需要削减成本，或者哪里存在运营效率低下。公司不强迫生产经理实现目标，但是鼓励他们将成本削减至预算以下。

销售部门主要负责产品价格、销量和配送时间。生产经理负责工厂运营。你可以想象，生产经理与地区销售经理之间时常会发生问题。例如，对于某些生产批次，紧急订单会使生产成本高于正常成本。另一个问题是销售经理开展促销活动时，会使利润边际下降。这两个问题都会对生产经理的利润预算产生不利影响，但对销售经理预测的销售收入预算产生有利影响。这种情形经常会提交分部层面解决。但是，重要的是记住客户始终是最基本的关注。

激励

River 饮料公司的管理层设计了一种自认为能激励生产经理的有效系统。首先，生产经理只有在现有职位表现出优秀绩效时才能晋升。River 公司还提供了货币激励，奖励实现了利润目标的生产经理。最后，每月绘制反映预算项目与实际结果的图表。尽管并不要求这样做，但是大多数生产经理都公布图表，并将其作为激励工具。图表能使部门主管和工作人员比较本部门的活动与其他各地工厂的同类活动。

首席执行官的话

River 公司首席执行官辛迪思考着未来，并做出这样的评论："规划是组织各级预算编制的一个重要方面。我希望减少花费在预算编制上的时间，但是我认为预算编制能使人们思考未来。预算编制的一个不利方面在于它有时会对我们的管理者控制过度。我们必须保持足够的灵活性，以便对客户需求及时作出反应，同时又保持足够的系统化，以便实现公司目标。大体而言，预算编制过程能使管理者了解销售目标，在销售或费用偏离轨道的时候提醒管理者。"

要求：

a. 讨论 River 饮料公司预算编制的每个步骤。从分部经理的最初报告开始，以董事会的审批结束。讨论为什么每个步骤都是必要的。

b. 生产经理应该为成本或利润负责吗？

c. 写一份报告，向公司管理层说明公司预算编制过程的优缺点。以阐述你的假设（关于公司管理者希望预算编制过程实现的目标）作为报告的开头。

(学习目标 1、3、5、7、8)

12-33. 百事可乐和旧瓶

百事可乐的欺诈行为发生时，公司大约有 5 个不同的分部：食品（如 Firto-Lay 公司）、运输（如 north American Van Lines 公司）、体育用品（如 Wilson Sporting Goods）、食品服务（如必胜客公司和塔可钟公司）及其基本业务——饮料。饮料分部包括联合饮料国际公司(UBI)，该公司在 11 个国家生产瓶装软饮料。

欺诈行为是由 UBI 公司在两个国家（墨西哥和菲律宾）的子公司的员工做出的。这些员工使用各种手段虚报收入，包括在账簿上记录破损或不能使用的瓶子的存货，不冲销应收账款坏账，虚增瓶子存货的价值超过成本，以及虚设费用账户等。这些活动都需要广泛的共谋。在菲律宾，员工在账簿中记录着$45 000 000 的报废的瓶子存货，以满足该国的债务权益比要求（如果冲销了瓶子存货，就会降低资产和权益，从而达不到该国的债务权益比要求）。

百事可乐公司的净收入在 5 年间因欺诈活动总计被高估了近$92 000 000。在高峰期，高估数额达$360 000 000，占百事可乐公司 5 个分部的全部净收益的 12%。

百事可乐公司授予分部经理很大的自治权，与此一致的是，公司的内部审计部不像监察机构，而更像一个管理顾问。例如，在百事可乐公司，内部审计部不进行突击审计，而是在审计前通知分部经理，以确保主要员工都在岗。

尽管其作用更像一个管理顾问，但是内部审计师也发现了墨西哥和菲律宾分公司运营的欺诈活动。在发现了欺诈之后，内部审计部就变得不再是顾问导向型的了，而是开始进行突击审计。公司有些人认为改变内部审计原来的顾问导向型定位是欺诈的一个最重要的负面影响。

在发生欺诈期间，百事可乐公司将自己描绘为一个积极进取的、绩效高、以结果为导向的公司。在欺诈之前，百事可乐公司引以为傲的是公司士气和集体感。它的分权制政策体现了公司拥有积极进取、勤奋努力、值得信赖的员工观念。在发现欺诈之后，公司最高管理层为那些令人信赖的员工竟共谋欺诈颇感忧虑。

总之，美国证券交易委员会对两个国家的 12 名员工提起了正式诉讼。百事可乐公司辞退了涉案人员，以及美国 UBI 的瓶装单元的经理。

要求：

哪些因素促成了百事可乐公司的欺诈行为？

（资料来源：Interviews conducted by one of the authors and Securities and Exchange Commission documents.）

（学习目标 3、5、7）

12–34. 经营环境、绩效指标、薪酬与道德问题

在 20 世纪 80 年代，**通用电气公司**的首席执行官杰克·韦尔奇收购了 **KP** 银行，这是一家创立于 1824 年的投资银行。1991 年，它聘请了一位债券交易人约瑟夫。约瑟夫的工作就是交易资产剥离债券，即与美国长期债券相关的一种证券。

交易工作如下。假设你拥有 20 年期长期债券，面值为$1 000，利率为 12%，每半年付息一次。你有权收取的利息就是 40 个（20 年 × 每年 2 次）$60（= $1 000 × 12% × 1/2）。出于种种原因，有些公司和个人希望利息流遵循不同的模式。我们可以将上述一种债券转换成 41 种独立的零息债券（零息债券是指没有名义利率且在到期日之前不支付的债券）。转换成的债券称为资产剥离债券（SRIPS，将证券的利息和本金分开交易）。逆向交易称为证券复原或者证券的补充头寸（RECON），即将本金和利息分离的债券转换成附息债券。

这项交易就像是去银行，将一美元纸币换成 4 个 25 美分的硬币。这项交易是通过联邦储备银行而实现的。KP 银行赚取佣金及其持有的债券的相关交易利润。你可能会想，与联邦储备银行的交易不应该有利润。

尽管约瑟夫最初干得很吃力，但很快就创造了巨额利润并获得了大笔奖金。之所以如此，是因为 KP 银行的内部会计系统错误地记录了交易。因为失误最终会在付息日快到时自我纠正，所以约瑟夫被迫交易越来越大的数量。在被发现时，约瑟夫 95%的交易都是同联邦储备银行做的。

约瑟夫 1992 年的奖金为$2 000 000，1993 年为$9 000 000，此外还评估 KP 银行的“年度员工”。1994 年，约瑟夫一个月创造的利润就等于 1992 年全年的利润，因此 KP 银行的经理开始调查。约瑟夫于 1994 年 4 月被解雇了。通用电气公司被迫将$350 000 000 税前费用计入收益。

要求：

a. 假设你是约瑟夫，并且意识到用于记录你的绩效的会计系统有问题，你会采取什么措施？
b. 假设你无法说服上司会计系统有问题（换言之，它鼓励不符合公司利益最大化的个人行为），你应该怎么办？
c. 在自传 *Jack: Straight form the Gut* 中，杰克·韦尔奇讨论了 KP 银行的案例，以及通用电气与 KP 银行在使用奖金方面的环境差异。

老实讲，当我们看到奖金数额时，我们感到很震惊。当时，通用电气公司每年的总奖金池才不到$100 000 000，公司的利润为$4 000 000 000。KP 银行的奖金池实际上更高，达$140 000 000，而公司的收入仅为我们收入的 1/12。

经营环境和行业的差异如何导致或有薪酬（奖金）这么巨大的差异呢？

d. 在同一本自传中，杰克·韦尔奇比较了两家公司的文化：

> 我们的企业领导对危机（冲销$350 000 000）的反应代表了典型的通用电气公司的文化。尽管本季度已经结账，但是许多人都立即纷纷提出弥补 KP 银行的亏空。有些人说，他们能从自身的业务中再找来$10 000 000、$20 000 000，甚至$30 000 000，以抵消这件令人震惊的事。尽管太晚了，但他们的热心与我从 KP 银行听到的借口形成了鲜明的对比。

(1) 当韦尔奇说通用电气的领导纷纷提出从本部门再找$10 000 000、$20 000 000，甚至$30 000 000，以帮助抵消这件令人震惊的事时，他是什么意思？

(2) 那些额外的$10 000 000、$20 000 000 或$30 000 000 还能有什么其他的用途？

(3) 这种帮助符合道德吗？

资料来源：Jack Welch with John Byrne, Jack: Straight from the Gut (Warner Books, 2001). For additional background on the case, see also:

http://caselaw.lp.findlaw.com/cgi-bin/getcase.pl?court=2nd&navby=case&no=959175

Joseph Jett, *Black and White on Wall Street: The Untold Story of the Man Wrongly Accused of Bringing Down Kidder Peabody* (William Morrow & Company, 1999).

Robert Simons with Anthony Davilla, "Kidder, Peabody & Company: Creating Elusive Profits," Harvard Case #9-197-038.

自学题答案

1. a. 决策授权，因为房地产经纪人具备更多关于市场情况的局部知识。如果这个人在一个新城市找房子，那么房地产经纪人也具备更多关于临近地区及其他因素的局部知识。对于新人来说，这些信息很难获得。

   b. 这个找房子的人是委托人，房地产经纪人恰恰是代理人。

   c. 可以基于租金或销售价格支付经纪人佣金，这样他就会有激励寻找他认为找房人能负担的起的最贵住房。当然，这项激励也会在一定程度上抵消经纪人再同你打交道的愿望。

2. 责任中心类型的选择取决于授予管理者的决策权。如果工厂的经理既负责销售又负责生产，那么利润中心最适宜。如果工厂的经理只按所收到的订单生产，那么成本中心最适宜。

3. a.

目标固定公司成本（$000）	$18 000
目标变动成本占销售收入的百分比	
(2.5%×$600 000)	15 000
目标总公司成本	$33 000
拉美分部目标销售收入占公司总销售收入的百分比	
(=$75 000 000 ÷ $600 000 000)	×12.5%
分配给拉美分部的目标公司成本	$4 125

b.

		老方法
实际销售收入占总销售收入的百分比		
（$000）……………………………	（$80 ÷ $800）	10.0%
公司成本 ……………………………		$35 000
分配给拉美分部的成本		
（10% × $35 000）………………		$ 3 500

		双重标准
目标销售收入占总销售收入的百分比 …	（$75÷ $600）	12.5%
目标公司固定成本（$000）……………	$18 000	
分配的固定成本 …………………………	12.5%× $18 000	$2 250
分部实际的销售收入 ……………………	$80 000	
所分配的变动成本 ………………………	2.5%× $80 000	2 000
合　计 ……………………………………		$4 250

13 规划与预算

第 13 章

学习目标

阅读本章之后，你应该能够：

1. 了解预算在组织总体规划中的作用。
2. 了解人在预算编制过程中的重要性。
3. 估计销售收入。
4. 编制生产与成本预算。
5. 估计现金流量。
6. 编制财务报表预算。
7. 阐释流通和服务型组织中的预算编制。
8. 阐释为什么在预算编制中会产生道德问题。
9. 阐释在不确定性的情况下如何采用敏感性分析编制预算。

复习题

13–1. 未来一个期间的预算和长期预测，哪个更详细？为什么？

13–2. 如果预算损益表反映了公司预期能够盈利，那么现金预算的目的是什么？

13–3. 描述在编制预算时用于估计销售收入的四种方法。

13–4. 主预算在规划和预算编制中发挥着什么作用？

13–5. 如果公司在编制主预算时仅依赖于管理者的估计，那么会产生什么问题？

13–6. 预算编制的协调作用体现在哪里？

重点分析与讨论题

13–7. “编制预算等于浪费时间，战略规划才是我们所要完成的工作。”你对这种观点如何评论？

13–8. 在预算年度前一年的年初和年末开始编制预算各有什么优缺点？

13–9. 采用准时制存货系统的公司，其预算编制计划与不采用准时制存货系统的公司有什么不同？为什么？

13–10. 政府机构不仅限制总体支出额度，而且按预算类别限制支出。这样做的目的是什么？它会产生什么问题？

13-11. 预算的规划功能和控制功能有什么区别？这些区别会产生什么问题？

13-12. 在什么时候主预算可能从预测销售之外的事项（例如生产）开始？为什么？

13-13. 在一些组织中（公司、大学、政府机构），即使没有季节性差异，随着预算期间的结束，支出似乎也会增加。其形成的原因是什么？

13-14. “我们的现金预算表明本季度为盈余，所以我们不必考虑安排任何银行融资。”试评论这种表述。

练习

可参考McGraw-Hill的作业管理系统

(学习目标3) **13-15. 估计销售收入**

S

SVI是一家大型证券交易商。去年，公司进行了120 000笔交易，平均佣金为$110。鉴于总体的经济环境，公司预期交易量会下降10%。一家本地制造厂的员工有史以来一直占公司交易量的15%。这家制造厂刚刚关闭，所有员工都销了户。

抵消这些因素的事项是，公司观察到每笔交易的平均佣金可能增加10%，因为预期明年的交易额会更大。

要求：

估计明年公司的佣金收入。

(学习目标3) **13-16. 估计销售收入**

S

EZ信用公司拥有$40 000 000消费信贷，平均利率为13.5%；银行还有$32 000 000住房贷款，平均利率为9%；最后，公司还拥有$6 000 000公司债券，平均利率6%。

EZ信用公司估计明年消费信贷将增至$42 000 000，利率将降至12%；住房贷款将降至$30 000 000，平均利率为8%；公司债券将增至$8 000 000，平均利率为7%。

要求：

估计EZ信用公司明年的收入。

(学习目标3) **13-17. 估计销售收入**

Starlite公司生产办公用品。去年，公司销售了22 500个自动订书机，单价为$20。公司估计这个销量代表目前自动订书机市场30%的份额。预期明年市场将增加10%。营销专家认为，由于新的竞争，公司的市场份额会降至25%（扩大后的市场的25%）。由于价格的变化，自动订书机的新价格将为$21。预期新价格符合竞争形势，对销量估计不会产生任何影响。

要求：

估计Starlite公司明年自动订书机的销售收入。

(学习目标4) **13-18. 估计产量水平**

Hoffman公司刚刚进行了销售预测，公司的营销部门估计公司明年将销售24 000件。过去，管理者将产成品存货水平维持在近一个月的销量水平。预算期间期初的存货为1 300件。全年的销售是平稳的。

要求：

估计明年实现这些目标所要求的产量水平。

(学习目标 3)　**13–19. 估计产量和材料要求**

Wyoming 机器公司的铸件厂，为公司的计算器生产塑料外壳（每个计算器需要一个外壳）。在今后两年，公司预期每年销售 640 000 个计算器。铸件厂的期初产成品存货为 80 000 个。但是，每年的目标期末产成品存货为 20 000 个。

每个外壳需要 6 盎司塑料。年初，塑料存货为 240 000 盎司。管理层制定了一个目标，持有相当于两个月销售需求的塑料存货。全年销售和生产平稳。

要求：

a. 计算明年产成品的目标总产量。

b. 计算明年需采购的塑料数量。

(学习目标 4、5)　**13–20. 估计采购和现金支出**

Westile 公司采购单色的陶瓷片，在上面绘上不同的图案，制成纪念品或供应给礼品店。公司从欧洲的一家小公司采购陶瓷片，所以公司始终维持着相当于三个月销售需求的存货。陶瓷片的单位成本为$1，必须以现金支付。公司的陶瓷片存货为 28 000。基于签订的合同，对今后 6 个月所作的销售估计如下。

1 月	12 400
2 月	17 800
3 月	13 200
4 月	14 200
5 月	9 600
6 月	7 200

要求：

a. 估计 1 月份、2 月份和 3 月份的采购量。

b. 估计 1 月份、2 月份和 3 月份采购所需要的现金。

(学习目标 4、5)　**13–21. 估计采购与现金支出**

White 产品公司希望在一个月内采购下个月销售的商品。3 月 31 日，公司的移动音乐播放器的存货为 24 000 个，尽管估计下个月（4 月份）的总销量为 25 800 个。5 月份和 6 月份的销量预期分别为 21 000 个和 22 200 个。

移动音乐播放器按批发价$90 采购。供应商的支付条件是在产品交付当月支付采购价格的 60%，在下一个月支付 40%。3 月份，公司采购了 30 000 个播放器。

要求：

a. 估计 4 月份和 5 月份的采购量。

b. 估计 4 月份和 5 月份采购所需要的现金。

(学习目标 5)　**13–32. 估计现金支出**

Ashland 公司正在编制 10 月份的现金预算。关于公司的存货信息如下。

10月份期初存货	$ 90 000
估计10月份的采购	440 000
估计10月份的销货成本	450 000
估计10月份为9月份的采购支付的金额	110 000
估计10月份为9月之前的采购支付的金额	20 000
估计10月份为本月采购支付的金额	70%

要求：

10月份估计的现金支出是多少？

(学习目标 5) **13–23. 估计现金回款**

Duluth 公司正在编制12月份的现金预算。关于公司的应收账款信息如下。

估计12月份赊销	$100 000
11月份实际赊销	75 000
估计12月份回收的本月赊销款项	25%
估计12月份回收的11月份的赊销款项	70%
估计12月份回收的11月份之前的赊销款项	$ 8 000
估计12月份冲销的无法回收的赊销款项	$ 4 000
估计12月份提取的本月赊销的坏账备抵	$ 3 500

要求：

估计从12月份的应收账款中回收的现金是多少？

(学习目标 5) **13–24. 估计现金回款**

Nassau 产品公司正在编制4月份的现金预算。根据过去的货款回收经验得出了下列应收账款回收信息。

本月回收的本月销售货款的比例	28%
本月回收的上月销售货款的比例	60
本月回收的两个月前的销售货款的比例	6
本月回收的三个月前的销售货款的比例	3

其余的3%未收回，作为坏账冲销。截至目前的赊销金额为

4月份（估计）	$150 000
3月份	135 000
2月份	120 000
1月份	142 500

要求：

估计从4月份的应收账款中回收的现金是多少？

(学习目标 5) **13–25. 估计现金收入**

SZBU 服装公司专门定制各种活动用服装。每套服装的平均价格为$320。对于每次盛大活动，公司都在活动前两个月预收 20%的现金，活动前一个月预收 50%的现金，其余在服装交付之日收齐。根据手头的信息，公司管理者预期未来几个月为盛大活动定制服装的数量如下。

4 月份	50
5 月份	30
6 月份	20
7 月份	40
8 月份	50
9 月份	110

要求：

a. 从 4 月份到 9 月份，公司各月的预期销售收入是多少？销售收入在盛大活动举行当月确认。

b. 从 4 月份到 7 月份，公司各月的预期现金收入是多少？

(学习目标 5) **13–26. 估计现金收入**

Varmit–B–Gone 公司是一家在郊区经营的除虫服务公司。公司希望至少每月为订购了其服务的所有家庭都上门服务一次。在夏季的时候上门服务次数更多。订购服务的家庭的数量也随季节的变化而变化。相关各月订购服务的家庭数量和每户的服务次数如下。

	订购户数	服务次数（每户）
3 月份	500	0.6
4 月份	600	0.9
5 月份	1 300	1.5
6 月份	1 500	2.5
7 月份	1 500	3.0
8 月份	1 400	2.4

每次上门服务的平均收费标准为$50。在所有的上门服务中，30%在提供服务的当月支付，60%在提供服务之后的一个月内支付，8%在提供服务之后的两个月内支付。其余 2%无法回收。

要求：

公司预期 5 月份、6 月份、7 月份和 8 月份的现金收入分别是多少？

(学习目标 6) **13–27. 编制财务报表预算**

参考练习第 13–26 题中的数据。Varmit–B–Gone 公司估计 9 月份的订购家庭数量将比 8 月份下降 10%，每个家庭的上门服务数量估计也将减少 20%。8 月份的成本信息如下。除折旧之外的所有成本均以现金支付。

服务成本	
变动成本	$23 600
维护与修理	21 000
折旧（固定）	11 000
合　计	$55 600
营销与行政管理成本	
营销（变动）	$12 500
行政管理（固定）	11 150
合　计	$24 000
总成本	$79 600

变动服务与营销成本随服务次数的变化而变化。固定折旧保持不变，但是，9 月 1 日起，固定行政管理成本将增加 5%。维护与修理根据合同提供，9 月份需要增加 1%。

要求：

编制 9 月份预算损益表。

(学习目标 6)

13-28. 编制预算财务报表

Rhodes 公司是一家快速增长的初创公司，它生产自行车。7 月份的损益表如下所示。

销售收入（200 辆 @ $500/辆）	$100 000
减去：	
生产成本	
变动成本	14 560
折旧（固定）	15 300
营销与行政管理成本	
固定成本（现金）	37 560
折旧（固定）	12 700
总成本	$ 80 120
经营利润	$ 19 880

8月份，预期销量将增加 20%，但是销售价格预期将下降 10%。8 月份预期单位变动生产成本将增加 3%。除了这些成本变化之外，变动生产成本还将随销量的变化而变化。营销与行政管理性现金成本预期将增加 10%。

公司采用收付实现制，不维持存货。折旧是固定的，在未来 3 年中应该保持不变。

要求：

编制 8 月份的预算损益表。

(学习目标 2、3、8)

13-29. 激励与销售预测：道德问题

西北五金器具公司的主计长刚刚收到了明年蒙大拿州地区的两个销售预测。根据对消费者支出和经济趋势的计量经济学分析，一家市场研究公司估计明年的销售收入为$1 000 000。地区销售经理罗德估计销售收入为$900 000。主计长就编制明年预算应该采用的哪种估计征求你的意见。

要求：

a. 营销企业的估计和罗德的估计之间存在差异的两个原因可能是什么？

b. 假设罗德估计的销售收入不是$900 000，而是$1 100 000。那么营销企业的估计和罗德的估计之间存在差异的两个原因可能是什么？

c. 这些原因表明罗德有任何不道德的行为吗？

(学习目标 8) **13–30. 预算修订：道德问题**

伊丽莎白是 Galaxy 电子公司的研发主管。上个星期，作为年度预算编制的一部分，她提交了下面的资金申请。

项　目	资金申请
1. 移动音频项目	$2 500 000
2. 飞机导航系统	1 800 000
3. 汽车导航系统	3 000 000
4. 微型 DVD 播放器	1 200 000
资金申请总额	$8 500 000

飞机导航系统是公司早已公布的一个项目，正在向制造商大力宣传。微型 DVD 播放器项目没有从公司收到任何资助，但却是伊丽莎白最偏爱的一个项目。首席财务官要求各个项目团队都修订自己的预算，因为公司预期销售收入将下降。部门领导也必须提交新的预算，新预算要比最初提交的预算降低 10%。

了解到公司对飞机导航系统的承诺之后，伊丽莎白提交了下面这份修订的预算。注意，它按要求降低了 10%。

项　目	修订后的资金申请
1. 移动音频项目	$2 450 000
2. 飞机导航系统	1 000 000
3. 汽车导航系统	3 000 000
4. 微型 DVD 播放器	1 200 000
资金申请总额	$7 650 000

要求：

a. 你认为伊丽莎白想通过修订后的资金申请达到什么目的？这道德吗？

b. 伊丽莎白能成功地达到你在要求（a）中所确定的目标吗？

(学习目标 9) **13–31. 敏感性分析**

Sanjana 糖果店在美国新英格兰地区的一个沿海小镇的木板路经营。糖果店只在夏季营业，除了新的竞争之外，经营还严重依赖于天气和经济状况。每年在看了长期天气预报和夏季旅游估计情况之后，糖果店的店主桑简娜就编制一份预算。预算是规划她是否需要贷款，以及是否需要考虑调整店里的人员配备的第一步。根据专业知识和经验，她作出了下面的估计。

状况	单位顾客毛利润边际（价格–商品成本）	顾客数量
好	$5	30 000
一般	4	20 000
差	2	15 000

为了简便起见，桑简娜假设毛利润边际和顾客的估计数量是独立的。因此，她就得到了9 种可能的状况。除了销货成本之外，桑简娜估计人员成本为$25 000，如果顾客超过20 000 人，就外加$2/顾客。营销与行政管理成本估计为$10 000，外加毛利润边际的 3%。

要求：

利用电子数据表，像图表 13.15 那样分析可能的经营收益。经营收益的变动范围是什么？

习 题

可参考McGraw-Hill的作业管理系统

(学习目标 6) **13–32. 编制财务报表预算**

eXcel mhhe.com/lanen2e

下面是关于 Dancer 元器件公司第 1 年的信息。

销售收入（200 000 个）	$2 900 000
生产成本	
材料	$ 168 000
变动现金成本	142 400
固定现金成本	327 600
折旧（固定）	999 000
营销与行政管理成本	
营销（变动/现金）	422 400
营销部门折旧	149 600
行政管理（固定/现金）	509 200
行政管理部门折旧	74 800
总成本	$2 793 000
经营利润	$ 107 000

所有折旧费都是固定的，预期 2 年内将保持不变。销量预期将增加 18%，但是价格预期将下降 5%。单位材料成本预期将下降 8%。其他单位变动生产成本预期将下降 2%。固定生产成本预期将增加 5%。

变动营销成本将随销量变化。行政管理性现金成本预期将增加 10%。存货维持在零存货水平。公司采用收付实现制。

要求：

编制第 2 年的损益表预算。

(学习目标 5) **13–33. 估计现金收入**

参考习题 13–32 中的数据。估计第 2 年经营预期创造的现金。

(学习目标 4、6)

excel

mhhe.com/lanen2e

13–34. 编制财务报表预算

Cameron 零部件公司第 1 年的经营数据如下，公司利用它编制第 2 年的预算估计。

销售收入（25 000 个）	$373 000
生产成本	
材　料	$ 66 500
变动现金成本	90 450
固定现金成本	36 000
折旧（固定）	44 500
营销与行政管理成本	
营销（变动/现金）	47 500
营销部门折旧	11 300
行政管理（固定/现金）	45 055
行政管理部门折旧	4 200
总成本	$345 505
经营利润	$ 27 495

所有折旧费都是固定的。旧的生产设备的年折旧额为$4 850，第 2 年将用新设备替代旧设备，新设备的年折旧额为$7 000。销量和价格预期将分别增加 12%和 6%。单位材料成本将增加 10%，单位变动生产成本将降低 4%。固定生产成本预期将降低 7%。

变动营销成本将随销量变化而变化。行政管理性现金成本预期将增加 8%。存货维持在零存货水平。公司采用收付实现制。

要求：

编制第 2 年的损益表预算。

(学习目标 5)

13–35. 估计现金收入

参考习题第 13–34 题中的数据。估计第 2 年经营预期创造的现金。

(学习目标 4)

excel

mhhe.com/lanen2e

13–36. 编制生产预算

Chander 公司生产布制购物袋。公司主计长正在编制明年的预算，并请你帮忙。下面是关于购物袋生产成本等数据。

直接材料（每个购物袋）	
1.0 码棉布 @$3/码	
0.2 码帆布 @$10/码	
直接人工（每个购物袋）	
0.5 小时 @$16/小时	
生产管理成本（每个购物袋）	
间接人工	$0.50
间接材料	0.15
电　力	0.30
设备成本	1.25
场地占用费	0.80
单位生产管理成本合计	$3.00

你了解到设备成本和场地占用费是固定的，都基于每年 200 000 个的正常生产能力。其他生产管理成本都是变动成本。生产能力足以生产每年 250 000 个购物袋。

单位小时人工成本预期本年之中不会发生变化。但是，棉布的供应商通知公司，从未来一个预算期间一开始，供应商就会将价格提高 20%。其他成本预期不会发生任何变化。

在未来一个预算期间，公司预期销售 180 000 个购物袋。产成品存货的目标是从现有的 40 000 个增加至 70 000 个，从而为后年的预期销售增长做好准备。生产在一年之中均保持均衡。棉布和帆布的存货水平预期在一年之中保持不变。没有在产品存货。

要求：

编制一份生产预算，并估计明年的材料、人工和生产管理成本。

(学习目标 4) **13–37. 销售费用预算**

Capstone 公司刚刚收到了一份 1 月份的销售费用报告，具体如下。

项　目	金　额
销售佣金	$405 000
销售人员工资	96 000
电话及邮递费	48 600
建筑物租赁费	60 000
水　电	12 300
包装与配送	82 200
折　旧	37 500
营销咨询	59 100

公司让你编制明年的成本预算。因为本月是典型的一个月，所以你决定为明年的一个典型月份编制一份估计的预算，你还发现了下列额外数据。

- 销量预期增加 10%。
- 销售价格预期增加 5%。
- 佣金基于销售收入的一定百分比。
- 无论销量是多少，明年销售人员工资都将增加 4%。
- 建筑物租赁费是基于 5 年期的租赁，3 年后到期。
- 电话及邮递费计划增加 8%，即使销量没有变化。但是，这些成本与包装和配送成本一样，随销量的变化而变化。
- 水电成本计划增加 15%，而无论销量是多少。
- 折旧包括销售人员使用的家具及附属设施。公司刚刚购置了新的家具，价值$57 000，明年年初收到，将采用直线法计提折旧，折旧期为 10 年。
- 营销咨询费用是为时而开展的特殊宣传活动而发生的。明年，这些成本预期平均为每月 $105 000。

要求：

为明年一个典型月份编制一份销售费用预算。

(学习目标 4、5、6)

13–38. 预算采购与现金流量

Delhi 公司请你帮忙编制 8 月份、9 月份和 10 月份的现金及其他预算信息。7 月 31 日，公司的现金余额为$11 000，应收账款余额为$874 000，存货余额为$618 800，应付账款余额为$266 110。预算将基于下列假设。

- 每月的销售在月末最后一天开具账单。
- 如果在开具账单日后 10 天内付款，客户就可以获得 3%的折扣。应收账款按总额（不是扣除折扣后的净额）计入应收账款账户。
- 应收账款的回收方式为折扣期内回收 60%，月末回收 25%，下个月末回收 9%。6%无法回收。

采购数据如下。

- 在所有商品的采购、销售、一般费用和行政管理费用中，54%在采购当月支付，其余在下个月支付。
- 每个月的期末存货数量相当于下个月销量的 130%。
- 存货的单位成本为$10。
- 在销售费用、一般费用和行政管理费用中，$4 000 为折旧，相当于本月销售的 15%。
- 实际和预测销售收入如下。

	金　额	数　量
6 月 …………………	$708 000	47 200
7 月 …………………	726 000	48 400
8 月 …………………	714 000	47 600
9 月 …………………	684 000	45 600
10 月 ………………	720 000	48 000
11 月 ………………	732 000	48 800

要求：

计算下列事项。

a. 8 月份的采购金额预算。
b. 9 月份的采购金额预算。
c. 8 月份的现金回款预算。
d. 9 月份的现金支出预算。
e. 10 月份将采购的存货数量预算。

(学习目标 4、5、6)

13–39. 全面预算规划

Brighton 公司生产厨房用瓷砖。公司最近扩建了，主计长认为公司需要借入现金，才能维持经营。它开始议定一项为期一个月的银行贷款，贷款额为$500 000（自 5 月 1 日起）。银行每月将计收 1%的利率，并要求公司在 5 月 31 日偿清全部利息和本金。在考虑这项贷款时，银行要求提交 5 月份的预测损益表和现金预算。

公司还提供了下列信息。

- 4 月份、6 月份和 7 月份，公司每月的预算销量为 600 000 块，5 月份预算销量为

450 000 块。单位销售价格为$4。

- 4 月份的产成品存货为 120 000 块。每个月末产成品存货相当于下个月的预期销量的 20%。没有在产品存货。
- 4 月 1 日的原材料存货为 57 000 磅。每个月的月末原材料存货不低于下个月的生产需求的 40%。公司原材料的每批采购数量为 62 500 磅。
- 销售费用为总销售收入的 10%。行政管理费用每月总计为$165 000，其中包括办公家具及附属设施的月折旧$2 500。
- 基于正常的月生产能力 500 000 块，瓷砖的生产预算如下。

材料（每块瓷砖 1/4 磅，125 000 磅，$4/磅）………	$ 500 000
人 工 ……………………………………………	400 000
变动生产管理成本 …………………………………	200 000
固定生产管理成本（包括折旧$200 000）…………	400 000
合 计 ……………………………………………	$1 500 000

要求：

a. 编制计算各月存货预算的表格。

(1) 4 月份、5 月份和 6 月份的产量。

(2) 4 月份和 5 月份的原材料采购数量（磅）。

b. 编制 5 月份的预测损益表。销货成本应等于单位变动生产成本乘以销量，再加本期固定生产成本预算。假设现金折扣为 1%，坏账损失为 0.5%。

(学习目标 4、5、6)

eXcel

mhhe.com/lanen2e

13–40. 全面预算规划

Panther 公司似乎经历了不错的一年。第一季度的销售收入为去年的三分之一，销售部门预测全年都会保持这种态势。主计长让暑期会计实习生詹尼特编制一份本年的初步预测，分析本年与去年的差异。她将预测建立在第一季度获得的实际结果，加本年剩余月份的预期生产成本的基础上。她同各个部门（生产、销售等）的领导一起收集必要的信息，具体如下。

PANTHER 公司

预期账户余额（截至第 2 年 12 月 31 日）

现 金 ……………………………	$ 4 800	
应收账款 …………………………	320 000	
存货（第 2 年 1 月 1 日）……………	192 000	
厂房及设备 …………………………	520 000	
累计折旧 …………………………		$ 164 000
应付账款 …………………………		180 000
应付票据（1 年内到期）……………		200 000
其他应付款 …………………………		93 000
普通股 ……………………………		280 000
留存收益 …………………………		432 800
销售收入 …………………………		2 400 000

（接下页）

其他收益		36 000
生产成本		
材 料	852 000	
直接人工	872 000	
变动生产管理成本	520 000	
折 旧	20 000	
其他固定生产管理成本	31 000	
营 销		
佣 金	80 000	
工 资	64 000	
广告与宣传	180 000	
行政管理		
工 资	64 000	
差 旅	10 000	
办公费	36 000	
所得税	—	
股 利	20 000	
	$3 785 800	$3 785 800

尚未调整存货变化及所得税。本年计划产量为450 000件，计划销量为400 000件。去年的销量和产量均为300 000件。公司采用完全成本法和先进先出存货核算法。所得税税率为40%。去年的实际损益表如下。

PANTHER 公司

损益与留存收益表

预算年度（截至第1年12月31日）

收 入			
销售收入		$1 800 000	
其他收益		60 000	$1 860 000
费 用			
销货成本			
材 料	$ 528 000		
直接人工	540 000		
变动生产管理成本	324 000		
固定生产管理成本	48 000		
	$1 440 000		
期初存货	192 000		
	$1 632 000		
期末存货	192 000	$1 440 000	
销 售			
工 资	$ 54 000		
佣 金	60 000		
广告及宣传	126 000	240 000	

（接下页）

一般及行政管理成本			
工 资	$ 56 000		
差 旅	8 000		
办公成本	32 000	96 000	
所得税		33 600	1 809 600
经营利润			50 400
期初留存收益			402 400
小 计			$ 452 800
减：股利			20 000
期末留存收益			$ 432 800

要求：

编制一份损益表和资产负债表预算。

综合案例

(学习目标 4、5、6、7)

13–41. 为服务型组织编制现金预算

沙滩游艇俱乐部（CBYC）的董事会正在制定计划，购置更多设备，供培训和租赁使用，还计划扩建俱乐部的设施。董事会计划每年购置价值$50 000 的新设备，并且希望建立一项基金，准备为俱乐部扩建购置一块价值$600 000 的地产。

俱乐部经理关注的是俱乐部购置设备以及扩建设施的能力。一个俱乐部会员已经同意帮助编制下列财务报表，并帮助经理确定计划是否现实可行。此外财务报表还提供了一些其他信息。

沙滩游艇俱乐部

损益表（收付实现制）

本年度（截至 10 月 31 日）

	第 9 年	第 8 年
现金收入		
会员年费	$ 710 000	$600 000
培训费	468 000	360 000
杂 项	4 000	3 000
总现金收入	$1 182 000	$963 000
现金成本		
管理者工资及福利	$ 72 000	$ 72 000
一般员工工资及福利	380 000	380 000
培训人员工资及福利	390 000	300 000
物料用品	32 000	31 000
水 电	44 000	30 000
抵押贷款利息	70 200	75 600
杂 项	4 000	3 000
总现金成本	$ 992 200	$891 600
现金收益	$ 189 800	$ 71 400

其他信息：

1. 截至第 9 年 10 月 31 日的其他财务信息如下。
   a. 银行存款$14 000。
   b. 零用现金$600。
   c. 尚未偿付的抵押贷款余额$720 000。
   d. 截至第 9 年 10 约 31 日尚未支付但应在第 9 年 11 月支付的物料用品应付账款及应付水电费共计$5 000。
2. 本财务年度（截至第 9 年 10 月 31 日），俱乐部购置了价值$50 000 的帆船运动设备。设备交付时支付了$20 000 现金，余额于 10 月 1 日到期，但第 9 年 10 月 31 日尚未支付。
3. 俱乐部于第 3 年开始经营租赁业务。第 5 年 10 月，公司购置了现有的地产（土地及建筑物），价值$1 200 000，支付了现金$240 000，并同意自第 6 年 11 月 1 日起，每年 11 月 1 日支付$60 000，外加按以前尚未支付的贷款余额、6%的年利率计算的利息。
4. 第 9 年会员增加了 3%，接近俱乐部自开业以来的年增长率，预期未来将保持同样的增长速度。
5. 第 9 年会员会费增加了 15%。董事会临时计划在第 10 年使其增加 10%。
6. 3 年来培训费一直没有增长。培训的数量每年都显著增长。预期 第 10 年的增长速度与第 9 年相同。
7. 预期第 10 年杂项收入（较第 9 年 ）增长速度与第 9 年（较第 8 年）的增长速度相同。
8. 培训人员的工资及福利将增至$604 650。一般员工和管理人员的工资及福利将增加 15%。设备折旧和物料用品、水电及杂项费用预期增加 25%。

要求：

a. 请为俱乐部编制第 10 年的现金预算。
b. 请指出预算中所披露出来的经营问题，并予以解释。
c. 管理者关注董事会的目标不现实可行吗？说明你的理由。

自学题答案

1. 预算产量

$$\underset{\text{产量}}{\text{要求的}} = \underset{\text{销量}}{150\ 000} + \underset{\text{期末存货}}{8\ 000} - \underset{\text{期初存货}}{5\ 000} = \underline{153\ 000\text{ 条}}$$

SANTIAGO 裤装公司
生产管理成本预算
本预算年度（截至 12 月 31 日）
（比照图表 13.5）

变动生产管理成本（产量 153 000 条[a]）		
间接材料和物料用品 (=$51 000×90%)	$45 900	
材料处理 (=$68 000×90%)	61 200	
其他间接人工 (=$17 000×90%)	15 300	$122 400
固定生产管理成本 (与产量为 170 000 条时同)		
生产管理人员工资	102 000	
维护与修理	50 000	
工厂行政管理	85 000	
水　电	55 000	
折　旧	140 000	
保　险	30 000	
财产税[b]	51 500	
其　他	22 000	535 500
生产管理成本合计		$657 900

[a] 生产 153 000 条的变动生产管理成本为生产 170 000 条的变动生产管理成本的 90%（= 153 000 ÷ 170 000）。

[b] 管理层估计的变化。

SANTIAGO 裤装公司
销货成本表预算
本预算年度（截至 12 月 31 日）
（比照图表 13.6）

期初在产品存货			-0-
生产成本			
直接材料			
期初存货（10 000 普通棉 @$3 + 1 000 精梳棉 @$5）…	$ 35 000		
采购[a] …………	1 518 000		
可用于生产的材料 …………	$1 553 000		
减：期末存货（7 000 普通棉 @$3 + 400 精梳棉 @$5）…	(23 000)		
直接材料成本合计 …………		$1 530 000	
直接人工[b] …………		1 683 000	
生产管理成本 …………		657 900	
生产成本合计 …………			$3 870 900
减：期末在产品存货 …………			-0-
产品生产成本 …………			$3 870 900
加：期初产成品存货（5 000 条）[c] …………			120 000
减：期末产成品存货（15 000 条）[d] …………			(202 400)
产品销货成本 …………			$3 788 500

[a] 其他计算：

要求的产量

期初余额（*BB*）+ 本期产量 = 销量 + 期末余额（*EB*）

5 000 + 产量 = 150 000 + 8 000

产量 = 153 000

需要的材料

普通棉：*BB* + 采购量 = 产量 + *EB*

10 000 + 采购量 = （153 000 × 3.0）+ 7 000

采购量 = 456 000 英尺或$1 368 000（= 456 000 × $3）

精梳棉：*BB* + 采购量 = 产量 + *EB*

1 000 + 采购量 = （153 000 × 0.2）+ 400

采购量 = 30 000 英尺或$150 000（= 30 000 × $5）

总材料采购量 = $1 368 000 + $150 000 = $1 518 000

[b] $1 683 000 = 153 000 条 × 0.5 小时/条 × $22/小时

[c] 管理者估计。

[d] 期末产成品存货（假设采用先进先出法）

平均单位成本 = （产品生产成本 ÷ 产量）= （$3 870 900 ÷ 153 000）= $25.30

期末存货 = 8 000 条 × $25.30 = $202 400

2.

SANTIAGO 裤装公司

营销与行政管理成本预算表

本预算年度（截至 12 月 31 日）

（比照图表 13.7）

变动营销成本（150÷60）× 图表 13.7 中的数量		
销售佣金	$225 000	
其他营销	112 000	
总变动营销成本		$ 337 500
固定营销成本		
销售人员工资	$130 000	
广 告	153 000	
其 他	67 000	
总固定营销成本		350 000
总营销成本		$ 687 500
行政管理成本（均为固定）		
行政管理人员工资	$241 000	
法律和会计人员	136 000	
数据处理服务	127 000	
外部专业服务	32 000	
折旧——建筑物、家具和设备	84 000	
其他（包括利息）	36 000	
税金（所得税除外）	140 000	
总行政管理成本		796 000
营销与行政管理总成本预算		$1 483 500

SANTIAGO 裤装公司

损益表预算

本预算年度（截至 12 月 31 日）

（比照图表 13.8）

预算收入		
销售收入（150 000 条 @$45）		$6 750 000
成 本		
销货成本[a]	$3 788 500	
营销与行政管理成本	1 483 500	
总成本预算		5 272 000
经营利润		$1 478 000
联邦及其他所得税[b]		500 000
税后经营利润		$ 978 000

[a] 根据自学题第 1 题的结果。

[b] 由公司税收核算人员计算。

3.

SANTIAGO 裤装公司

现金预算

本预算年度（截至 12 月 31 日）

预算期间期初现金余额[a]		$ 830 000
现金收入		
应收账款回款[b]	$6 410 000	
员工借款回收	100 000	
现金收入合计		6 510 000
减：现金支出		
应付账款付款[c]	1 499 000	
直接人工[d]	1 683 000	
生产管理成本减非现金折旧支出[e]	517 900	
营销与行政管理成本减非现金支出[f]	1 399 500	
联邦所得税缴纳（通过与税务核算人员讨论）	300 000	
股利	30 000	
长期负债的减少	23 000	
新资产的购置	1 470 000	
现金支出合计		6 922 400
预算期间期末现金余额（与图表 13.12 具有钩稽关系）		$ 417 600

[a] 由司库办公室估计。

[b] 图表 13.9 中应收账款的回收	$6 840 000
销售收入的减少（$7 200 000–$6 750 000）	(450 000)
加应收账款的减少	20 000
	$6 410 000

[c] 图表 13.9 中应付账款的支付	$1 694 000
材料采购的减少（$1 715 000–$1 518 000）	(197 000)
加应付账款的减少	2 000
	$1 499 000

[d] 参考自学题第 1 题的结果。

[e] 根据自学题第 1 题的结果，总生产管理成本（包括$140 000 折旧）为$657 900，所以现金部分为$517 900（=$657 900 – $140 000）。

[f] 根据自学题第 2 题的结果，总营销与行政管理成本（包括$84 000 的折旧）为$1 483 500，所以现金部分为$1 399 500（= $1 483 500 – $84 000）。

14 经营单元的绩效计量

第 14 章

学习目标

阅读本章之后，你应该能够：

1. 作为一项绩效指标，评估分部会计收益。
2. 解读与运用投资报酬率（ROI）。
3. 解读与运用剩余收益（RI）。
4. 解读与运用经济增加值（EVA）。
5. 解释历史成本和基于账面净值的会计指标如何在绩效评估中产生误导。

复习题

14-1. 分部收益作为经营单元绩效指标有什么优点？有什么缺点？

14-2. 分部收益与公司计算的收益有什么相同之处？有什么不同之处？

14-3. 采用投资报酬率之类的指标，而不是用分部利润的绝对值作为评估经营单元绩效的方法有什么优点？

14-4. 举例说明投资报酬率指标的使用可能会使管理者制定不符合公司利益的决策。

14-5. 经济增加值与投资报酬率有何不同？

14-6. 经济增加值与剩余收益有何不同？

14-7. 在计算投资基数时，采用账面总值与采用账面净值对计算投资报酬率有什么影响？

14-8. 仅采用经营单元指标评估经营单元管理者的绩效有什么危险？

重点分析与讨论题

14-9. 一家公司根据各分部经理对下一个预算期间的收入和成本的估计编制了主预算（未作任何调整就将数据用于预算之中）。年末，如果分部经理的分部年利润超过了预算利润，分部经理就获得奖金。你看出这种制度中存在什么问题吗？

14-10. “如果每个分部经理都努力实现分部收益的最大化，我们就能实现公司收益的最大化。因此，分部收益是最佳绩效指标。”请对此作出评论。

14-11. 如果采用与计算公司收益相同的方法计算分部收益，可能产生什么问题？你的回答取决于公司所从事的行业吗？

14-12. 本章指出了投资报酬率之类的指标的一些问题，并指出剩余收益能缓解其中的一些问题。作为绩效指标你认为在实践中投资报酬率为什么比剩余收益更常用？

14-13. “如果采用投资报酬率，没有对一个项目投资不是一个问题。如果有一个好项目，公司总部就会告诉分部经理投资。”这种观点的症结在哪里？

14-14. 你如何对下列评论作出反应：“剩余收益和经济增加值相同”。

14-15. 分部 A 的管理者基于剩余收益指标评估。该分部既可以租赁，也可以购买某项资产。绩效评估方法可能会对租赁或购买决策产生影响吗？为什么？如果采用经济增加值，你的回答会有什么不同吗？

14-16. “我们公司的每个分部的投资报酬率都超过了资本成本。我们公司肯定是一个久负盛名的公司。”请评论这种表述。

14-17. “剩余收益解决了投资报酬率存在的一些问题，但是因为它是一个绝对数字，所以难以用来比较各分部。我们应该用剩余收益除以资产，那么我们就会充分利用这两个指标的优点。”你赞成这种表述吗？

练　习

HM 可参考McGraw-Hill的作业管理系统

(学习目标 1)　**14-18. 计算分部收益**

Eastern Merchants 公司第 1 年关于两个分部的信息如下。

	北区分部	南区分部
销售收入 ························	$2 400 000	$7 600 000
销货成本 ························	1 539 000	3 800 000
分配的公司生产管理成本 ···	144 000	456 000
一般与行政管理成本 ·········	317 000	2 200 000

要求：

计算两个分部的分部经营收益。税金忽略不计。这两个分部经营得如何？

(学习目标 1)　**14-19. 计算分部收益**

参考练习第 14-18 题。刚刚公布了第 2 年的结果。

	北区分部	南区分部
销售收入 ························	$2 400 000	$5 600 000
销货成本 ························	1 539 000	2 800 000
分配的公司生产管理成本 ···	180 000	420 000
一般与行政管理成本 ·········	317 000	2 200 000

要求：

计算两个分部的分部经营收益。这两个分部经营得如何？

S (学习目标 2、3)　**14-20. 计算剩余收益和投资报酬率**

Giant 银行的债券分部拥有资产$3 600 000 000。去年，分部的利润为$900 000 000。Giant 银行的资本成本为 12%。税金忽略不计。

要求：

a. 计算分部的投资报酬率。

b. 计算分部的剩余收益。

(学习目标2、3) **14-21. 投资报酬率与剩余收益**

一个分部正在考虑购置一项新资产，成本为$720 000，使用寿命为5年，每年创造的现金流量为$280 000。采用直线法计提折旧，没有残值。税金忽略不计。

要求：

a. 如果这个分部采用年初资产余额和账面净值计算，那么在资产使用寿命期内，每年的投资报酬率是多少？

b. 如果资本成本为25%，那么每年的剩余收益是多少？

(学习目标2、4) **14-22. 比较考核分部绩效的其他指标**

下面是Solomons公司两个分部的数据。

	东部分部	西部分部
分部经营利润 ……………………	$ 7 000 000	$ 39 000 000
分部投资 ……………………………	20 000 000	150 000 000

公司的资本成本为15%。税金忽略不计。

要求：

a. 如果Solomons公司采用投资报酬率计量绩效，那么哪个分部的绩效更好？

b. 如果Solomons公司采用经济增加值计量绩效，那么哪个分部的绩效更好？（各分部均没有流动负债。）

c. 如果公司的资本成本为30%，你的评估会发生变化吗？

(学习目标2) **14-23. 新项目对绩效指标的影响**

Ocean分部目前的收益为$780 000，拥有分部资产$260 000。分部经理正在考虑购置一项新资产，它将增加利润。投资需要$450 000，年现金流量为$168 000。资产采用直线法计提折旧，使用寿命为6年，预期没有残值。分部绩效采用投资报酬率计量，分母为年初账面净值。公司的资本成本为20%。税金忽略不计。

要求：

a. 在购置这项新资产之前，分部的投资报酬率是多少？

b. 在购置了这项新资产之后的第一年内，分部的投资报酬率是多少？

(学习目标2) **14-24. 租赁对绩效指标的影响**

参考练习第14-23题。分部经理了解到他可以选择租赁这项资产，逐年签订租约，年租金为$148 000。所有折旧及其他税收收益均由出租人计提或确认。如果资产是租赁的，那么分部的投资报酬率是多少？

(学习目标2) **14-25. 剩余收益指标和新项目因素**

参考练习第14-23题和14-24题中的信息。

a. 在考虑新项目之前，分部的剩余收益是多少？

b. 如果资产是购买的，那么分部的剩余收益是多少？

c. 如果资产是租凭的，那么分部的剩余收益是多少？

(学习目标 2、5)

14–26. 比较历史成本、账面净值与账面总值

Mega 娱乐公司的加勒比分部刚刚开始营业。它购置了应计提折旧的资产，共计$30 000 000，预期使用寿命 4 年，残值为$6 000 000。此外，分部还有$30 000 000 不计提折旧的资产。4 年后，分部仍可以从这些不计提折旧的资产中获得$30 000 000。这就意味着，分部在资产上投入了$60 000 000，残值为$36 000 000。年折旧额为$6 000 000。年经营现金流量为$15 000 000。在计算投资报酬率时，分部在分母中采用*年末资产价值*。采用直线法计提折旧，并确认上述残值。税金忽略不计。

要求：

a. 采用账面净值，计算每年的投资报酬率。

b. 采用账面总值，计算每年的投资报酬率。

(学习目标 2、5)

14–27. 比较采用账面净值和账面总值计算的投资报酬率

参考练习第 14–26 题中的数据。假设该分部在计算投资报酬率时，分母采用*年初资产*价值。

要求：

a. 采用账面净值，计算投资报酬率。

b. 采用账面总值，计算投资报酬率。

c. 如果你做了练习第 14–26 题，请比较其结果与本题的结果。像练习第 14–26 题那样采用年末资产价值计算投资报酬率与本题这样采用年初价值计算投资报酬率有什么不同？

(学习目标 2、5)

14–28. 比较现行成本与历史成本

参考练习第 14–26 题中的信息。在计算投资报酬率时，该分部采用年末资产价值。假设所有现金流量均在年末增加 10%。这对资产的重置成本和年现金流量具有下列影响。

年末	重置成本	年现金流量
1 …………	\$60 000 000 × 1.1 = \$66 000 000	\$15 000 000 × 1.1 = \$16 500 000
2 …………	\$66 000 000 × 1.1 = \$72 600 000	\$16 500 000 × 1.1 = \$18 150 000
3 …………	等	等
4 …………		

折旧如下：

年末	本　年	累　计
1 ……	\$6 600 000	\$ 6 600 000 (=10% × \$66 000 000)
2 ……	7 260 000	14 520 000 (=20% × 72 600 000)
3 ……	7 986 000	23 958 000
4 ……	8 784 000	35 138 400

请注意，累计折旧是应计提折旧的资产的账面总值的 10%（1 年后）、20%（2 年后），依此类推。

要求：

a. 采用历史成本、账面净值计算投资报酬率。

b. 采用历史成本、账面总值计算投资报酬率。

c. 采用现行成本、账面净值计算投资报酬率。

d. 采用现行成本、账面总值计算投资报酬率。

(学习目标 2、5) **14–29. 现行成本对绩效计量的影响**

Lower 公司的 Upper 分部购置了一项资产，成本为$600 000，使用寿命为 4 年。该项资产所创造的现金流量（考虑了通货膨胀的影响）如下。

年 份	现金流量
1	$180 000
2	204 000
3	228 000
4	240 000

该项资产的成本预期每年以 10%的速度增加（每年按复利计算）。绩效指标基于投资基数的年初账面总值。税金忽略不计。

要求：

a. 采用历史成本法，在资产使用寿命期内每年的投资报酬率是多少？

b. 如果投资基数和折旧都根据资产每年年初的现行成本计算，那么在资产使用寿命期内每年的投资报酬率是多少？

习 题

可参考McGraw-Hill的作业管理系统

(学习目标 2) **14–30. 设备重置与绩效指标**

eXcel mhhe.com/lanen2e

奥斯卡是一家生物技术产品公司 Pitt 公司 Forbes 分部的经理。Forbes 分部拥有$4 000 000 资产，生产特种检验设备。本年年初，Forbes 分部在检验设备装配线用的自动化设备上投资了$5 000 000。该分部的年初预期损益表如下。

销售收入	$16 000 000
经营成本	
变动成本	2 000 000
固定成本（均为现金）	7 500 000
折 旧	
新设备	1 500 000
其 他	1 250 000
分部经营利润	$ 3 750 000

LSI 机械公司的一名销售代表于 10 月份找到了奥斯卡。LSI 机械公司有一套价值 $6 500 000 的新装配设备，该设备比奥斯卡年初购置的设备有显著改进。新设备将使分部产出扩大10%，而现金固定成本将降低 5%。在会计核算时，它将按 3 年的使用寿命计提折旧。折旧将扣除新设备的残值$500 000。新设备满足了 Pitt 公司设定的 20%的资本成本标准。如果奥斯卡购置了新设备，就必须在年底之前安装。但是，出于实践的考虑，奥斯卡可以忽略新设备的折旧，因为它到明年初才能投入运营。

旧设备没有残值，必须予以处置，从而为新设备腾地方。

Pitt 公司的绩效考核及奖金计划都是基于投资报酬率。收益包括设备处置所带来的任何损失。投资的计算是基于年末资产余额和账面净值计算。税金忽略不计。

要求：

a. 如果奥斯卡不购买新设备，那么 Forbes 分部的投资报酬率是多少？

b. 如果奥斯卡购买新设备，那么 Forbes 分部的投资报酬率是多少？

c. 如果奥斯卡购买新设备，并按规格运行，那么预期明年的投资报酬率是多少？

(学习目标 2)　**14–31. 评估收益计量的权衡**

奥斯卡（习题第 14–30 题）仍然在评估是否购买 LSI 公司新装配设备的问题。他了解到，新设备可以明年再买，但是，如果他等到明年再买，就要多花费 15%。残值仍然是 $500 000。估计的其他成本或收入将在各设备（现有设备或拟购买的设备）的使用期间逐月摊销。不足一个月的可以忽略不计。税金忽略不计。

要求：

a. 如果等到明年再买新设备，那么奥斯卡希望什么时候购买？

b. 在决策时必须考虑的成本是什么？

(学习目标 2)　**14–32. 投资报酬率与管理行为：道德问题**

Stryker 公司的分部经理拥有广泛的决策授权。除了现金由公司总部管理之外，分部要负责销售、定价、生产、运营成本，以及应收账款、存货、应付账款管理和现有设施的使用。

如果分部需要投资资金，分部经理就向公司管理层提交投资建议，由他们分析并记录投资需求。最终的投资决策取决于公司管理层。

公司采用投资报酬率指标评估分部经理的绩效。资产基数由所占用的固定资产及营运资金（不包括现金）构成。分部经理在投资报酬率上的绩效是其工资升降的一个最重要的考核因素。此外，每个经理的年绩效奖金都基于投资报酬率，投资报酬率的增加对奖金数额具有重要影响。

公司 10 年前采用了投资报酬率指标及相关的薪酬计划，似乎从中受益颇多。整个公司的投资报酬率在采用这项指标及相关薪酬计划的头几年内有所提高。近年来，尽管各分部的投资报酬率继续提高，但是公司的投资报酬率却下降了。公司在过去 3 年间累计了巨额的短期可转让证券。

公司的管理层关注短期可转让证券的增加。最近金融出版物上发表的一篇文章表明，有些公司过于强调投资报酬率的使用，结果与 Stryker 公司所经历的类似。

要求：

a. 描述分部经理可能采取的虽使各分部投资报酬率提高但却使公司投资报酬率降低的具体措施，并举例说明。

b. 运用关于分部经理的目标一致和激励等概念，说明 Stryker 公司过于强调投资报酬率指标的使用，如何可能造成近来公司投资报酬率的下降，以及现金和短期可转让证券的增加。

c. Stryker 公司的薪酬政策应该做些什么变化，才能避免这个问题？试说明你的理由。

d. 分部经理采取虽提高本分部投资报酬率但却降低公司投资报酬率的措施符合道德吗？

(学习目标 1、2)

14–33. 资本化还是计入费用的决策对绩效计量的影响：道德问题

excel mhhe.com/lanen2e

医药公司、石油和天然气等公司会不可避免地因新项目（例如，新药品或者新油井）投资不成功而发生成本。对于石油和天然气公司而言，关于这些成本应该作为期间费用冲销，还是作为发现能盈利的油气田的全部成本的一部分资本化，一直争论不休。对于医药公司，美国公认会计原则明确规定研发成本要在发生时计入费用。

Pharm-It 公司在财务报告和内部绩效计量中，一直将研发成本在发生时计入费用。但是本年，公司聘请了一个新的管理团队，来提高公司心脏病分部的利润。新的管理团队的聘请条件是，如果超出基期分部利润，就要向管理团队发相当于超额部分的 10% 的奖金。但是，如果利润低于年末投资的 20%，就不颁发奖金。分部的绩效报告中涵盖了下列信息。

	本 年	基 期	较基期的增加额
销售收入 …………………	$20 500 000	$20 000 000	
发生的成本			
研发费用 …………………	-0-	4 000 000	
折旧及其他摊销 ………	3 900 000	3 750 000	
其他成本 …………………	8 000 000	7 750 000	
分部利润 …………………	$ 8 600 000	$ 4 500 000	$4 100 000
年末投资 …………………	$40 500 000[a]	$34 500 000	

[a] 包含本题不予以考虑的其他投资。

本年，新的管理团队在研发活动上投入了$5 000 000，其中$4 500 000 属于不成功的投资。新的管理团队将这$4 500 000 计入了本年年末投资基数，因为“如果没有失败的药品投资，就不可能发明出新药品”。

要求：

a. 基期和本年的投资报酬率分别是多少？税金忽略不计。

b. 新的管理团队可能要求的奖金是多少？这符合道德吗？

c. 如果你在 Pharm-It 公司的董事会，那么对新的管理团队的奖金要求你将如何作出反应？

(学习目标 1)

14–34. 评估绩效考核系统：行为问题

几年前，Seville 公司收购了 Salvador 零部件公司。收购之前，Salvador 零部件公司生产并向第三方客户销售汽车零部件。自从成了 Seville 公司的一个分部之后，Salvador 分部只生产 Seville 公司 Luxo 分部所使用的零部件。

Seville 公司的管理层给予了 Salvador 分部的管理者相当大的运营自由。但是，公司管理层保留了资本投资、产品定价和产量等决策的决策权。

Seville 公司为各分部管理者建立了正式的绩效评估计划。绩效评估计划主要依赖于各分部的投资报酬率。Salvador 分部的损益表提供了评估该分部管理者的基础（参见下面的损益表）。

公司的会计人员编制了分部的财务报表。公司的一般服务成本基于销售收入分配；计算机部门的实际成本基于使用量在各分部之间分摊。分部投资净额包括按账面净值计的分部固定资产（成本减折旧）、分部存货，以及基于销售收入分摊给各分部的公司运营资本。

Seville 公司
Salvador 分部
损 益 表
截至本年 12 月 31 日
（单位：千美元）

销售收入		$32 000
成本及费用		
产品成本		
直接材料	$ 4 000	
直接人工	8 800	
生产管理成本	10 400	
合　计	$23 200	
减：存货的增加	2 800	$20 400
工程及研究		960
收发货		1 920
分部行政管理成本		
经理办公室	$ 1 680	
成本会计	320	
人　事	656	2 656
公司成本		
一般服务	$ 1 840	
计算机	384	2 224
成本及费用合计		$28 160
分部经营利润		$ 3 840
生产净投资		$12 800
投资报酬率		30%

要求：

a. 讨论 Seville 公司的财务报告与绩效评估计划，因为这与 Salvador 分部的责任相关。

b. 基于你对要求（a）的回答，如有必要，建议应对用于评估 Salvador 分部管理者的财务信息及报告作适当修订。如果认为不必修订，请说明理由。

（学习目标 1、2、4）**14–35. 投资报酬率、经济增加值和不同的资产基数**

House Station 公司是一家经营五金器具和家装产品的全国性连锁店。公司采用投资报酬率评估位于美国波特兰市的连锁店经理。公司总部要求资产的投资报酬率为 10%。明年，经理估计销售收入将达到$2 340 000，销货成本为$1 467 000，达到这一销售水平所需要的

excel mhhe.com/lanen2e

经营费用为$234 000。在考虑下列建议之前，全年商店在资产上的投资为$1 687 500。

夏普电器公司的一位销售代表找到了这位经理，希望销售夏普电器公司的系列产品。这一系列产品预期明年在波特兰店将创造$675 000 的销售收入，商品成本为$513 000。新增的这一系列产品的年经营费用总计为$76 500。为了维持这一系列产品，全年的存货投资必须维持在$495 000 的水平。夏普公司愿意负责商品陈列，这样连锁店就不必在存货上进行任何投资。商品陈列的成本为每年$60 750。连锁店的边际资本成本为 10%。税金忽略不计。

要求：

a. 如果不引进夏普的电器，波特兰店的预期投资报酬率是多少？

b. 如果波特兰店的经理投资于夏普的存货，并经营这一系列电器，那么它的预期投资报酬率是多少？

c. 如果波特兰店的经理选择由夏普公司负责商品陈列，它的预期投资报酬率是多少？

d. 波特兰店的经理更喜欢选择（a）、（b）还是（c）？为什么？

e. 如果采用经济增加值评估绩效，你对上述问题的答案会不同吗？在本题中，假设没有流动负债。

(学习目标 4) **14–36. 经济增加值**

Biddle 公司采用经济增加值评估分部经理的绩效。Wallace 分部第 3 年的经营结果如下。税后分部收益为$200 000。

公司调整了税后收益的广告费。首先，它将年广告费加回税后分部收益。其次，公司的管理者认为广告对公司的产品销售收入有三年的正面影响。所以公司在 3 年内摊销广告费。第 1 年的广告费将在第 1 年摊销 50%，第 2 年摊销 40%，第 3 年摊销 10%。第 2 年的广告费将在第 2 年摊销 50%，第 3 年摊销 40%，第 4 年摊销 10%。第 3 年的广告费将在第 3 年摊销 50%，第 4 年摊销 40%，第 5 年摊销 10%。第三，在计算经济增加值时，未摊销的广告费作为分部投资的一部分。Wallace 分部第 1 年发生了广告费$50 000，第 2 年发生了$100 000，第 3 年发生了$120 000。

在考虑未摊销的广告费之前，Wallace 分部第 3 年年初的总资产为$2 100 000，流动负债为$300 000。Biddle 公司采用年初分部投资计算经济增加值。公司采用 10%的资本成本计算经济增加值。

要求：

计算 Wallace 分部第 3 年的经济增加值。该分部为股东增加价值了吗？

综合案例

(学习目标 1、2、3、4) **14–37. Barrows 消费品公司（A）**

我认为评估绩效要比这简单。我有三个副总裁，在三个不同的国家从事着相同的业务。为了向董事会提出薪酬建议，我必须能够比较他们的绩效。问题在于有太多的变量了，每个副总裁都声称自己的绩效最好。我希望咨询顾问能帮我理一理头绪。

Barrows 消费品公司

东南亚新兴市场部

执行副总裁艾丽斯·卡尔森

组织结构

Barrows 消费品公司是一家总部位于美国的大型跨国消费品公司。在 20 世纪 90 年代中期，公司做出了一项战略决策，决定进入转型经济体和新兴市场。每个新市场均由一位执行副总裁领导，并按国家来组织。Barrows 公司认为,这种组织形式使其更易于评估每个国家的绩效，也更易于退出它认为不盈利的国家。

公司开发的新市场之一就是东南亚。尽管该地区有来自亚洲和欧洲其他竞争者的激烈竞争，但是公司管理层认为公司的优势在于拥有许多知名品牌的产品组合。公司选择了三个最先进入的国家，即印度尼西亚、菲律宾和越南。在制定决策时，这三个国家似乎都代表了重要的发展机会。

公司在这些新市场的政策是，先安排一名来自该国并愿意回到该国的公司经理管理业务。公司认为这项政策形成了更好的商誉，并且经理也能发挥自己对本土商业惯例的了解(它还希望利用经理们可能拥有的商界或政界的个人关系，但是这并没有表述在政策中)。图表 14.12 提供了东南亚新兴市场部的一个简化的组织机构图。

尽管这三个国家都属于新兴或转型经济体，但是它们之间也存在相当大的差别。印度尼西亚人口众多，菲律宾和越南则较少。但是，菲律宾的人均收入比较高，越南则是三个国家中最穷的一个。三个国家的部分人口统计数据如图表 14.13 所示。

三位经理的奖金池由位于美国的 Barrows 公司总部决定。奖金池的计算公式没有明确定义，但是奖金池的规模与新兴市场部的盈利能力（无论怎么计量）明显相关。

奖金池向每个国家的经理的分配，由新兴市场部执行副总裁卡尔森女士自由裁量。第 9

图表 14.12

Barrows 消费品公司东南亚新兴市场部组织机构图

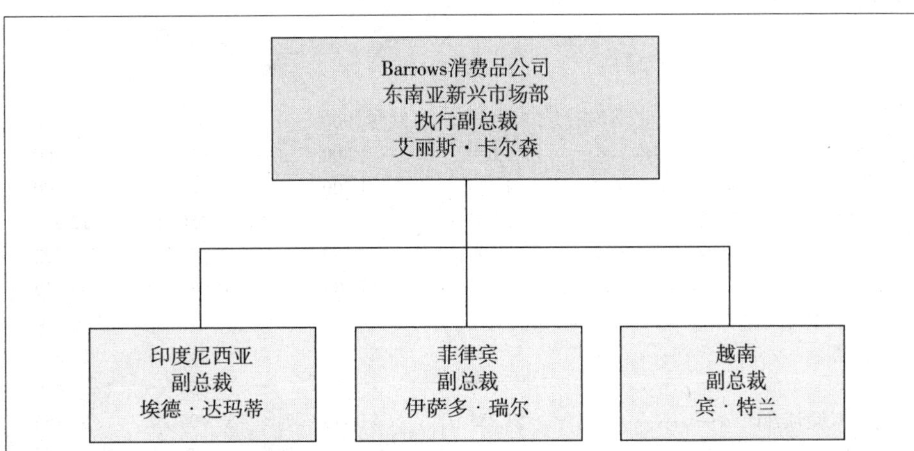

图表 14.13

东南亚新兴市场部人口统计数据

	印度尼西亚	菲律宾	越　南
人口（百万，近似值）………	225	80	80
人均 GDP（美元）……………	$2 830	$3 500	$1 700

年的 3 月份，三个国家第 8 年的财务结果已经编制完成。现在，她正在评估它们。因为这是她就职以来的第一年，过去她不必做这项工作。她聘请了一名本地的薪酬顾问，咨询三位经理的相对绩效。

新兴市场部总部的财务人员收到了来自三个国家的主计长办公室人员的财务报表，并且

图表 14.14
Barrows 消费品公司新兴市场部国家层面的损益表

损益表
第 8 年
（单位：千美元）

	印度尼西亚	菲律宾	越南
销售收入	$18 000	$9 500	$2 500
销货成本	8 650	4 200	1 100
分配的公司生产管理成本	432	228	60
本地广告费	5 100	2 955	960
其他一般及行政管理	868	437	350
经营收益	$ 2 950	$1 680	$ 30
税　金	885	504	9
净收益	$ 2 065	$1 176	$ 21

图表 14.15　Barrows 消费品公司新兴市场部国家层面的资产负债表

损益表
1 月份
（单位：千美元）

	印度尼西亚		菲律宾		越南	
	第 8 年	第 9 年	第 8 年	第 9 年	第 8 年	第 9 年
资　产						
现　金	$ 750	$ 900	$ 500	$ 510	$ 320	$ 300
应收账款	1 600	1 800	450	600	500	640
存　货	1 350	1 300	500	900	320	490
流动资产合计	$3 700	$4 000	$1 450	$2 010	$1 140	$1 430
厂房（净值）	3 500	3 400	2 550	2 402	740	810
资产总计	$7 200	$7 400	$4 000	$4 412	$1 880	$2 240
负债及股东权益						
应付账款	$ 575	$ 620	$ 250	$ 315	$ 190	$ 380
其他流动负债	680	720	454	450	560	709
流动负债合计	$1 255	$1 340	$ 704	$ 765	$ 750	$1 089
长期负债	-0-	-0-	-0-	-0-	-0-	-0-
负债合计	$1 255	$1 340	$ 704	$ 765	$ 750	$1 089
普通股	745	745	496	496	450	450
留存收益	5 200	5 315	2 800	3 151	680	701
股东权益合计	$5 945	$6 060	$3 296	$3 647	$1 130	$1 151
负债及股东权益总计	$7 200	$7 400	$4 000	$4 412	$1 880	$2 240

图表 14.16
Barrows 消费品公司新兴市场部过去的广告费

年 份	印度尼西亚	菲律宾	越 南	合 计
第 7 年 ……	$5 100	$2 502	$600	$8 202
第 8 年 ……	4 200	2 400	549	7 149
第 9 年 ……	4 500	2 700	570	7 770

确保财务报表的货币单位统一。第 8 年的损益表如图表 14.14 所示。第 8 年年初的资产负债表如图表 14.15 所示。卡尔森讨论了她所关注的问题。

当我看财务报表时，我能立即看出爱达（印度尼西亚的副总裁）比伊萨多（菲律宾的副总裁）的绩效好。但是印度尼西亚的市场比菲律宾大得多。所以我计算了投资报酬率，试图调整市场规模的影响，这样伊萨多的绩效就比爱达更好了。当我向爱达提及此事的时候，她反驳道，尽管印度尼西亚的市场比较大，但是它也比较穷，地理上更分散，从而使配送成本更高。我惟一敢肯定的是滨（越南的副总裁）没有开发多少市场。

我也不知道总部是否看了正确的绩效指标。我最近参加了一个关于新的绩效评估指标的研讨会，在研讨会上，发言人花了一点时间讨论所谓的经济增加值。就我理解，经济增加值就是调整利润，从中减去资本的占用费。资本的占用费就是资本成本乘以所占用的资产的净值（资产总值减去流动负债）。我想我会采用公司政策要求在投资决策中使用税后资本成本的 20%。我的问题在于我不敢肯定如何将收益这个会计指标调整为更有意义的指标。我们没有研发，在研讨会上惟一提及的报表事项就是广告费（请注意，前三年的广告费如图表14.16 所示）。我在美国工作的时候，我看到了一项研究，指出我们这个行业的广告支出的预期使用寿命大约为 3 年。果真如此的话，显然我们核算广告费的方法是错误的，我应该相应地调整这些结果。

我认为还有一些问题更模糊。首先，越南的副总裁滨开发了一种新的产品配送方法，削减了越南的配送成本。在公司的年度“退思营”（retreat），他向爱达和伊萨多谈了关于他们如何适应市场的看法。此外，许多客户希望他们在越南和印度尼西亚的商店完全由印度尼西亚提供服务，所以越南的副总裁滨在这些业务上就没有什么功劳可言。

要求：

a. 导致东南亚新兴市场部绩效计量问题的因素有哪些？

b. 采用下列绩效指标对三个国家排序。

1. 国家利润。
2. 投资报酬率。
3. 经济增加值。

c. 你还建议其他绩效指标吗？你如何计量这些指标？

d. 写一份一页长的备忘录，向卡尔森女士解释哪个国家绩效最好。注意一定要说明理由。

(学习目标 2、3、4) **14–38. 资本投资分析与分权制的绩效计量**

就在 Diversified 电子公司的财务人员拒绝了一项资本投资建议之后，发生了下列谈话。

图表 14.17
Diversified 电子公司损益表

Diversified 电子公司
第 1 年和第 2 年损益表
（单位：千美元 每股收益除外）
截至 12 月 31 日

	第 1 年	第 2 年
销售收入	$141 462	$148 220
销货成本	108 118	113 115
毛利润边际	$ 33 344	$ 35 105
销售及一般行政管理成本	13 014	13 692
息税前利润	$ 20 330	$ 21 413
利息费用	1 190	1 952
税前利润	$ 19 140	$ 19 461
所得税	7 886	7 454
净收益	$ 11 254	$ 12 007
每股收益	$ 5.63	$ 6.00

图表 14.18
Diversified 电子公司资产负债表

Diversified 电子公司
第 1 年和第 2 年的资产负债表
（单位：千美元）
截至 12 月 31 日

	12 月 31 日	
	第 1 年	第 2 年
资　产		
现金及临时投资	$ 1 404	$ 1 469
应收账款	13 688	15 607
存货	42 162	45 467
流动资产合计	$ 57 254	$ 62 543
厂房及设备		
原始成本	107 326	115 736
累计折旧	42 691	45 979
净　值	$ 64 635	$ 69 757
投资及其他资产	3 143	3 119
资产总计	$125 032	$135 419
负债及所有者权益		
应付账款	$ 10 720	$ 12 286
应交税金	1 210	1 045
长期负债的流动部分	-0-	1 634
流动负债合计	$ 11 930	$ 14 965
递延所得税	559	985
长期负债	12 622	15 448
负债合计	$ 25 111	$ 31 398
普通股	47 368	47 368
留存收益	52 553	56 653
所有者权益合计	$ 99 921	$104 021
负债及所有者权益合计	$125 032	$135 419

大卫（产品开发）：我就是不理解你们为什么拒绝了我的建议。我们预期能创造$230 000的税前利润。

沙龙（财务）：大卫，现实一点儿。这项产品建议达不到我们短期的15%的税后投资报酬率目标。

大卫：我不敢保证投资报酬率目标，但是它绝对盈利——$230 000。

沙龙：我们认为像Diversified这样的公司，应该有15%的税后投资报酬率。专业服务分部一直以来都能达到或超过15%的投资报酬率，而你们家居产品分部，千方百计才达到了10%。航空产品分部的绩效尤其令人沮丧，投资报酬率只有6%。我们期望未来各分部都承担起各自的责任。

Diversified电子公司是电子行业中一家成长型的公司，目前规模已达到$140 000 000以上的销售收入（关于公司第1年和第2年的损益表和资产负债表分别参见图表14.17和图表14.18）。公司有三个分部，即家居产品、航空产品和专业服务。每个分部均占公司销售收入的三分之一。家居产品是最老的分部，它生产暖气炉的恒温器及类似产品。航空产品分部是一个大车间，根据客户要求的规格生产电子设备。一般一个工作或一个批次都需要几个月才能完成。航空产品分部一半的销售收入都来自美国国防部。三个分部中最新的一个是专业服务分部，它提供工程咨询服务。自公司7年前收购了这个分部之后，该分部有了显著的增长。

图表 14.19
新产品建议数据

Diversified 电子公司

新产品建议的财务数据

1. 预测资产投资：

土地购置	$ 200 000
厂房及设备[a]	800 000
	$1 000 000

2. 税前成本数据（第1年）：

单位变动成本	$3.00
差量固定成本[b]	$170 000

3. 价格/市场估计（第1年）：

单位价格	$7.00
销量	100 000 件

4. 税金：公司假设土地出售的收益和利得的税率为40%。依据税法，厂房及设备的折旧如下。第1年20%；第2年32%；第3年19%；第4年14.5%；第5年14.5%。第1年的应纳税所得的税金在第1年末缴纳；第2年的应纳税所得的税金在第2年末缴纳，依此类推。

5. 假设价格每年增长10%。这适用于第2年至第8年的收入和成本，但折旧和土地除外（即第2年的金额就是上述数据中第1年的金额增长10%）。

6. 项目使用寿命期为8年。土地将在第8年末出售$400 000。

7. 假设土地出售的利得按40%的税率纳税。

[a] 年生产能力为120 000件。

[b] 包括新厂房及设备的折旧，折旧期为8年，8年后没有残值。

每个分部都独立于其他分部运营，公司管理层将每个分部视为一个独立的实体。分部经理制定很多经营决策。公司管理层协调各分部的活动，包括审查所有超过$400 000 的投资建议。

公司计量投资报酬率时，用分部的净收益除以总资产。每个分部的费用都包括分配的公司行政管理费用。因为公司的各个分部都位于独立的经营场所，所以公司管理层能够轻而易举地将大多数资产归属于各分部，包括应收账款。公司管理层根据分部的销售收入将公司的办公用资产分配给各分部，包括集中控制的现金账户。

图表 14.19 显示了被拒绝的产品建议的细节。

要求：

a. 拒绝新产品建议的决策是正确的吗？如果高管采用贴现现金流（DCF）法，结果会怎么样？公司在评估此类项目时采用 15%的税后资本成本（即贴现率）。

b. 评估 Diversified 电子公司实施投资中心概念的方式。它显然没有预见到的缺陷是什么？如有必要，应该对投资中心方法和用投资报酬率作为绩效指标的方法采取什么措施？

c. 如果采用年投资报酬率作为绩效指标，用贴现现金流编制资本预算，那么会对分部经理们产生什么样的矛盾激励？

自学题答案

1. a. 分部收益

家装公司

分 部 收 益

第 2 年

（单位：千美元）

	厨 房	卫 浴	合 计
销售收入	$10 000	$5 000	$15 000
销货成本	5 400	3 000	8 400
毛利润边际	$ 4 600	$2 000	$ 6 600
分配的公司生产管理成本	460	200	660
本地广告费	2 000	500	2 500
其他一般及行政管理成本	500	260	760
经营收益	$ 1 640	$1 040	$ 2 680
税金（@ 35%）	574	364	938
税后收益	$ 1 066	$ 676	$ 1 742

厨房产品分部的会计收益更高，但是两个分部的规模不同。厨房产品分部的毛利润边际率为 46%（= $4 600 ÷ $10 000），卫浴产品分部为 40%（$2 000 ÷ $5 000）。这些结果表明，厨房产品分部经理的绩效比卫浴产品分部经理的好。厨房产品分部的经营边际率为 16.4%（= $1 640 ÷ $10 000），卫浴产品分部的经营边际率为 20.8%（= $1 040 ÷ $5 000）。厨房产品分部的利润边际率为 10.7%（= $1 066 ÷ $10 000），卫浴产品分部为 13.5%（= $676 ÷ $5 000）。根据经营边际率和利润边际，卫浴产品分部经理的绩效更好。

b. 根据这些结果，我们可以看出厨房产品分部经理的所售产品似乎创造的边际更高（毛利润边际率更高），而卫浴产品分部经理似乎运营效率更高（经营边际率更高）。其实很难比较，因为两个经理所处的市场不同。

2. a. 投资报酬率（ROI）是税后收益（自学题第 1 题中计算的结果）除以分部资产（第 2 题给出的）。

	厨　房	卫　浴
		（单位：千美元）
税后收益 …………	\$1 066	\$ 676
分部投资 …………	8 200	4 000
投资报酬率	\$1 066/\$8 200 = 13%	\$676/\$4 000 = 17%

b. 根据两个分部占用的资产的成本，就投资报酬率而言，卫浴产品分部的经理报告的绩效更好。

3. 就展示架而言，剩余收益的分析与经济增加值的分析相同。没有投资摊销问题，因为在展示架上的投资早已计提了折旧。因此，至少根据第 1 年的投资结果，两个经理都没有动力去投资展示架（参见图表 14.8）。

4. （下列计算的单位为：千美元）

	账面净值[a]	
年份	a. 历史成本	b. 现行成本
1	$ROI=\frac{\$1\,000-(0.1\times\$4\,000)}{\$4\,000-(0.1\times\$4\,000)}$	$ROI=\frac{\$1\,000-(0.1\times\$5\,000)}{\$5\,000-(0.1^{c}\times\$5\,000)}$
	$=\$600\div\$3\,600=\underline{\underline{16.7\%}}$	$=\$500\div\$4\,500=\underline{\underline{11.1\%}}$
2	$ROI=\frac{\$1\,200-(0.1\times\$4\,000)}{\$4\,000-(0.2\times\$4\,000)}$	$ROI=\frac{\$1\,200-(0.1\times\$6\,250)}{\$6\,250-(0.2\times\$6\,250)}$
	$=\$800\div\$3\,200=\underline{\underline{25\%}}$	$=\$575\div\$5\,000=\underline{\underline{11.5\%}}$
3	$ROI=\frac{\$1\,420-(0.1\times\$4\,000)}{\$4\,000-(0.3\times\$4\,000)}$	$ROI=\frac{\$1\,420-(0.1\times\$7\,800)}{\$7\,800-(0.3\times\$7\,800)}$
	$=\$1\,020\div\$2\,800=\underline{\underline{16.7\%}}$	$=\$640\div\$5\,460=\underline{\underline{11.7\%}}$

	账面总值[b]	
年份	c. 历史成本	d. 现行成本
1	$ROI=\frac{\$600}{\$4\,000}=\underline{\underline{15\%}}$	$ROI=\frac{\$500}{\$5\,000}=\underline{\underline{10\%}}$
2	$ROI=\frac{\$800}{\$4\,000}=\underline{\underline{20\%}}$	$ROI=\frac{\$575}{\$6\,250}=\underline{\underline{9.2\%}}$
3	$ROI=\frac{\$1\,020}{\$4\,000}=\underline{\underline{25.5\%}}$	$ROI=\frac{\$640}{\$7\,800}=\underline{\underline{8.2\%}}$

[a] 分子中的第一项是年现金流量。第二项为年折旧额。分母中的第一项为扣除累计折旧前的资产账面总值。第二项为累计折旧。分母是资产的原始成本（或重置成本）减去累计折旧。第 1 年后的累计折旧为账面总值的 10%，第二年后为 20%，第三年后为 30%。

[b] 分子为调整后的（历史或现时成本）年净收益。分母为资产的账面总值。

15

转让定价

第 15 章

学习目标

阅读本章之后，你应该能够：

1. 解释与转让定价相关的基本问题。
2. 解释一般转让定价规则并理解其依据。
3. 指出协商的转让价格、基于成本的转让价格与基于市场的转让价格的行为问题及激励影响。
4. 解释跨国转让价格的经济意义。
5. 描述转让价格在分部报告中的作用。

复习题

15-1. 制定转让价格的目的是什么？

15-2. 在集权制的公司中存在转让价格吗？为什么？

15-3. 许多公司更倾向于采用市场价格作为转让价格。它们为什么会有这种偏好？

15-4. 基于市场的转让价格的局限性是什么？基于成本的转让价格的局限性是什么？

15-5. 什么时候你会建议公司采用直接干预制定转让价格？这种方法的缺点是什么？

15-6. 什么时候你会建议公司在分部间的转让中采用市场价格之外的价格？

15-7. 在基于成本的定价中选择实际成本或是标准成本的依据是什么？

15-8. 议定转让价格法有什么有缺点？

15-9. 一般转让定价规则是什么？在下列情况下应用一般规则所产生的转让价格是什么？

a. 产品存在完全竞争市场。

b. 销售分部有闲置生产能力。

重点分析与讨论题

15-10. 在分权制的组织中，有效的转让定价制度应该实现什么目的？

15-11. A 分部和 B 分部都是利润中心。A 分部的产品——电子元器件没有外部市场。B 分部使用这些元器件，但是不能从任何其他来源采购。你建议分部间元器件的销售采用什么转让定价制度？为什么？

15-12. 参考第 15-11 题。你建议公司将 A 分部建成什么类型的责任中心？B 分部呢？为什么？

15-13. 转让价格的选择如何影响参与公司内部转让的两个分部的经营利润？如果公司的总利润不受转让价格选择的影响，为什么转让价格的选择很重要？

15-14. 在为跨国产品销售制定转让价格的时候，管理层应该考虑什么因素？

练　习

可参考McGraw-Hill的作业管理系统

(学习目标 2)　**15-15. 应用转让定价规则**

Best Practice 公司是一家管理咨询公司。它的 Corporate 分部为私营企业提供成本管理系统应用方面的咨询。Government 分部为州和地方政府提供咨询。政府分部有一个客户，它对在公共事务部门实施作业成本核算制度非常感兴趣。政府分部的领导找到了公司分部的领导，商量借用他们分部的咨询顾问之事宜。公司分部的咨询服务计费标准为$300/小时，与其他咨询公司的计费标准相同。Government 分部的领导抱怨说，他聘请本分部咨询顾问的估计变动成本仅为$100/小时，这也正是 Corporate 分部为本分部的咨询顾问计酬的标准。

要求：

a. 假设 Corporate 分部满负荷运营，那么它应该为其服务收取的最低转让价格是多少？

b. Gorvernment 分部应该支付的最高价格是多少？

c. 如果 Corporate 分部有闲置生产能力，你对（a）和（b）的回答有变化吗？如果会变，哪个问题的回答会变？新的价格是多少？

(学习目标 2)　**15-16. 评估转让定价制度**

密西西比公司有两个分权制的分部：伊利诺斯分部和爱荷华分部。伊利诺斯分部始终以$30 的价格从爱荷华分部购买一定数量的产品。因为爱荷华分部计划将价格提高到$40，所以伊利诺斯分部正在考虑从外部供应商那里购买这些产品，价格为$30。爱荷华分部的成本如下。

单位变动成本	$28
年固定成本	$100 000
年产量	5 000 件

要求：

如果伊利诺斯分部从外部供应商购买，那么爱荷华分部用于生产这些产品的生产设施就会闲置。如果密西西比公司强制伊利诺斯分部和爱荷华分部之间采用$40 的转让价格，那么结果会怎样？

(学习目标 2)　**15-17. 评估转让定价制度**

一家公司允许其分权制的经营单元相互租赁经营场所。Uptown 分部将本分部的一些闲置仓库租赁给了 Downtown 分部，每月每平方英尺$12。最近，Uptown 分部获得了一份新的 5 年期合同，它将充分增加它的产量，使仓库变得更有价值。Uptown 分部通知 Downtown 分部租金将增加至每月每英尺$42。Downtown 分部可以从外部公司以$24 的租金租赁到仓库，但是更喜欢使用共享的经营设施。Downtown 分部的经理说她宁可不搬。如果 Downtown 分部继续使用仓库，Uptown 部就不得不另租仓库，租金为每月每平方英尺$36（租金之所以存在差异，是因为Uptown 分部所要求的仓库比 Downtown 分部大得多）。

要求：

推荐一个转让价格，并说明选择这个价格的理由。

(学习目标 2) **15–18. 评估转让定价制度**

A 分部以$60 的价格向外部市场提供其产品。它发生的单位变动成本为$22，月固定成本为$75 000（基于月产量 4 000 件）。B 分部可以从其他供应商那里以$63 的价格获得产品，也可以$60 外加除了转让价格之外的$4 运输成本的价格从 A 分部获得产品。

要求：

a. 就 A 分部的产品转让而言，A 分部和 B 分部所能采用的不同方案的成本和效益分别是什么？假设 A 分部能够销售它所生产的全部产品。

b. 如果 A 分部有闲置生产能力，足以满足 B 分部的全部需求，那么你的回答会有什么变化？

(学习目标 2、3) **15–19. 评估转让定价制度**

西雅图运输公司经营本地的公共交通系统。交通局是州政府机构。它与州政府达成协议，为老年人提供交通服务，乘坐一次 25 美分。对于老年人的每次乘车，政府将按成本补偿西雅图运输公司。

正常的票价是每次$2。在分析了成本之后，西雅图运输公司计算出，乘坐交通系统每人每次的完全成本是$5，经营亏损。在任何一条线路上，交通线路、生产能力和经营成本都不受老年人数量的影响。

要求：

a. 还可以采用什么价格确定政府对西雅图运输公司的补偿？

b. 西雅图运输公司更倾向于哪个价格？为什么？

c. 州政府更倾向于哪个价格？为什么？

d. 如果西雅图运输公司在某个月为老年人平均提供了 200 000 人次乘车服务，那么（b）和（c）价格的月差异是多少？

(学习目标 2、3) **15–20. 评估转让定价制度**

卡曼和唐共同拥有 Bright Green Temp 服务公司。卡曼拥有 60%的份额，唐拥有 40%。公司提供临时文书服务，收费标准为$40/小时。去年，公司的客户使用了 14 000 个小时的临时服务。

Big City Developers 公司去年从 Bright Green Temp 公司购买了 2 800 个小时的临时服务。卡曼在 Big City Developers 公司拥有 20%的权益，唐拥有 60%。年末，唐建议 Bright Green Temp 公司明年对 Big City Developers 公司的小时收费标准降低 10%，作为对大客户的一种优惠。

要求：

假设 Big City Developers 公司明年购买相同数量的服务，并且所有其他成本和活动都保持不变，价格削减会对明年应计入卡曼和唐的 Bright Green Temp 服务公司的经营利润产生什么影响？

(学习目标 4) **15-21. 国际转让价格：道德问题**

跨大西洋金属公司有两个经营分部。在芬兰的锻造分部锻造生铁、切割，然后运至美国，在公司的齿轮分部应用生铁加工成齿轮。芬兰的经营费用总计为$5 000 000，美国的经营费用为$1 5 000 000，其中不包括从芬兰转让过来的任何产品的成本。美国的销售收入为$37 500 000。

如果金属从在美国的锻造分部采购，成本将为$7 500 000。但是，如果从一个独立的芬兰供应商那里采购，成本将为$10 000 000。芬兰的所得税税率为 60%，美国为 40%。

要求：

a. 按照下面两种转让定价状况（$750 万和$1 000 万），公司在两个国家的应交税金分别是多少？

b. 基于税收影响选择转让价格符合道德吗？

(学习目标 5) **15-22. 分部报告**

Leapin's Larry 汽车经销公司有两个分部：运营分部和融资分部。运营分部负责尽可能快地销售公司的存货，以及采购汽车供未来销售。融资分部接受汽车贷款申请，并将贷款打包销售给金融市场。它还提供贷款服务。两个分部都必须按照会计准则的规定进行披露。

去年，运营分部实现销售收入$34 000 000，成本（除融资分部计收的之外）总计$26 000 000。融资分部从提供抵押贷款服务中创造了$8 000 000 的收入，发生了$7 000 000 的外部成本。此外，融资分部向运营分部计收了$4 000 000 与贷款相关的费用。运营分部的经理向总裁抱怨说，融资分部所收取的与贷款相关的费用是商业贷款费用标准的两倍，如果让购车者向外部金融机构借款，运营分部反而会受益。

融资分部的经理反驳道，尽管商业贷款的费用标准比较低，但是为本公司提供贷款服务要困难得多，因此费用高些，也是合理的。

要求：

a. 如果忽略所得税，与贷款相关的费用的转让价格定为$4 000 000，那么各分部报告的分部经营利润分别是多少？

b. 如果忽略所得税，与贷款相关的费用的转让价格定为$2 000 000，那么各分部报告的分部经营利润分别是多少？

(学习目标 5) **15-23. 分部报告**

Perth 公司有两个运营分部：娱乐场分部和酒店分部。两个分部都必须进行分部披露。在考虑两个分部之间的交易之前，收入和成本如下所示。

	娱乐场	酒 店
收 入 …………	$56 000 000	$37 000 000
成 本 …………	31 000 000	25 000 000

娱乐场分部和酒店分部建立了一个联合营销计划，即酒店分部发放可以在娱乐场的游戏机上兑现消费券；娱乐场分部也发放可以在酒店入住的折扣券。去年，在游戏机上兑现的消费券价值总计$8 000 000；在酒店兑现的折扣券总计为$3 000 000。本年的所有消费券和折扣券均于年末到期。

要求：

如果考虑联合营销计划产生的成本影响，各分部的经营利润分别是多少？

习 题

可参考McGraw-Hill的作业管理系统

(学习目标 2) **15-24. 在不完全竞争市场下的转让定价：投资报酬率评估、定额成本核算法**

雅典娜公司有两个分部：斯巴达分部和特洛伊分部。斯巴达分部的投资基数为$4 200 000，生产并销售 450 000 件产品，市场价格为$14。它的单位变动成本总计为$4。分部还基于 500 000 件的生产能力向每件产品分配$7 的固定成本。

特洛伊分部希望从斯巴达分部购买 100 000 件产品。但是，它只愿意支付$8 的价格，因为它有机会以较低的价格接受特殊订单。只有特洛伊分部能够以较低的价格购买斯巴达分部的产品，订单才是经济可行的。

要求：

a. 在没有向特洛伊分部转让的情况下，斯巴达分部的投资报酬率是多少？

b. 如果以$8 的价格向特洛伊分部转让 100 000 件产品，那么斯巴达分部的投资报酬率是多少？

c. 如果斯巴达分部希望进行转让的投资报酬率与向外部市场销售 450 000 件产品所接受的投资报酬率相同，那么它愿意接受的 100 000 件产品订单的最低转让价格是多少？

(学习目标 2) **15-25. 评估不同转让决策对利润的影响**

eXcel
mhhe.com/lanen2e

亚马逊饮料公司使用从拉美和亚洲进口的水果生产和灌装一系列软饮料。生产流程要求在灌装车间混合并添加果汁和色素，灌装车间是混合分部的一部分。产成品用公司生产的玻璃瓶包装，每箱 24 瓶。

因为瓶子的外观严重影响销量，所以公司在包装容器车间开发了一个独特的瓶子生产流程，包装容器车间是包装容器分部的一部分。包装容器车间生产的瓶子全部供混合分部使用。各分部（混合分部和包装容器分部）都被视为独立的利润中心，且按利润中心评估。作为公司新任的主计长，你要负责确定为混合分部生产瓶子的正确转让价格。

按照你的要求，包装容器分部的总经理让其他瓶子生产商为混合分部所要求的数量和规格的瓶子报价。他们所报的竞争价格如下。

数 量	总价格	每箱价格
400 000 约当箱[a] ……	$2 880 000	$7.20
800 000 ……………	5 000 000	6.25
1 200 000 …………	6 480 000	5.40

[a] 1 约当箱就代表 24 瓶。

包装容器分部的成本分析表明它可以按下列成本生产瓶子。

数 量	总成本	每箱成本
400 000 约当箱 ……	$2 400 000	$6.00
800 000 ……………	4 000 000	5.00
1 200 000 …………	5 600 000	4.67

这些成本包括$800 000 的固定成本和每约当箱$4 的变动成本。这些数据引发了公司对从包装容器分部转让给混合分部的瓶子的合适价格的激烈讨论。之所以如此沸沸扬扬，是因为分部经理的大部分收入都是基于利润中心经营结果的激励奖金。

混合分部除了瓶装成本之外，还发生了下列成本。

数　量	总价格	每箱价格
400 000 约当箱 ……	$1 800 000	$4.50
800 000 ……………	2 600 000	3.25
1 200 000 …………	3 400 000	2.83

公司的营销团队为产成品建立了下列价格—需求关系。

数　量	总销售收入	每箱销售价格
400 000 约当箱 ···	$ 8 000 000	$20
800 000 …………	14 400 000	18
1 200 000 ………	18 000 000	15

要求：

a. 亚马逊饮料公司过去采用市场价格作为转让价格。采用现行市场价格和成本，并假设转让数量为 1 200 000 箱，计算下列部门的经营利润。

(1) 包装容器分部

(2) 混合分部

(3) 亚马逊饮料公司

b. 这个生产和销售水平对它们而言是最盈利的数量吗？

(1) 包装容器分部

(2) 混合分部

(3) 亚马逊饮料公司

说明理由。

(学习目标 4)　**15–26. 国际转让价格**

Skane 航运公司经营一支集装箱船队，从事从瑞典到新加坡的国际贸易。全部航运收入（即与公司船队相关的收入）均视为在瑞典赚取的收入。公司还在新加坡拥有一个码头，服务于公司的船队。码头的收入视为在新加坡赚取的收入。归属于瑞典的公司收入应按 70%的税率纳税。归属于新加坡的公司收入应按 25%的税率纳税。去年，码头的经营收入为$12 000 000，不包括为公司船队提供的服务。去年公司的航运收入为$78 000 000。

去年，码头的经营成本总计为$15 000 000。在扣除码头成本之前，航运业务的经营成本总计为$51 000 000。公司在新加坡没有类似的码头。

但是，就公司的新加坡码头为船队提供的服务，马来西亚的一个码头向公司收取的费用估计为$9 000 000。公司的管理者指出，如果服务在瑞典提供，全年的成本将为$24 000 000。公司向瑞典税务机构辩称，正确的转让价格应是在瑞典可能收取的价格。瑞典的税务机构则认为马来西亚的价格为正确的价格。

要求：

对公司而言，码头服务的不同转让价格（即瑞典的价格与马来西亚的价格）在税收成本上的差异是多少？

(学习目标 2)

excel mhhe.com/lanen2e

15–27. 分析转让定价数据

Valencia 产品公司是一家分权制的组织，它基于分部贡献边际指标评估分部管理者。消费者音响设备分部和汽车电子设备分部都销售音响设备。消费者音响设备分部集中于销售家庭和个人音响设备。汽车电子设备分部则集中于销售汽车立体声系统的零部件。消费者音响设备分部生产一种音乐播放器，可以$80 的价格在外部市场上销售。外部市场每年能吸收 70 000 件。每件产品需要 4 个直接人工小时数。

如果消费者音响设备再用一个直接人工小时数修改产品，就能销售给汽车电子设备分部，价格为$90。汽车电子设备分部每年能接受 60 000 件产品。

如果汽车电子设备分部不从消费者音响设备分部获得 60 000 件产品，就可以从外部市场采购，价格为$92.50。汽车电子设备分部还发生了$40 的人工及其他现金成本，来将音乐播放器转化成适用于仪表板，并能与汽车的音响系统集成的播放器。转化后的产品在外部市场的销售价格为$225。

消费者音响设备分部的估计总成本为$825 000 的固定成本；每直接人工小时为$12；每个音乐播放器的材料成本及除直接人工之外的其他变动成本为$8。它的生产能力仅限于每年 400 000 个直接人工小时数。

要求：

确定下列各项。

a. 如果向外部市场销售 70 000 件，消费者音响设备分部的总贡献边际。

b. 如果向汽车电子设备分部销售 60 000 件，消费者音响设备分部的总贡献边际。

c. 在确定消费者音响设备分部销售的最优公司政策时应该考虑的成本。

d. 按照最优公司政策，消费者音响设备分部和汽车电子设备分部的年贡献和成本。

(学习目标 2、3)

15–28. 转让定价：绩效考核问题

Cochise 公司的南方分部在满负荷运营。北方分部要求它供应热控开关，南方分部对常规客户的销售价格为$30。北方分部的生产能力利用率为 70%，它愿意为热控开关支付$20 的价格。北方分部将把开关用于它生产的厨房设备上，基于成本加成供应给陆军。南方分部生产开关的变动成本为$17。

北方分部生产厨房设备的成本如下。

外购零部件——外部供应商	$ 90
北方分部热控开关	20
其他变动成本	56
固定生产及行政管理成本	32
成本合计	$198

北方分部认为要获得这个工作，必须有一些价格折让。

公司在评估分部及分部经理的绩效时，采用投资报酬率和利润指标。

要求：

a. 如果你是南方分部的主计长，你会建议向北方供应开关吗？（所有所得税问题都忽略不计。）为什么？

b. 如果公司的南方分部以$20 的价格向北方分部供应开关，那么公司会获得短期经济优势吗？

c. 讨论本案例内在的组织和管理行为困境。作为公司的主计长，你会建议公司总裁做些什么呢？

(学习目标 2、3)　**15–29. 评估转让价格制度**

西部供应公司有三个分部：加利福尼亚、西北和西南分部。它们均按独立的公司运营。各分部都有自己的销售队伍和生产设施。各分部的经理均负责销售收入、经营成本、分部资产的购置和融资，以及营运资本管理。公司的管理者基于投资报酬率评估分部及其经理的绩效。

西南分部刚刚获得了一份合同，合同规定的产品所使用的零部件既可以由西北分部生产也可以由外部供应商生产，而西北分部远远没有达到生产能力。西南分部在为这个新产品报价时，零部件的价格采用成本数字$37。作为对西南分部要求零部件的平均变动成本的回应，西北分部也提供了这个成本数字。它反映了标准变动生产成本和变动营销成本。

西北分部生产的西南分部所需要的零部件，其常规销售价格为$65。西北分部的管理者表示，它可以按常规销售价格减变动销售和配送成本供应西南分部所需要的零部件数量。西南分部的管理者则要求按标准变动生产成本加成 25%支付。

两个分部无法就转让价格达成一致。公司管理者从没有制定过转让价格政策。公司主计长建议的价格为标准的完全生产成本（即没有销售和配送成本）加 20%利润。两个分部的经理都拒绝了这个价格，因为他们都认为不公平。

西北分部的零部件的单位成本结构和所建议的价格如下。

成　本	
标准变动生产成本	$32
标准固定生产成本	13
变动销售及配送费用	5
成本合计	$50
不同的转让价格	
常规销售价格	$65
常规销售价格减变动销售及配送成本（$65–$5）	$60
变动生产成本加成 25%（$32×1.20）	$40
标准的完全生产成本加成 20%（$45×1.20）	$54

要求：

a. 讨论所建议的每种价格可能对西北分部的管理者对公司内部业务的态度产生的影响。

b. 西北分部和西南分部之间议定转让价格是解决转让价格问题的一种令人满意的方法吗？为什么？

c. 公司的管理者应该干预转让价格的争议吗？为什么？

(学习目标 4)

15–30. 转让价格与税收法规：道德问题

Gage 公司有两个分部——Adams 分部和 Bute 分部，它们都按半自治式的组织结构组织。Adams 分部位于美国，生产专用电子元器件，供应位于英国南部的 Bute 分部。Adams 分部利用闲置生产能力生产这些电子元器件，国内市场价格为$12。它的单位变动成本为$5。公司的美国所得税税率为 40%。

除了为从 Adams 分部获得的电子元器件支付转让价格之外，Bute 分部还支付运输费用，每个电子元器件$3。电子元器件是其组装的产品的一部分，还需要花费$2 的生产成本，才能按$23 的价格销售。Bute 分部可以从英国曼彻斯特的供应商采购这种电子元器件，价格为$10。公司的英国所得税税率为 70%。假设英国税法允许按变动成本或市场价格转让。

要求：

a. 什么样的转让价格对于公司而言在经济上是最优的？列出计算过程。

b. 在纳税申报和评估经营单元的绩效时，选择不同的转让价格符合道德吗？

c. 假设公司还有第三个分部 Case 分部，位于新加坡。新加坡的所得税税率低于美国。如果公司在 Adams 分部与 Bute 分部之间的交易和 Adams 分部与 Case 分部之间的交易采用不同的转让价格，那么这符合道德吗？

(学习目标 5)

eXcel
mhhe.com/lanen2e

15–31. 分部报告

Midwest 娱乐公司有四个经营分部：包车分部、住宿分部、音乐会分部和票务分部。在财务报告中，各分部均为独立的分部。去年，与外部交易相关的收入和成本如下所示（单位：千美元）。

	包 车	住 宿	音乐会	票 务
收 入 ……	$12 250	$5 300	$4 450	$1 600
成 本 ……	7 850	3 550	3 300	1 500

包车分部参与住宿分部的常客计划。去年，包车分部报告它送出的旅行住宿奖券的零售价值为$1 300 000，假设旅行按全价兑现。音乐会分部为公司的乘客和住客提供 20%的折扣。其中，乘客获得的折扣估计零售价值为$350 000。公司的住客兑现了$150 000 的音乐会折扣券。公司的酒店也为包车分部的员工（司机和导游）提供房间。全年所提供的房间的价值总计为$650 000。

票务分部销售包车分部的包车旅游，全年销售总值为$200 000。在这项服务中，公司内部住宿价值$100 000。它还销售音乐会门票。公司内部门票价值$50 000。

在为编制财务报表准备所有这些数据时，住宿分部的主计长称，包车券的价值应该按差量成本和机会成本而不是全价计。这种观点得到了支持，因为旅游券通常分配给否则会空置，或者像折扣音乐会的折扣门票那样受到限制的座位。如果采用差量成本和机会成本作为转让价格，其价值就将是$2 500 000 000，而不是$1 300 000。包车分部的主计长也就音乐会折扣券提出了类似的观点。如果音乐会折扣券以差量成本为基础，那么转让价格就将为$50 000，而不是$3 500 000 000。

公司报告的各分部的资产如下（单位：千美元）。

包　车	$47 750
住　宿	19 250
音乐会	16 050
票　务	3 250

要求：

a. 在分部报告时，采用零售价值作为转让价格，各分部的经营利润分别是多少？

b. 采用差量成本作为转让定价基础，各分部的经营利润分别是多少？

c. 采用（a）和（b）中的转让定价法为各分部的投资报酬率排序，转让定价制度对排序有什么影响？

（学习目标 1、2）

15-32. 两部分转让价格

Mathes 公司生产纸产品。公司经营着一个垃圾填埋场，用于处理无害垃圾。垃圾用载重可达 5 吨的卡车从附近的两个生产厂运来。无论卡车装载了多少垃圾（每车），垃圾填埋场都需要进行一些准备工作。明年垃圾填埋场的预算如下。

垃圾数量	1 500 吨（300 车次）
准备工作成本（随车次比变化）	$ 45 000
其他变动成本（随吨数变化）	45 000
固定成本	110 000
预算成本合计	$200 000

公司正在考虑将垃圾填埋场变成一个利润中心，并向生产厂收取垃圾处理费。垃圾填埋场有足够的生产能力，至少可以运营 20 年。本地区还有其他垃圾填埋场（有民营的，也有市政的），每个生产厂都可以自由决定使用哪个垃圾填埋场。

要求：

a. 公司在垃圾填埋场应该实施什么转让定价规则，从而使生产厂的经理能够就垃圾填埋场的使用问题独立做出符合公司最大利益的决策？

b. 通过计算适用于一个生产厂一车 4 吨重的垃圾的转让价格，说明你的规则。

15-33. 预算与实际成本

参考习题第 15-32 题中的数据。年末，可获得下列关于垃圾填埋场的实际运营情况的数据。

垃圾数量	1 250 吨（400 车次）
准备工作成本（每车）	$ 56 000
其他变动成本（每吨）	38 750
固定成本	108 250
预算成本合计	$203 000

要求：

根据实际经济活动量和成本，你会改变在习题第 15-32 题中所给的建议吗？为什么？

综合案例

(学习目标 1、2、3)

15-34. Custom 货运公司（A）：转让定价

"我们不能将价格降至每百磅$210 以下，" Custom 货运公司转运分部的经理格雷格大声说，"我们的利润边际已经很薄了。我们的成本不允许我们再降价。公司基于我们的盈利能力奖励我们，我决不会将价格降至$210 以下。"

Custom 货运公司按三个分部组织。航空货运分部提供航空货物运输服务；物流服务分部经营配送中心并提供卡车货运服务；转运分部提供国际货物转运服务（参见图表 15.6）。货物转运一般从国际航空货运公司那里购买飞机上的空间。这类似于包机公司从客机上预定座位，然后再转售给乘客。在许多情况下，货物转运人都雇佣卡车运输公司，把货物从飞机运到国内目的地。

管理者认为三个分部整合得很好，能够为客户提供一站式运输服务。例如，在新加坡的一个转运分支机构就从承运人那里接收货物，然后再由航空货物分部运往国内的各转运站。国内转运站将确保货物通过海关，并由物流服务分部送至最终的目的地，参见图表 15.6。

管理层单独评估各分部，并基于利润和投资报酬率奖励分部经理。责任和决策权是分权制的。类似地，各分部都有销售和营销组织。分部销售人员向公司的运营副总裁报告。参见图表 15.7。公司认为它通过奖励高利润分部，成功地激励了分部经理。

最近，物流分部需要为一个客户准备报价。这位客户要从一个海外供应商进口货物，希望物流分部提供包括航空货运、机场接货并报关、仓储及将货物送达客户在内的一系列服务的报价。

因为这是一份国际运输合同，所以物流分部需要联系不同货物转运人，索取报价。物流分部从转运分部和竞争者的联合货运公司那里取得了报价。Custom 货运公司的各分部可以自由选择最合适的、成本效益最佳的供应商。

物流分部从转运分部得到的报价是每百磅$210，从联合货运公司得到的报价是每百磅$185。转运分部在报价中指出它将使用本公司航空货运分部的服务。转运分部的变动成本为每百磅$175，包括分包航空运输的成本。航空货运分部有剩余生产能力，向转运分部提出的报价为市场价格$155。一般而言，航空货运分部的变动成本为市场价格的 60%。

两个不同报价之间的差异引起了物流分部的合同经理苏珊的注意。她知道这是一个竞争

图表 15.6
Custom 货运公司的运营

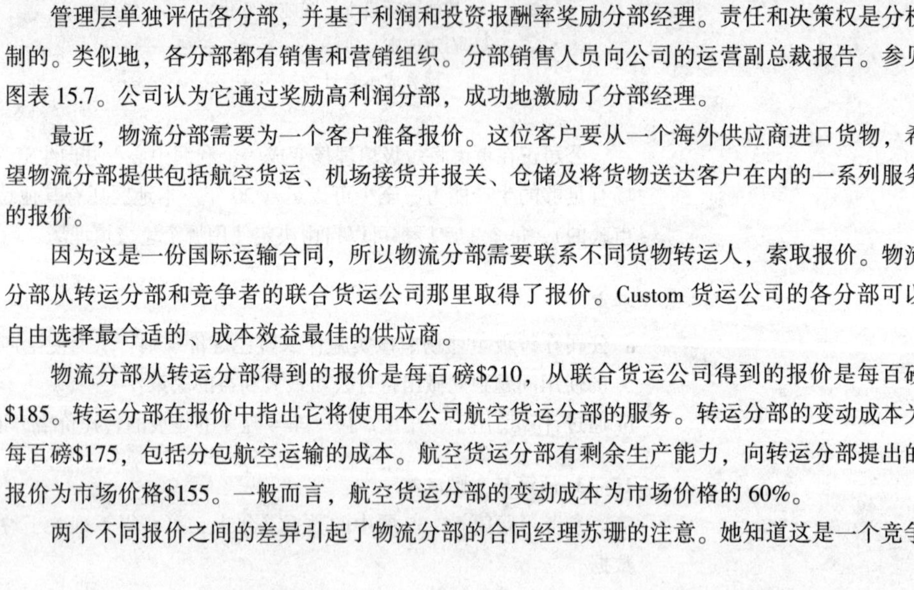

图表 15.7
Custom 货运公司组织机构图

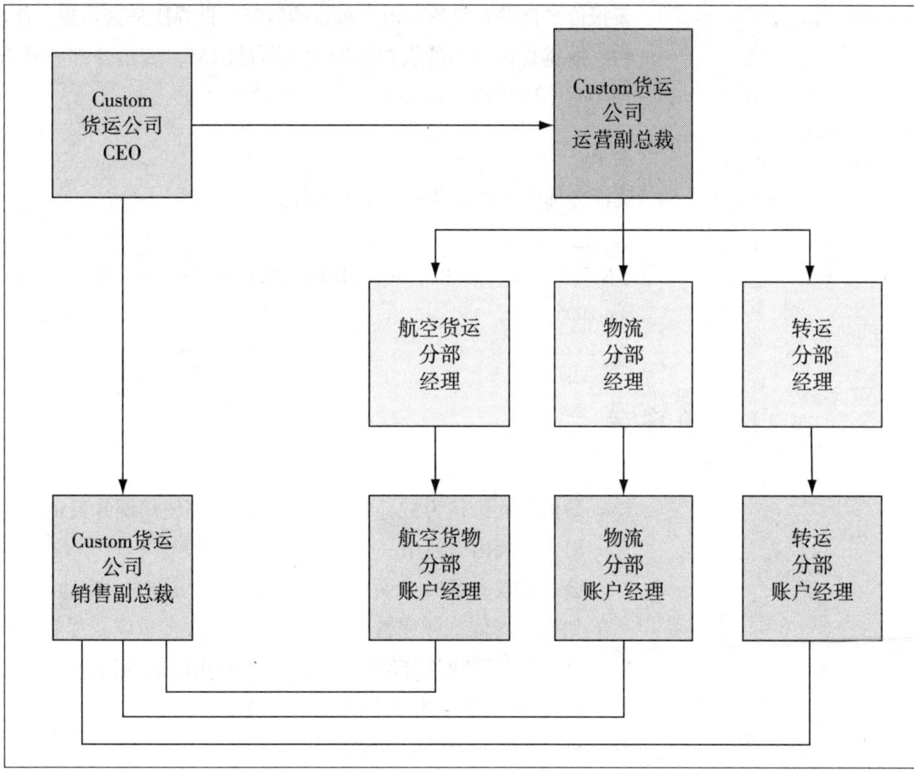

激烈的行业，因为高低报价之间的差额至少为$1 000 000（目前预计第一年的合同数量为4 160 000磅），所以值得关注。苏珊联系了转运分部的经理格雷格，讨论了报价问题。“你难道不认为因为是你们分部和航空公司有太多的剩余生产能力，所以不能保证全额的利润吗?”她问道。

苏珊很快意识到，格雷格不会降低报价。“你知道这个行业的利润率有多低，为什么我要将利润率降得更低，从而使你们分部看上去绩效很好?”他反问道。

苏珊找到公司运营副总裁兼公司战略委员会主席贝宁。“这听起来的确很奇怪，”他说，“我需要审查一下总体成本结构，并和格雷格谈谈。我星期一中午之前再回复你。”

要求：

a. 物流分部应该接受哪个报价呢？转运分部的内部报价，还是联合货运公司的外部报价？

b. 这项交易的转让价格应该是多少？

c. 贝宁应该做什么？

d. 分部经理的奖励制度符合转运分部和公司的最大利益吗？举例说明你的结论。

本案例由 Thomas B. Rumzie 在 Michael W. Maher 的指导下编写。

15–35. Custom 货运公司（B）：转让定价

假设所有信息均与综合案例 15-34 相同，但是，物流分部不只收到了一个外部报价。

新报价来自世界服务公司，每百磅$195。世界服务公司提出使用航空货运分部的服务运输货物。航空货运分部的收费标准为每百磅$155。转运分部和联合货运公司的报价同综合案例15–34，分别为$210和$185。

要求：

物流分部应该接受哪个报价？为什么？

自学题答案

1. a. 最优转让价格为$2，它反映了食品分部使用调味品的价值，因为调味品的生产成本为$1，如果内部使用一个单位，对外销售就少一个单位。如果放弃了对外销售，Elmhurst公司就放弃了$1 的贡献边际（$2 的收入减$1 的变动成本）。

   b. 如果市场像这样完善，就不可能发生太多争议。尽管食品分部经理更倾向于较低的价格，但是调味品分部的经理也没有理由降低价格。

2. a. $6（=$2 转让价格加$4 精加工成本）。

   b. $1，调味品分部的变动成本。

   c.

	调味品分部	食品分部
数量	200 000	200 000
收入	$200 000	$2 000 000
变动成本	200 000	1 000 000[a]
固定成本	50 000	200 000
利 润	$(50 000)	$ 800 000

[a] $200 000 转让成本加 200 000×精加工成本$4。

3. 假设采用双重转让价格政策，那么分部收益为

	木材分部	纸张分部	Padre 纸业
数 量	100 000	100 000	
收 入	$5 000 000[a]	$12 000 000[b]	$12 000 000[b]
变动成本			
转 让	-0-	2 000 000[c]	-0-
直接发生	2 000 000[c]	3 000 000[d]	5 000 000[e]
固定成本	2 000 000	4 000 000	6 000 000
利 润	$1 000 000	$3 000 000	$1 000 000

[a] $50 × 100 000

[b] $120 × 100 000

[c] $20 × 100 000

[d] $30 × 100 000

[e] $2 00 000 + $3 000 000

4. 如果税率相同，转让价格就不会影响应缴税金。如果转让价格为$25，那么应缴税金如下。

	美　国		波多黎各
收　入 ……………	$20 000 000		$50 000 000
第三方成本 ………	20 000 000		5 000 000
转让产品成本 ……			20 000 000
应纳税所得 ……	$　-0-		$25 000 000
税　率 ……………	30%		30%
应缴税金 …………	$　-0-		$ 7 500 000
应缴税金合计 …		$7 500 000	

如果转让价格为$45 000 000，那么应缴税金如下。

	美　国		波多黎各
收　入 ……………	$45 000 000		$50 000 000
第三方成本 ………	20 000 000		5 000 000
转让产品成本 ……			45 000 000
应纳税所得 ……	$25 000 000		$　-0-
税　率 ……………	30%		30%
应缴税金 …………	$ 7 500 000		$　-0-
应缴税金合计 …		$7 500 000	

16 差异分析

第16章

学习目标

阅读本章之后，你应该能够：

1. 利用预算进行绩效评估。
2. 建立并运用弹性预算。
3. 计算并解释销售活动差异。
4. 开展利润差异分析。
5. 计算并运用变动成本差异。
6. 计算并运用固定成本差异
7. （附录）理解在标准成本核算制度中如何记录成本。

复习题

16–1. 基于变动成本法的贡献边际形式较之基于完全成本法的传统形式有什么优点？

16–2. “成本的弹性预算就是用主预算经济活动水平下的平均总成本乘以其他不同经济活动水平。”这种说法是对还是错？为什么？

16–3. 弹性预算：

a. 适宜于控制生产管理成本，但不适宜于控制直接材料和直接人工。

b. 适宜于控制直接材料和直接人工，但不适宜于控制生产管理成本。

c. 在成本和费用受经济活动量波动的影响时不适宜。

d. 适宜于任何经济活动水平。

16–4. 主预算和弹性预算之间的基本区别是什么？

a. 弹性预算仅考虑变动成本；主预算则考虑所有成本。

b. 主预算基于预测的经济活动水平；弹性预算则基于实际的经济活动水平。

c. 主预算针对整个生产系统；弹性预算则仅适用于个别部门。

16–5. 标准和预算是同一回事儿。这种说法是对还是错？

16–6. 实际直接材料成本不同于主预算账户。产生这种差异的三个主要原因是什么？

16–7. 固定成本差异的计算不同于变动成本差异，为什么？

重点分析与讨论题

16-8. 编制弹性预算的优点是什么？期间已经结束了，实际成本也知道了。这只不过是工作人员的额外工作吗？

16-9. 弹性预算和管理控制之间的联系是什么？

16-10. 给出两个理由说明为什么将生产成本差异区分为价格差异和效率差异，有助于管理控制。

16-11. 一个重要客户的紧急订单导致了大量的加班和不利的生产成本差异。这项差异应该由营销经理负责，还是应该由生产经理负责？还是两者都负责或者都不负责而由其他人负责？

16-12. “我的公司与工会签订了工资合同。因此，我们不需要计算人工价格差异，它永远都是零。”试作评论。

16-13. 产量差异表明，一个公司的支出是多于还是少于预算所要求的支出。这种说法是对还是错？

16-14. 产量差异应该由生产经理负责。你赞成这种观点吗？为什么？

练　习

可参考McGraw-Hill的作业管理系统

(学习目标 2)　**16-15. 弹性预算**

在 Windsor 公司，上一预算期间的主预算要求销量为 180 000，价格为$12。估计单位变动成本为$5，固定成本为$300 000。在预算期间，实际产量和实际销量为 184 000。销售价格为$12.15。单位变动成本为$5.90。实际固定成本为$300 000。

要求：

编制 Windor 公司的弹性预算。

(学习目标 3)　**16-16. 销售活动差异**

参考练习第 16-15 题中的数据。开展像图表 16.4 一样的销售活动差异分析。

(学习目标 4)　**16-17. 利润差异分析**

参考练习第 16-15 题和第 16-16 题中的数据，开展像图表 16.5 一样的利润差异分析。

(学习目标 2) **16–18. 弹性预算**

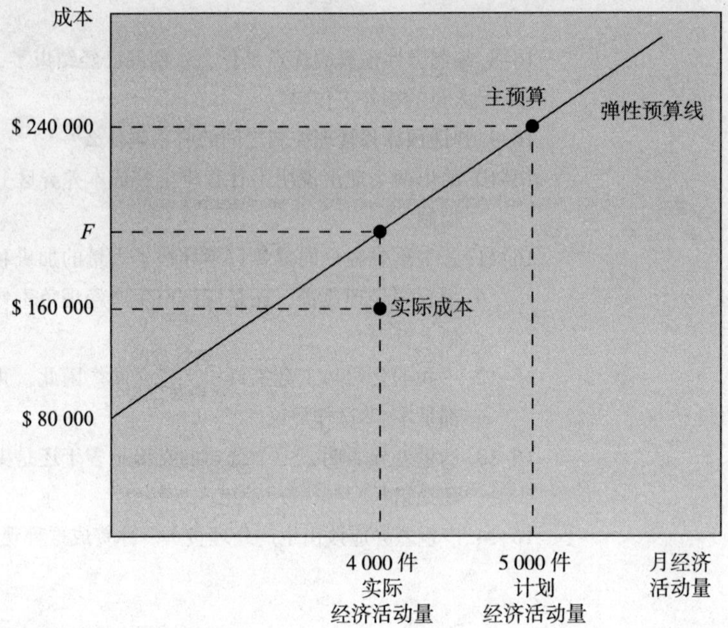

要求：

根据图中的数据，计算下列各项。

a. 期间的预算固定成本。

b. 预算单位变动成本。

c. *F* 的值（即经济活动量为 4 000 件时的弹性预算）。

d. 实际经济活动量为 8 000 件时的弹性预算成本。

(学习目标 2) **16–19. 填上弹性预算图中的数额**

填上图中遗漏的（a）和（b）的数额。

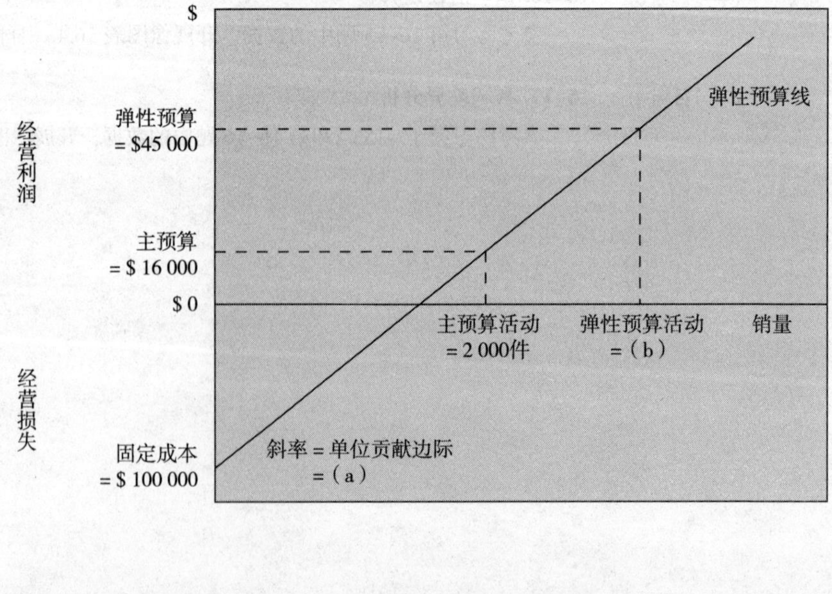

(学习目标 2)　**16–20. 弹性预算**

给图中的（a）和（b）点标上名称，并给出各点的销量。

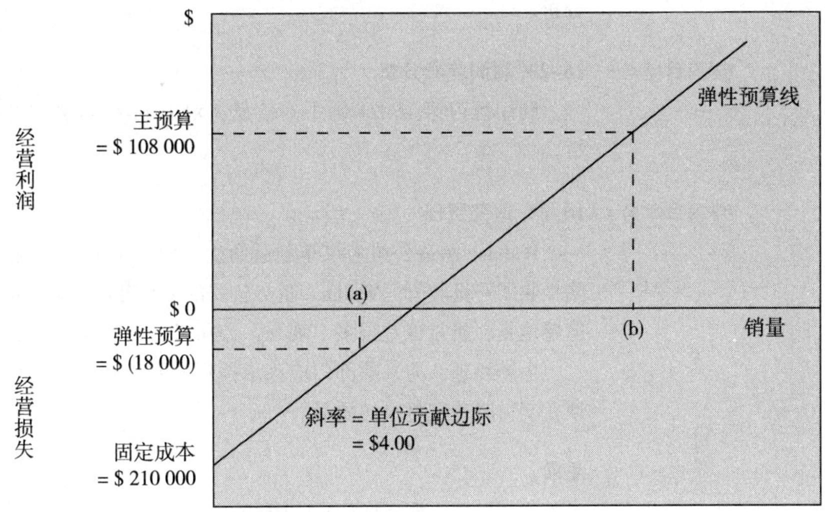

(学习目标 2)　**16–21. 编制弹性预算**

Data-Z-Go 公司生产和销售闪存盘。公司只有在收到了订单之后才生产，因此没有存货。下列是关于本月的信息。

	实际（基于实际销量 850 000 件）	主预算（基于预算销量 800 000 件）
销售收入	$5 790 000	$6 000 000
减：		
变动成本		
空闪存盘	1 800 000	1 800 000
直接人工	495 000	420 000
变动生产管理成本	717 000	780 000
变动营销与行政管理成本	615 000	600 000
变动成本合计	$3 627 000	$3 600 000
贡献边际	$2 163 000	$2 400 000
减：		
固定成本		
生产管理成本	1 164 000	1 200 000
营销	360 000	360 000
行政管理成本	195 000	225 000
固定成本合计	$1 719 000	$1 785 000
经营利润	$ 444 000	$ 615 000

要求：

编制 Data-Z-Go 公司的弹性预算。

(学习目标 3) **16-22. 销售活动差异**

参考练习第 16-21 题中的数据。对 Data-Z-Go 公司开展像图表 16.4 一样的销售活动差异分析。

(学习目标 4) **16-23. 利润差异分析**

利用练习第 16-21 题中的信息，对 Data-Z-Go 公司开展像图表 16.5 一样的利润差异分析。

(学习目标 1) **16-24. 追究责任**

Wallace 制造公司为汽车制造商生产发动机零件。最近，一个重要的汽车公司因质量缺陷拒收了一批歧管。Wallace 制造公司的采购部门以较低的价格从一个新供应商那里订了货。遗憾地是，质量也差很多。现在，公司必须生产替换零件，客户不会补偿公司的原始成本。

生产经理认为采购部门应该承担新增的全部生产成本。采购部门经理则说生产部门本应该在交付时检查材料的质量。

要求：

作为工厂经理，你将如何追究责任？

(学习目标 1) **16-25. 追究责任**

Davidson 通信公司生产手机。手机在 404 号厂房装配，然后送到 405 号厂房检测、包装，以及发货。星期四，405 号厂房的生产主管要求 404 号厂房的经理停止生产。一台电子检测设备需要紧急维修。404 号厂房的经理拒绝了，说："花钱雇我，就是为了维持生产。如果我停止生产，就会受到处罚，并丢掉奖金。"

因此，405 号厂房的检测人员检测的数量比平常要少。由于这个原因，当天生产的退货率大大高于平时。退货及保修的成本为$75 000。

要求：

对于发生的$75 000 退货及保修成本，作为高管，你将追究谁的责任？

(学习目标 5) **16-26. 变动成本差异**

一家公司的标准单位直接人工成本为$5（= $20/小时 × 0.25 小时/件）。本期，实际直接人工成本总计为$30 000，耗用了 1 600 个人工小时数，生产了 5 600 件产品。

要求：

计算本期直接人工成本的价格差异和效率差异（参考图表 16.9 的形式）。

(学习目标 5) **16-27. 变动成本差异**

下列数据反映了 Stills 公司本月的经济活动。

实际直接人工合计	$364 000
实际人工小时数	26 000
实际产出所需要的标准人工小时数（弹性预算）	27 000
直接人工价格差异	$13 000 不利差异
实际变动生产管理成本	$88 400
单位标准直接人工小时标准变动生产管理成本	$3.50

变动生产管理成本基于标准直接人工小时数分配。

要求：

计算人工和变动生产管理成本的价格差异和效率差异。

(学习目标 5、7) **16–28.（附录用于 b 部分）变动成本差异**

关于 Thurmster 公司的直接材料成本如下。

实际耗用的直接材料数量	15 000
实际耗用的直接材料成本	\$32 850
单位直接材料标准价格	\$2.10
直接材料标准预算	\$29 925

公司没有材料存货。

要求：

a. 为管理者编制一份简短的报告，说明公司直接材料的价格差异和效率差异。

b. （附录）编写会计分录，记录直接材料的采购和耗用。

(学习目标 5、7) **16–29.（附录用于 b 部分）变动成本差异**

关于 Canyon 化工公司的直接材料成本如下。

采购和耗用的化工产品 Y 的数量	28 800 加仑
耗用的化工产品 Y 的实际成本	\$320 000
化工产品 Y 的标准成本（每加仑）	\$11.25
化工产品 Y 的标准耗用数量	26 400 加仑

要求：

a. 公司的直接材料价格差异和效率差异分别是多少？

b. （附录）编写会计分录，记录化工产品 Y 的采购和耗用。

(学习目标 6) **16–30. 固定成本差异**

关于 Carney 公司的固定生产管理成本的信息如下。

分配的生产管理成本	\$120 000
实际生产管理成本	128 500
预算生产管理成本	123 000

要求：

固定生产管理成本的价格差异和产量差异分别是多少？（参考图表 16.3 的形式）。

(学习目标 6) **16–31. 图示**

参考练习第 16–30 题中的数据。管理层希望看到以图形的形式报告的结果。

要求：

绘制一张像图表 16.14 一样的图。

(学习目标 6) **16–32. 固定成本差异**

Hilo公司按照每单位$2.20的分配标准分配固定生产管理成本。预算固定生产管理成本为$203 580。本月生产了96 000件，实际生产管理成本为$19 530。

要求：

Hilo公司的固定生产管理成本价格差异和产量差异分别是多少？

(学习目标 5、6、7) **16–33. （附录用于c部分）全面成本差异分析**

Wagner公司生产卡车轮胎。下列是关于上个经营期间的信息。

- 公司生产并销售了46 000个轮胎，价格为$80。预算产量为50 000个轮胎。
- 每个轮胎的标准变动成本如下。

直接材料：4磅 @ $4	$16.00
直接人工：0.8小时 @ $18	14.40
变动生产管理成本：0.18个机器小时数 @20/小时	3.60
变动成本合计	$34.00

- 固定生产管理成本为

月度预算	$1 350 000

- 固定生产管理成本按每个轮胎$27.00的标准分配。
- 实际生产成本为

采购和耗用的直接材料：192 000磅 @ $3.60	$ 691 200
直接人工：35 200小时 @ $18.40	647 680
变动生产管理成本：8 640个机器小时数 @20.40/小时	176 256
固定生产管理成本合计	1 425 000

要求：

a. 对公司的每项变动成本进行成本差异分析。

b. 分析固定生产管理成本差异。

c. 编写会计分录，记录上一期间的经济活动。假设所有差异均在经营期间的期末结转入销货成本。

(学习目标 5、6) **16–34. 全面成本差异分析**

Pueblo服务公司是一家迅速发展的换油连锁店。下列是关于去年提供服务的数据。

- 去年公司共换油396 000次。预算换油360 000次，平均每次10分钟。
- 每次换油的标准变动人工成本和辅助人员成本如下。

直接石油专家服务：10分钟 @$18/小时	$3
变动辅助人员及行政管理成本：5分钟 @$12/小时	1

- 固定生产管理成本

年度预算	$720 000

- 固定生产管理成本按每次换油$2 的标准分配。
- 实际换油成本

直接石油专家服务：396 000 次，平均每次 12 分钟 @$19.50/小时	$1 544 400
变动辅助人员及行政管理成本：0.1 个人工小时 @$11/小时×396 000	435 600
固定生产管理成本	748 000

要求：

a. 对去年每项变动成本进行成本差异分析。

b. 像图表 16.13 一样进行固定生产管理成本差异分析。

(学习目标 5、6) **16–35. 生产管理成本差异**

Three Bridges 公司本期的生产管理成本信息如下。

发生的实际生产管理成本	$319 200（$91 200 为固定成本，$228 000 为变动成本）
预算固定生产管理成本	$93 600（12 000 为预算直接人工小时数）
单位直接人工小时标准变动生产管理成本	$18
实际产量所需要的标准小时	14 000 个小时
耗用的实际人工小时数	13 200 个小时

要求：

变动生产管理成本的价格差异和效率差异，以及固定生产管理成本的价格差异分别是多少？

习 题

可参考McGraw-Hill的作业管理系统

(学习目标 2、4) **16–36. 在给定实际结果的条件下解决主预算问题**

excel

mhhe.com/lanen2e

Gibson 公司新的实习会计丢失了本期的惟一一份主预算。首席财务官想评估本期的绩效，但是需要主预算。本期的实际结果如下。

销量	120 000 件
销售收入	$2 016 000
变动成本	
生产成本	441 600
营销与行政管理成本	184 200
贡献边际	$1 390 200
固定成本	
生产成本	615 000
营销与行政管理成本	339 600
经营利润	$ 435 600

公司计划生产和销售 108 000 件产品，单价为$15。按照这个产销量水平，贡献边际将为$1 140 000。预算的变动营销与行政管理成本为销售收入的 10%。在 108 000 件的定额产量水平下，单位固定生产成本估计为$6。管理层说："在定额产量水平下，我们的单位预算经营利润为$3。"

要求：

a. 编制本期的主预算。

b. 开展像图表 16.5 一样的利润差异分析。

(学习目标 4)

16–37. 为利润差异分析寻找遗漏的数据

	报告的损益表 (1 500 件)	生产成本差异	营销与行政管理成本差异	销售价格差异	弹性预算 (a 件)	销售活动差异	主预算 (1 600 件)
销售收入	$39 000			(b)	$40 500	(c)	(d)
变动生产成本	(e)	$1 200F			(f)	$760F	(g)
变动营销与行政管理成本	(h)		(i)		(j)	(k)	$4 800
贡献边际	$24 800	(l)	(m)	(n)	(o)	(p)	(q)

要求：

计算出遗漏项目 (*a*) 至 (*q*) 的值。假设实际销量等于实际产量（没有存货水平变化）。

mhhe.com/lanen2e

(学习目标 4)

16–38. 为利润差异分析寻找数据

	报告的损益表（基于实际销量）	生产成本差异	营销与行政管理成本差异	销售价格差异	弹性预算（基于实际销量）	销售活动差异	主预算（基于预算销量）
销量	(a)				(b)	1 000F	5 000
销售收入	(g)			$4 500F	(h)	(i)	$37 500
减：							
变动生产成本	(n)	(o)			$24 000	(j)	$20 000
变动营销与行政管理成本	$5 400		(p)		$ 6 000	$1 000U	(c)
贡献边际	(q)	$2 250U	(s)	(x)	$15 000	(k)	$12 500
固定生产成本	(r)	500F			(m)		(d)
固定营销与行政管理成本	4 500		(v)		$ 3 750		(e)
经营利润	(t)	(u)	(w)	$4 500F	$ 5 000	(l)	(f)

要求：

计算出遗漏项目 (a) 至 (x) 的值。假设实际销量等于实际产量（没有存货水平的变化）。

(学习目标 2)

16–39. 管理所报告的利润中的道德问题

一位外来的新首席财务官力图将 Doak 公司从一个深陷困境的组织扭转为一个盈利丰厚的组织。根据市场研究，她想将生产集中在纸张分部的两条专用生产线上。

实践证明，市场研究是正确的，截至年末，纸张分部的利润超出了预算利润 18%。主计长雷·格林知道自己的年度奖金取决于是否超出了预算利润，并且奖金将稳定在超出预算利润 10%的水平。

雷期望明年的利润计划保持不变，但是明年的预算将考虑生产线的变化。雷发现，在保持超出预算利润 10%的情况下，他可以将明年的部分费用计入本年，并将本年的收入递延至明年。

要求：

为什么公司的主计长雷想递延收入但确认费用呢？这符合道德吗？

(学习目标 3) **16–40. 编制弹性预算**

excel mhhe.com/lanen2e

下面提供了关于 Tolstoy 公司本期经营情况的信息。

	实际（基于实际销量 360 件）	主预算（基于预算销量 400 件）
销售收入	$13 800	$15 000
减：		
生产成本		
直接人工	2 130	2 250
材料	1 800	2 100
变动生产管理成本	1 230	1 500
营销成本	795	900
行政管理成本	750	750
变动成本合计	$ 6 705	$ 7 500
贡献边际	$ 7 095	$ 7 500
固定成本		
生产	729	750
营销	1 560	1 500
行政管理	1 494	1 500
固定成本合计	$ 3 783	$ 3 750
经营利润	$ 3 312	$ 3 750

没有存货。

要求：

请为 Tolstoy 公司编制一份弹性预算。

(学习目标 3) **16–41. 销售活动差异**

参考习题第 16–40 题的数据。请为 Tolstoy 公司进行如图表 16.4 一样的销售活动差异分析。

(学习目标 4) **16–42. 利润差异分析**

利用习题 16–40 的信息，对 Tolstoy 公司进行如图表 16.5 一样的利润差异分析。

(学习目标 5) **16–43. 直接材料**

关于 Clearwater 公司的直接材料成本如下。

每盎司材料标准价格	$50
实际耗用数量	7 200 克
生产所需要的标准数量	7 600 克
价格差异	$18 00 的有利差异

要求：

每克的实际采购价格是多少？

(学习目标 5) **16–44. 求解直接人工小时数**

Thomas 公司四月份报告了一种产品的直接人工信息，具体如下。

标准工资	$7.00/ 小时
实际支付的工资率工资	$7.20/ 小时
实际产量所需要的标准小时数	11 200 小时
人工效率差异	$5 600 有利差异

要求：

根据这些数据，计算实际耗用的小时数，以及人工价格差异。

(学习目标 5、6) **16–45. 生产管理成本差异**

Loma 零部件公司本期的生产管理成本信息如下。

实际发生的生产管理成本	$29 400（其中 2/3 为变动成本）
预算固定生产管理成本	$8 640
每直接人工小时标准变动生产管理成本	$9.00
实际产量所需要的标准人工小时	2 350 小时
实际耗用的人工小时数	2 200 小时

要求：

变动生产管理成本的价格差异和效率差异，以及固定生产管理成本的价格差异分别是多少？

(学习目标 5、6) **16–46. 生产差异**

mhhe.com/lanen2e

Clemson 公司基于标准成本编制预算。每月编制一份反映主预算和实际结果之间差异的责任报告。差异单独分析和报告。没有材料存货。

下面是关于本期的一些信息。

标准成本（单位产出）	
直接材料，4 加仑 @1.50/加仑	$6
直接人工，8 小时 @$6/小时	48
生产管理成本	
变动（直接人工成本的 25%）	12
单位标准成本合计	$66

本月的实际成本和经济活动量如下。

材料耗用 ……………………………	8 400 加仑 @$1.35/ 加仑
产量 …………………………………	1 900 件
实际人工成本 ………………………	12 800 小时 @$7.50/ 小时
实际变动生产管理成本 …………	$27 000

要求：

对变动成本进行成本差异分析。

(学习目标 5、6) **16–47. 生产管理成本与差异之间的关系**

Fargo 公司报告变动生产管理成本的价格差异为$200 的不利差异，固定生产管理成本的价格差异为$2 000 的不利差异。弹性预算基于 21 400 个直接人工小时数有变动生产管理成本$128 400。实际直接人工小时仅为 21 200 个。实际生产管理成本总计为$217 400。计算固定生产管理成本分配标准所使用的估计数字为 22 000 个小时。

要求：

a. 进行如图表 16.10 一样的变动生产管理成本分析。

b. 进行如图表 16.13 一样的固定生产管理成本分析。

(学习目标 1、4) **16–48. 分析成本报告**

玛丽是 Tripart 公司 Cabot 工厂的生产经理。她向公司总部抱怨了多次，认为用于评估她们厂的成本报告具有误导性。她说："我知道如何生产优质的产品，多年来，我甚至降低了原材料的耗用量。成本报告却没有反映我的任何努力。无论我做什么，它们始终都是负面的。我没办法赢过会计人员或者总部使用这些报告的人员。"

最近的一份报告的拷贝如下。

CABOT 工厂
成 本 报 告
3 月份
(单位：千美元)

	主预算	实际成本	超额
原材料 ……………………………	$1 200	$1 311	$111
直接人工 …………………………	1 680	1 620	(60)
生产管理成本 ……………………	300	402	102
合　计 ……………………………	$3 180	$3 333	$153

要求：

至少找出三种能使成本信息更有意义，且对生产经理的威胁较小的成本报告变化，并予以说明。

(学习目标 1) **16–49. 改变政策，提高劳动生产率**

Osage 电子公司经历了利润边际的不断下滑，一直在寻找增加经营收益的方式。它不能提高销售价格，因为担心失去业务而让竞争者夺走。它必须削减成本，或者提高劳动生产率。

Osage 公司采用标准成本核算制度评估焊接部门的绩效。它在月末调查所有不利差异。焊接部门很少按低于标准时间完成作业（如果按低于标准的时间完成作业，就会产生有利差异）。在大多数月份中，差异都为零或微小的不利差异。生产经理推断，如果所生产的产品适用较低的标准，就会提高利润边际，所以她建议大幅降低所有焊接作业的标准时间。生产经理通知焊接人员，她希望焊接部门能够达到这些新标准。

要求：

通过缩短焊接作业的时间来降低标准成本，会增加利润边际、提高劳动生产率吗？

(学习目标 2) **16–50. 道德问题和标准成本**

Farmer Frank 公司加工本地农产品，并向超市供应。多年来，价格竞争日益激烈，所以公司的主计长苏珊计划实施标准成本核算制度。她让成本会计玛格利特收集关于蓝莓果酱（公司最受欢迎的产品）的生产信息。玛格利特报告蓝莓的成本为$0.75/夸脱，即她准备向经营蓝莓农场，但过去几年一直不盈利的好朋友支付的价格。由于市场上供大于求，蓝莓的价格降至了$0.60/夸脱。玛格利特可以肯定$0.75 的价格足以使她朋友的农场扭亏为盈。

要求：

玛格利特向苏珊提供成本信息的行为是不道德的吗？为什么？

(学习目标 5、6) **16–51. 综合差异问题**

Trentor 制造公司生产一种产品，标准成本的细节具体如下。

直接材料，20 英尺 @$18/英尺 …………………………	$360
直接人工，24 小时 @$15/小时 …………………………	360
按直接人工的 5/6 分配生产管理成本	
（变动成本=$225；固定成本=$75）…………………	300
变动的营销及行政管理成本 …………………………	240
固定的营销及行政管理成本 …………………………	140
单位成本合计 ………………………………………	$1 400

标准是基于主预算经济活动水平每月 14 400 个直接人工小时计算。上个月的实际经济活动量如下。

材料耗用 …………………………	9 500 码 @$18.40/ 码
直接人工 …………………………	12 600 小时 @$15.25/ 小时
总生产管理成本 …………………	$166 500
产量 ………………………………	500 件

要求：

对变动成本和固定成本进行差异分析。指出哪些差异不能计算。材料随用随买。

(学习目标 5、6) **16–52. 根据差异求解实际和预算数额**

假设 Timekiller 公司生产一种新型电子游戏控制器。游戏控制器的现行标准成本表如下。

直接材料，？千克 @$2/千克	$?/游戏
直接人工，1.5 小时 @？/小时	?/游戏
生产管理成本，1.5 小时 @？/小时	?/游戏
总成本	$39/游戏

假设公司上个月末的记录中出现了下列数据。

实际产量	12 000 件
实际销量	7 500 件
材料（112 500 千克）	$236 250
材料价格差异	11 250 不利差异
材料效率差异	9 000 不利差异
直接人工价格差异	6 840 不利差异
直接人工（17 100 小时）	143 640
生产管理成本分配不足（总计）	4 500 不利差异

没有材料存货。

要求：

a. 对直接材料和直接人工进行差异分析，并填上标准成本表中的空。

b. 假设所有生产管理成本都是固定的，生产管理成本$4 500 分配不足是惟一可计算的生产管理成本差异。实际生产管理成本和分配的生产管理成本分别是多少？

(学习目标 5、6)　**16–53. 在遗漏数据的情况下计算差异**

下面提供的信息是为了帮助你评估 Studio 公司生产经营部门的绩效。

实际产量	42 000
主生产预算	
直接材料	$264 000
直接人工	224 000
生产管理成本	318 400
单位标准成本	
直接材料	$1.65 × 4 加仑/单位产出
直接人工	$14/小时 × 0.4 小时/单位产出
变动生产管理成本	$11.90/直接人工小时
实际成本	
采购和耗用的直接材料	$301 920 (163 200 加仑)
直接人工	223 416 (17 120 个小时)
生产管理成本	326 400 (61%为变动成本)

变动生产管理成本基于直接人工小时数分配。

要求：

编制一份反映所有变动生产成本的价格差异和效率差异，以及固定生产成本的价格差异和产量差异的报告。

(学习目标 5、6) **16–54. 综合差异问题**

Sweetwater 公司生产两种产品：Mountain Mist 和 Valley Stream。公司基于标准成本编制主预算。下面是 3 月份的数据。

标准	Mountain Mist	Valley Stream
直接材料	3 盎司 @$15/ 盎司	4 盎司 @$16.50/ 盎司
直接人工	5 小时 @$60/ 小时	6 小时 @$75/ 小时
变动生产管理成本（每直接人工小时）	$48	$52.50
固定生产管理成本（每月）	$335 340	$397 800
预期经济活动量（直接人工小时数）	5 750	7 800
实际结果		
直接材料（采购与耗用）	3 100 盎司 @$13.50/ 盎司	4 700 盎司 @$17.25/ 盎司
直接人工	4 900 小时 @$60.75/ 小时	7 400 小时 @$76.50/ 小时
变动生产管理成本	$242 550	$378 510
固定生产管理成本	$313 950	$396 000
产量（实际）	1 000 件	1 200 件

要求：

a. 对每种产品的每项变动成本进行差异分析。

b. 对每种产品进行如图表 16.13 那样的固定生产管理成本差异分析。

综合案例

(学习目标 1、2、3、4、5、6) **16–55. AGM 网站：绩效计量与差异**

我认为互联网是一种分销我们产品的理想方式。我们在直销方面取得了巨大成功，但是现在我们可以接触到更广的受众。我们生产和销售的篮子受到了各地的欢迎。我想在其他城市开几家店，甚至建立连锁店，但是网络为我提供了一个既能扩大经营、又不会失去控制的方式。

这就是我们的网店第一季度的经营结果为什么如此令人失望的原因。由于营销及其他初创费用，我们预期会发生一点儿损失，但是我对如此大的打击，实在没有心理准备。

玛雅

AGM 公司总裁兼首席执行官

组织

AGM 公司是一家小型的家族企业，生产和销售木制篮子。公司于 1947 年由奥特姆·迈克拉姆在美国加利福尼亚州创建，当时是为了贴补家用。企业规模一直维持在小型的水平，直到 1990 年，玛雅从母亲那里接管过来。在此之前，所有订单都是由老夫人接收，而且所有篮子也都是由她手工编制的。十年前，玛雅改用经销商接收订单的模式，并且开了一家小型加工厂，雇用临时工生产篮子。经销商也希望增加其收益，所以玛雅提供给他们一些展示品，在家中或在宴会上展示然后再下订单。订单直接由 AGM 公司的工作人员处理，并将加工完成的篮子直接发送给客户。公司没有维持什么存货。

去年，玛雅评估了两种不同分销渠道的成本和收益，想将业务扩大到西海岸。一种分销渠道是建立连锁店。玛雅担心的是她和公司的管理者们会失去控制，尤其是对质量的控制。她认为质量是 AGM 公司的篮子的独特之处。另一种分销渠道是通过互联网接收订单。公司新增了一个管理职位——首席技术官（CTO），并建立了子公司 AGM 网站，来处理新业务。公司还采取了一项不同寻常的举措，玛雅冲破了家族和朋友的圈子，从外部招聘了一名首席技术官玛丽，她既有本地互联网初创企业的技术经验，又有管理经验。玛丽正在寻找一个能让她负责整个运营的新公司，而且又能将对篮子编制的兴趣结合起来，这让她感到非常兴奋。双方达成一致——如果她能达到甚至超过第一年经营的预算，她就能拥有AGM 网站的一部分权益。

AGM 公司的总裁认为，最初打入互联网是对匿名方式销售篮子是否有效的一种尝试。至此，公司依然认为它的经销商网络是过去几年发展的关键。为此，在宾西法尼亚州另建了一家加工厂。之所以选择宾西法尼亚州，是因为那里的临时工成本比加利福尼亚州低。另一个原因是想通过建厂打入东海岸市场，充分利用对本地市场的消费品位和趋势的更直接了解。公司决定宾西法尼亚州的加工厂将专门为 AGM 网站生产，加利福尼亚州的加工厂继续处理经销商的订单。

AGM 网站的的大多数人员都是由公司配备和控制的。玛丽和母公司的高级营销副总裁多纳共同决定营销预算。虽然预算共同决定，但是媒体决策和广告宣传活动都直接由母公司管理。人事和财务服务也是集中管理。

玛丽与一家主要的电信公司签订了合同，为运营提供互联网托管服务。她希望与电信公司合作，而不是用本地互联网服务供应商，这主要是出于可靠性考虑。后台运营（出具账单、工资单等）将在 AGM 网站办公室的个人电脑上维护。

最初的计划

AGM 公司（及网站）的财政年度为 7 月 1 日始。公司希望 AGM 网站于第一个财政年度开始时启动。玛雅和玛丽决定网站最初只供应公司的一种篮子。公司管理者则认为这会简化生产排程，帮助工人维持质量控制。将要供应的篮子是圆形的篮子，这是公司最畅销的一款。这款篮子的标准成本表如图表 16.16 所示。

AGM 公司的成本会计制度，以及 AGM 网站所采用的成本会计制度均为完全成本法、标准成本核算制度。生产管理成本分配给产品（按标准成本），直到产品销售后才在收益中确认。变动生产管理成本基于直接人工小时数分配，固定生产管理成本基于产量分配。固定生产管理成本分配标准是基于季度估计产量。所有差异都在发生当期予以确认。

图表 16.16
AGM 网站的标准成本表

销售价格				$25.00
材　料				
芦苇（磅/每个篮子）	0.4 磅 @$5	$2.00		
提　手		4.10	$6.10	
直接人工	0.5 小时 @$12		6.00	
变动生产管理成本	0.5 小时 @$1		0.50	
固定生产管理成本			2.00	
标准成本合计				14.60
单位标准毛利润				$10.40

图表 16.17
AGM 网站第一季度的经营预算

预算产销量		8 000
收　入		$200 000
变动成本		
材　料	$48 800	
人　工	48 000	
变动生产管理成本	4 000	100 800
预算贡献边际		$99 200
固定生产管理成本		16 000
预算毛利润		$83 200
营销与行政管理成本		90 000
经营利润		$(6 800)

由于根据篮子的需求采用新销售渠道的不确定性，所以第一季度的预算设计旨在"易于"实现。此外，为在相关网站和手工艺品出版物上宣传新分销渠道还预算了较大数量的营销费用。这在东海岸的一些出版物上尤其重要，因为 AGM 公司的市场份额较小。第一季度的经营预算如图表 16.17 所示。营销及行政管理成本预算包含母公司提供这些服务所发生的成本，以及协助玛丽和网站生产经理杰夫的一小部分人员的成本。

第一季度结果

起初，AGM 网站一切运行顺利。7 月份的销售很旺盛，所以管理者们认为最初的销售预测可能太有限了。但是，从 8 月中旬开始，新业务接二连三地出事。电信公司的工人罢工了。最初，没有什么影响。但是，8 月 9 日，一条连接服务器的电话线被破坏了。由于罢工，网站瘫痪了。一周后，才恢复运营。尽管难以估计，但是玛丽在给公司的一条短信中表示，公司丧失了 5%的销量（即约 400 个篮子）。她的估计基于本季度电话线断了 7 天（约占本季度的 7.7%），不过有些没有登陆的客户会在服务恢复后再登陆。其他人则可能点击搜索引擎列出的下一个网站。

为了努力抵消由此所产生的负面宣传，AGM 网站向客户提供了一些折让。一种折让是对所有超过$100 的订单免费送货（最初，送货要向客户收取运费）。这就为本季度的营销与行政管理费用增加了$13 000。此外，在玛丽的要求下，又在手工艺品杂志、有线电视上发起了营销宣传活动，费用共计$32 000。这些努力帮助弥补了损失的销售收入。

在销售收入下降的同时，公司又遭遇了该州的经济繁荣，此时篮子生产商需要在本地各行各业中寻找更好的临时工。因此，AGM 网站必须提高工资标准，才能维持产量。

但是，也并非所有消息都是坏消息。玛丽立即确定对宾西法尼亚州加工厂的生产流程进行改进，从而使每个篮子的废料减少了 20%。这项改进用在了本季度生产的所有篮子上（在最初的流程中，废料只会在最初切割材料时发生，因此不会因为废料而损失人工）。此外，她保持着产品质量，所以公司没有收到退货，而是收到了许多关于在未来购买的言论。但她仍然担心第一季度较差的经营结果会难以弥补。

我之所以来这里，是因为想在一个首先我能拥有权益，其次能让我全身心地追求篮子编制兴趣的公司工作。我担心，由于罢工我无法实现第一年的预算，从而也会丧失奖金。我想玛雅是一个好人，但是她必须对其他所有者有所交待。他们未必愿意承认这些

图表 16.18
AGM 网站第一季度的实际经营结果

实际产销量	8 000
收 入	$176 000
标准销货成本	116 800
毛利润	$ 59 200
生产成本差异	12 960
营销与行政管理成本	135 000
经营利润	$(88 760)

图表 16.19
AGM 网站实际直接生产数量和成本

投 入	数 量	总实际成本
材 料[a]		
芦 苇	2 400 磅	$11 520
提 手	8 000 个	31 200
直接人工	4 800 小时	65 280

[a] 用于生产的所有材料。没有材料或在产品存货。

结果是由于我无法控制的事件造成的。

图表 16.18 反映了本季度的实际结果。实际直接（材料和人工）生产投入如图表 16.19 所示。本季度实际总变动生产管理成本为$5 760，实际固定生产管理成本为$16 000。

下一步

在玛雅思考新分销渠道的未来时，她也考虑了第一季度对她和玛丽达成协议的影响。

我的确只想听一个问题的答案，我们应该重新起草协议吗？根据我所看到的，玛丽的确全身心地投入企业。另一方面，协议毕竟是协议。如果我们现在修订它，谁知道未来还会发生什么样的问题呢？

要求：

a. 导致实际季度收益低于预算的因素有哪些？请将每项因素的影响量化，并尽可能具体些。
b. 玛丽应该为其中哪些因素负责呢？
c. 玛雅应该重新起草与玛丽签订的协议吗？

自学题答案

1.

	弹性预算[a]（基于实际经济活动量 110 000 件）	销售活动差异（基于销量差异）	主预算（基于计划经济活动量 100 00 件）
销 量	110 000	10 000 F	10 000
销售收入	$1 100 000	$100 000 F	$1 000 000
减：成本			
变动成本			
变动生产成本（@$3.80/件）	418 000	38 000 U	380 000
变动销售与行政管理成本（@$0.90/件）	99 000	9 000 U	90 000
变动成本合计	$ 517 000	$ 47 000 U	$ 470 000
贡献边际	$ 583 000	$ 53 000 F	$ 530 000
固定成本			
固定生产管理成本	200 000	0	200 000
固定销售与行政管理成本	140 000	0	140 000
固定成本合计	$ 340 000	0	$ 340 000
利 润	$ 243 000	$ 53 000 F	$ 190 000

[a] 弹性预算的计算：

$1 100 000 = (110 000 ÷ 100 000) × $1 000 000

$418 000 = (110 000 ÷ 100 000) × $380 000

$99 000 = (110 000 ÷ 100 000) × $90 000

U = 不利差异

F = 有利差异

2.

	（1）实际（*AP*×*AQ*）	价格差异	（2）按标准价格计算的实际投入（*SP*×*AQ*）	效率差异	（3）弹性生产预算（*SP*×*SQ*）
直接材料	$455 000	$455 000 – $487 500 = $32 500（有利差异）	$1.50 × 325 000 = $487 500	$487 500 – $450 000 = $37 500（不利差异）	$1.50 × 3 × 100 000 = $450 000
直接人工	$475 000	$475 000 – $427 500 = $47 500（不利差异）	$22.50 × 19 000 = $427 500	$427 500 – $450 000 = $22 500（有利差异）	$22.50 × 0.20 × 100 000 = $450 000
变动生产管理成本	$209 000	$209 000 – $190 000 = $19 000（不利差异）	$10 × 19 000 = $190 000	$190 000 – $200 000 = $10 000（有利差异）	$10 × 0.20 × 100 000 = $200 000

3. 固定生产管理成本分配标准为$4/件（= $320 000÷80 000 件）

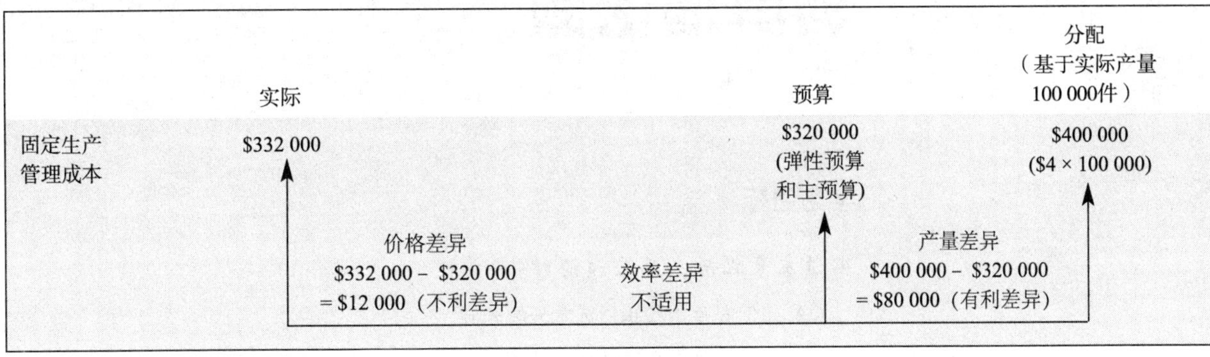

17 关于差异分析的其他话题

第17章

学习目标

阅读本章之后，你应该能够：

1. 解释如何向存货和销货成本分配差异。
2. 利用市场份额差异评估营销绩效。
3. 利用销售组合差异和销售数量差异评估营销绩效。
4. 利用生产组合和生产数量差异评估生产绩效。
5. 差异分析模型在非生产成本中的应用。
6. 决定需要调查的差异。

复习题

17-1. “差异分析在知道标准的生产环境中有用，但是在服务环境中没有用。”这句话对还是错？

17-2. 你建议年末如何核算差异？为什么？

17-3. 通过计算行业数量差异，管理者可以学到什么？

17-4. 为什么收入没有效率差异？

17-5. 在什么决策中，管理者希望了解市场份额差异？

17-6. 如果销售活动或者材料效率差异是零，就没有理由计算组合差异和数量差异。这样做对还是错？

17-7. 哪些公司可能使用材料组合和数量差异？举例说明。

重点分析与讨论题

17-8. 在采购时而不是使用时确认材料价格差异有什么优点？

17-9. 一家专业体育公司如何利用组合差异分析体育场总收入？

17-10. 一家计算机公司总是捆绑销售处理器和显示器。在这种情况下，计算销售组合差异有什么意义吗？

17-11. 一家医院如何利用组合差异分析其收入？

17-12. 一家医院如何利用组合差异分析急诊室的工资成本？

练　习

可参考McGraw-Hill的作业管理系统

(学习目标 1)　**17–13. 变动成本差异：材料采购量不等于材料耗用量**

Golden 公司报告了下列关于直接材料的信息。

直接材料采购量（实际）	$348 948
采购材料的标准成本	$345 060
标准价格乘以材料实际耗用量	$230 040
实际产量	28 000 件
单位产品标准直接材料成本	$7.86

要求：

计算直接材料成本差异，并向管理层提交一份像图表 17.3 一样的分析。

(学习目标 2)　**17–14. 行业数量与市场份额差异**

Kay 汽车产品公司预算销售 10 000 件产品 B，假设特定市场的总销量为 50 000 件，该公司占有 20%。实际销量为 9 000 件，占市场总销量 60 000 件的 15%。预算贡献边际为$8/件。

要求：

计算销售活动差异，并将其分解为市场份额差异和行业数量差异。

(学习目标 2)　**17–15. 行业数量差异和市场份额差异：数据遗漏**

下图类似于图表 17.4。公司的实际销量超出了估计销量。

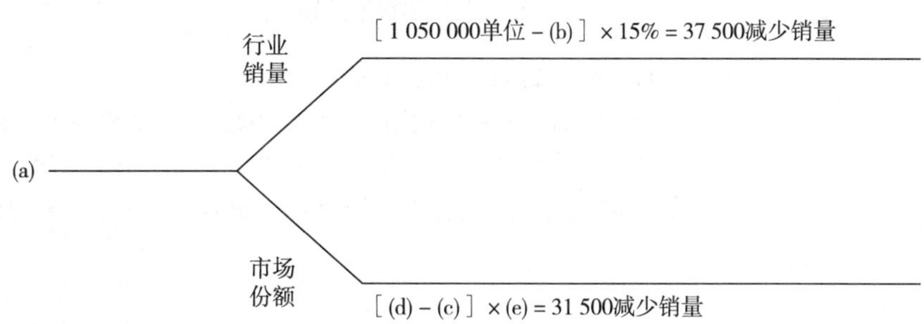

要求：

找出遗漏的金额。

a. 预算减实际销量

b. 估计行业销量

c. 估计市场份额

d. 实际市场份额

e. 实际行业数量

(学习目标 3)　**17–16. 销售组合与数量差异**

AAA 电子公司销售两种型号的电子记事簿。常规款电子记事簿的单位预算价格为

$109.50，无线款的单位预算价格为$249.50。主预算要求本年销售40 000个常规款和18 000个无线款。实际结果表明，常规款销售了30 000个，单价为$112.90；无线款销售了20 000个，但价格为$253.90。常规款的单位标准变动成本为$50，无线款为$100。

要求：

a. 根据这些数据计算销售活动差异。

b. 将销售活动差异分解为销售组合差异和销售数量差异。

(学习目标4) **17–17. 材料组合和数量差异**

Huron集团产品的直接材料数据如下。

单位产出标准成本	
材料Twinkle	投入20单位@$10
材料Star	投入40单位@$15

10月份，公司的经营结果如下。

生产2 000件	
材料采购与耗用量	
材料Twinkle	44 000单位@$10
材料Star	76 000单位@$15

要求：

a. 计算材料价格差异和效率差异。

b. 计算材料组合差异和数量差异。

(学习目标4) **17–18. 人工组合和数量差异**

Matt't Eat N Run公司有两类直接人工，非熟练工人和熟练工人。非熟练工人每小时$7.50，熟练工人每小时$15。管理者为每份“同样友好的”套餐建立了标准，一份“同样友好的”套餐定义为包含一个汉堡、一杯饮料和一份薯条。具体标准设定如下。

熟练工人	1分钟/餐
非熟练工人	3分钟/餐

5月份，公司销售了180 000份“同样友好的”套餐，发生了下列人工成本。

熟练工人	3 000小时	$46 000
非熟练工人	7 500小时	90 000

要求：

a. 计算人工价格差异和效率差异。

b. 计算人工组合差异和数量差异。

(学习目标 5)

17–19. 编制弹性预算——服务型组织

Lowe & Rent 律师事务所是一家专门从事遗嘱验证工作的律师事务所。去年，该事务所的实际计费小时高于预期，但是，如下列数据所示，利润却低于预计。

	报告损益表	主预算
计费小时[a]	13 800	12 000
收　入	$1 650 000	$1 500 000
专业人员的工资（均为变动—）	930 000	750 000
其他变动成本（例如，办公用品、计算机服务）	216 000	204 000
固定成本	348 000	360 000
利　润	$ 156 000	$ 186 000

[a] 这些是向客户计费的小时数。他们低于实际工作的小时数，不仅因为有些时间是非计费时间（例如，松弛期、培训时间），还因为有些为客户工作的时间不向客户收费。

要求：

编制 Lowe & Rent 律师事务所的弹性预算。采用计费小时作为反映产出的指标（即产量）。

(学习目标 5)

17–20. 销售活动差异——服务型组织

参考练习第 17–19 题中的数据，像前一章的图表 16.4 一样进行销售活动差异分析。

(学习目标 5)

17–21. 利润差异分析——服务型组织

参考练习第 17–19 题中的数据，像前一章的图表 16.5 一样进行利润差异分析。

(学习目标 5)

17–22. 销售价格差异和销售活动差异

Dylan & Father 会计师事务所从事税务会计实践，该事务所有有合伙人和一般人员。合伙人时间的预算价格为每计费小时$770，预算变动成本为$364。一般人员时间的预算价格为每计费小时$182，预算变动成本为$98。本月，事务所预算需要 10 200 个合伙人计费小时数和 41 580 个一般人员计费小时数。实际结果如下。

合伙人收入	$7 224 000	9 600 小时
一般人员收入	$7 476 000	40 800 小时

要求：

根据这些数据，计算销售价格差异和销售活动差异。另计算组合差异和数量差异。

(学习目标 5)

17–23. 变动成本差异

Harry 酒店每次预定的标准直接人工成本为$2（= $12/人工小时 ÷ 6 个预定/小时）。本期实际直接人工成本总计为$30 160。此外，本期工作的人工小时数为 2 000，处理了 14 000 个预定。

要求：

计算本期的直接人工价格差异和效率差异（参考图表 17.7 的格式）。

习 题

可参考McGraw-Hill的作业管理系统

(学习目标 5) **17–24. 分析餐厅的绩效**

Ted 食府正计划扩大经营，公司关注的是其报告系统可能需要改进。底特律分店（包括一个熟食店和一个餐厅）的主预算损益表如下（单位：千美元）。

	熟食店	餐 厅	合 计
毛销售收入	$500	$1 250	$1 750
成 本			
采 购	300	500	800
计时工资	25	438	463
特许经营费	15	38	53
广 告	50	100	150
水 电	35	63	98
折 旧	25	38	63
租赁成本	15	25	40
工 资	15	25	40
总成本	$480	$1 227	$1 707
经营利润	$ 20	$ 23	$ 43

公司在评估管理者时使用下列绩效报告。

Ted 食府——底特律分店

本年净收益

(单位：千美元)

实际结果

实际结果	熟食店	餐厅	合计	预算	高于或（低于）预算[a]
毛销售收入	$600	$1 000	$1 600	$1 750	$(150)
成 本					
采 购[b]	390	400	790	800	$ (10)
计时工资[b]	30	350	380	463	(83)
特许经营费[b]	18	30	48	53	(5)
广 告	50	100	150	150	
水 电[b]	38	50	88	98	(10)
折 旧	25	38	63	63	
租赁成本	15	25	40	40	
工 资	15	25	40	40	
总成本	$581	$1 018	$1 599	$1 707	$(108)
经营利润	$ 19	$ (18)	$ 1	$ 43	$ (42)

[a] 没有销售价格差异。

[b] 变动成本；其他均为固定成本。

要求：

对熟食店进行利润差异分析（提示，用毛销售收入作为反映经济活动量的指标）。

(学习目标 5)

17–25. 非生产型企业的成本差异

Springfield 银行向市民购房提供抵押贷款。公司对处理贷款申请收取服务费。费用标准基于处理贷款申请的成本每年调整两次。本年的上半年，银行估计将处理 450 笔贷款。随每笔贷款不同而变化的联络、信用报告、办公用品及其他材料成本估计为每笔贷款$45。公司聘请了一位信贷员，估计每年的成本为$60 000；聘请了一位助理，估计年成本为$50 000。租赁办公场所的成本、水电费，以及其他相关成本估计为每年$130 000。

本年上半年，银行处理了 480 笔贷款。按照实际处理的贷款数量，材料、信用报告以及与贷款处理相关的其他项目超出预期 12%。

在这 6 个月，为信贷员及其助理支付的成本为$55 000。6 个月的租赁及相关办公成本为$63 000。

要求：

对 Springfield 银行进行差异分析（提示，贷款即为产出）。

(学习目标 5)

17–26. 服务行业的绩效评估

Bay Area 银行估计账户管理的管理成本应该为每个新账户$20，每存款$1 000 每年为$0.30。公司预算明年销售 20 000 个新账户。此外，公司估计明年的总存款余额平均为$43 200 000。

在这一期间，与新账户相关的实际成本总计为$381 500。银行销售了 19 200 个新账户。

维护现有账户的成本为$12 000。如果按照编制预算时确定的价格标准，发生的这些成本本应为$11 800，但是，有些成本发生了变化。此外，这一期间的存款余额平均为$45 000 000。

要求：

编制一份表格，反映主预算与实际成本之间的差异。

(学习目标 3)

eXcel

mhhe.com/lanen2e

17–27. 利用行业数据和多产品线分析收入

Peninsula 糖果公司生产三种类型的糖果：口香糖、块糖和巧克力糖。年预算销量是根据对糖果的市场总销量的估计以及公司上一年的市场份额确定的，同时调整由于公司未来一年的项目而产生的计划的变化。销量根据上一年的产品组合在三种糖果之间分配，并且调整未来一年计划的变化。

下面是公司预算及 7 月份的经营结果。

预 算	口香糖	块 糖	巧克力糖	合 计
销量（单位：千块）………	2 000	2 000	4 000	8 000
销售收入（单位：千美元）…	$ 200	$ 400	$ 600	$1 200
变动成本 ……………………	140	320	460	920
贡献边际 …………………	$ 60	$ 80	$ 140	$ 280
生产性固定成本 ……………	40	40	60	140
产品边际 ……………………	$ 20	$ 40	$ 80	$ 140
营销与行政管理成本				
（均为固定）………………				50
经营利润 …………………				$ 90
实际				
销量（单位：千块）………	1 600	2 000	4 200	7 800
销售收入（单位：千美元）…	$ 162	$ 400	$ 600	$1 162
变动成本 ……………………	112	322	464	898
贡献边际 …………………	$ 50	$ 78	$ 136	$ 264
生产性固定成本 ……………	42	44	63	149
产品边际 ……………………	$ 8	$ 34	$ 73	$ 115
营销与行政管理成本				
（均为固定）………………				55
经营利润 ……………………				$ 60

在编制预算时，估计行业销量为 80 000 000 块。7 月份实际行业销量为 76 000 000 块。

要求：

a. 分析销售价格差异和销售活动差异。

b. 将销售活动差异分解为因行业销量导致的差异和因市场份额导致的差异。

17–28. 销售组合和销售数量差异

参考习题第 17–27 题中 Peninsula 糖果公司的数据。将销售活动差异分解为销售组合差异和销售数量差异。

（学习目标 3）

eXcel

mhhe.com/lanen2e

17–29. 材料组合与数量差异

Houston 公司生产各种工业用化学制剂。生产一批 1 000 升除锈剂的标准组合如下。

投入化学品	数量（升）	成本（每升）	成本合计
Z–A …………………	600	$ 6	$ 3 600
Z–B …………………	450	8	3 600
Z–G …………………	200	16	3 200
	1 250		$10 400

在加工过程中，由于蒸发，制剂会损失 20%。产成品制剂被装入 5 升装的瓶子中，供销售。因此，每瓶 5 升装制剂的标准材料成本为$52。

3 月份投入生产的直接材料的实际数量和成本如下（材料采购和使用同时发生）。

投入化学品	数量（升）	成本合计
Z–A …………………	50 400	$282 240
Z–B …………………	37 040	266 976
Z–G …………………	16 960	278 144
	104 400	$827 360

3 月份共生产了 16 000 瓶（80 000 升）。

要求：

计算 3 月份该制剂的直接材料总差异，然后进一步分析总差异，分解为

a. 材料价格差异和效率差异。

b. 材料组合差异和数量差异。

(学习目标 4)　**17–30. 人工组合和数量差异**

Davenport 建筑协会比较实际结果与弹性预算。在弹性预算中使用的标准直接人工工资在每年制定年度计划时确定，全年保持不变。

本财务年度的标准直接人工工资和 9 月份的改建工程的实际产出，所需要的标准人工小时数如下表所示。

工人分类	每小时标准直接人工工资	实现产出所需要的标准直接人工小时
一类 ………………	$24	500
二类 ………………	21	500
三类 ………………	15	500

按照新的合同条款，每类人工的工资标准都增加了。标准工资没有修订，来反映新的合同。

9 月份耗用的实际直接人工小时数和实际每小时直接人工工资如下。

工人分类	每小时标准直接人工工资	实现产出所需要的标准直接人工小时
一类 ………………	$26	550
二类 ………………	23	650
三类 ………………	15	360

要求：

计算 Davenport 建筑协会 9 月份直接人工总差异（金额），并将总差异分解为

a. 直接人工价格差异和效率差异。

b. 直接人工组合差异和数量差异。

(学习目标 5) **17–31. 利润差异分析**

Aqua 清洁公司从事游泳池清洁服务。公司想要比较本月与上月的经营结果，上月被认为是一个典型的“基期”。假设提供了下列信息。

	上 月	本 月
清洁次数 …………	140	161
收 入 ……………	$11 340	$11 400
变动成本 …………	2 310	2 610
贡献边际 …………	$ 9 030	$ 8 790

要求：

计算弹性预算和销售活动差异，并尽可能详细地进行利润差异分析（如前一章的图表 16.5 一样）。（提示，用上月结果作为主预算，本月结果作为“实际发生的”。）清洁次数和平均收入（即销售价格）的变化对公司贡献边际产生的影响是什么？

(学习目标 5) **17–32. 弹性预算**

S

Oak Hill 镇经营着一个车辆调配场，拥有 20 辆车。汽车调配场为汽车提供汽油、润滑油及其他用品，并且雇用了一名机械师，负责常规维修和零星维修。大修由附近的商业汽修厂负责。一位主管管理车辆调配场的运营。

每年，主管都要为车辆调配场编制一份主预算。车辆的折旧也反映在预算中，以确定每英里的成本。

下表提供了本年以及 7 月份的主预算。

OAK HILL 镇

车辆调配场

7 月份的预算报告

	年度主预算	月度主预算	7 月份实际	高于或（低于）预算
汽 油 …………………………	$ 81 000	$ 6 750	$ 8 515	$1 765
润滑油、小修、零部件及储备 …	7 200	600	760	160
外部维修 ………………………	5 400	450	100	(350)
保 险 …………………………	12 000	1 000	1 050	50
工资及福利 ……………………	60 000	5 000	5 000	-0-
折 旧 …………………………	52 800	4 400	4 620	220
总成本 ………………………	$218 400	$18 200	$20 045	$1 845
总行使里程 ……………………	900 000	75 000	94 500	
单位里程成本 …………………	$ 0.2427	$0.2427	$0.2121	
汽车数量 ………………………	20	20	21	

年度预算基于下列假设。

1. 车辆调配场的汽车数量：20。
2. 每部车每年行驶里程：45 000。

3. 每部车每加仑汽油行驶里程：20。
4. 每加仑汽油：$1.80。
5. 润滑油、小修、零部件和每英里储备：$0.008。
6. 每年每部车外部维修：$270。

主管对月度报告不满意，声称它没有公正地反映他 7 月份的绩效。他的前任雇主采用弹性预算比较实际成本和预算成本。

要求：

a. 汽油成本的月度弹性预算是多少？实际高于或低于预算多少？（采用行驶里程作为经济活动基础）

b. 润滑油、小修、零部件及储备成本的月度弹性预算是多少？实际高于或低于预算多少？（采用行驶里程作为经济活动基础）

c. 工资及福利的月度弹性预算是多少？实际高于或低于预算多少？

d. 单位里程成本从预算的$0.2427 降至实际的$0.2121 的主要原因是什么？

综合案例

(学习目标 1)

17–33. Racketeer 公司（预算和差异的综合回顾）

“我根本不明白这些财务报表！”埃尔默大声说。埃尔默解释道，上个月他已经将 Racketeer 公司（美国健身设备公司的一个分部）的管理权移交给了他的儿子奥托。Racketeer 公司生产网球拍。

“我的确为奥托感到骄傲，”他微笑着说，“他向我们展示了从商学院学到的所有花样，

图表 17.8

Racketeer 公司的利润图

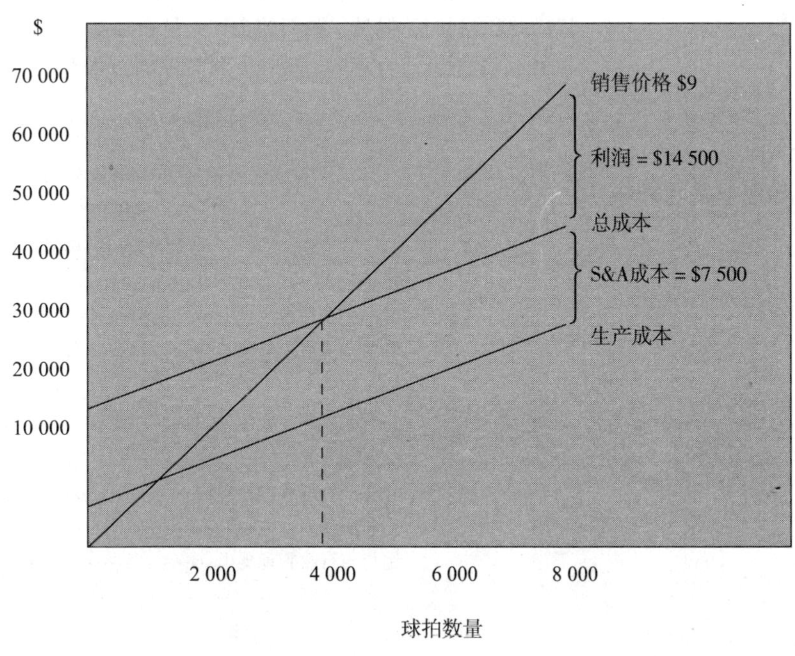

图表 17.9

Racketeer 公司的标准成本[a]

	每个球拍
原材料	
球拍框（一个球拍一个框）	$3.15
绳材：20 英尺 @ 3¢/英尺	0.60
直接人工	
熟练工：1/8 小时 @ $9.60/小时	1.20
非熟练工：1/8 小时 @ $5.60/小时	0.70
生产管理成本	
间接人工	0.10
电 力	0.03
生产管理	0.12[b]
折 旧	0.20[b]
其 他	0.15[b]
每个球拍框的标准成本合计	$6.25

[a] 标准成本按每月 8 000 个球拍的估计产量计算。

[b] 固定成本。

如果非要让我说的话，我想他为我们干的很不错。例如，他将 Racketeer 公司的预算汇总，让我们非常清晰地看到在任何销量水平下的利润是多少（图表 17.8）。据我所知，3 月份，我们预期销量为 8 000 个球拍，利润为$14 500。但是，我们所做的远不止这些！我们销售了 10 000 个球拍，所以我们应该实现了近$21 000 利润。"

"奥托的另一项创新是这种标准成本制度"，埃尔默骄傲地说，"他和我们的生产人员一起建立了每件产品的标准生产成本（参见图表 17.9）。他告诉我这能让我们了解我们的生产人员做得怎么样。另外，他说这还能削减我们文书人员的工作。"

埃尔默继续说："但是我有一件事感到困惑。我的计算表明，3 月份我们本应该赚近$21 000 的利润，但是，我们的会计人员在月度损益表中计算出的利润不到$19 000（图表 17.10）。我对此十分不解。现在，我敢肯定，会计人员做的是正确的，但是，对于我而言，

图表 17.10

Racketeer 公司的 3 月份损益表

Racketeer 公司

损益表

3 月份——实际

销售收入（10 000 个球拍 @ $9）	$90 000
标准销货成本（10 000 个球拍 @ $6.25）	62 500
扣除标准成本后的毛利润	$27 500
差 异	
材料差异	(490)
人工差异	(392)
生产管理成本差异	(660)
毛利润	$25 958
销售与行政管理支出	7 200
经营利润	$18 758

图表 17.11
Racketeer 公司 3 月份的实际生产数据

直接材料采购量和耗用量	
绳　材	175 000 英尺 @2.5¢/ 英尺
球拍框（有些球拍框在生产中被损坏了）	7 100 @$3.15/ 球拍框
人　工	
熟练工人（$9.80/小时）	900 个小时
非熟练工人（$5.80/小时）	840 个小时
生产管理成本	
间接人工	$ 800
电　力	$ 250
折　旧	$1 600
生产管理	$ 960
其　他	$1 250
产　量	7 000 个球拍

似乎仍然少$2 200。”

“正如你可能猜到的一样”，埃尔默最后说，“我们是这里的一个欢乐的大家庭。我只是希望知道这些会计人员胜任……得出了这样低的净收益。”

要求：

为埃尔默和奥托编写一份报告，调节 3 月份的利润图和实际结果（参见图表 17.11）。尽可能详细地说明偏离原计划(8 000 个球拍）的每项差异的成因，并评估 Racketeer 公司 3 月份的绩效。建议公司的利润规划和控制方法应采取的改进措施。

自学题答案

1.

	（1）	（2）	（3）
	实际 实际材料价格 （AP = $3.90） × 购买的直接材料的实际数量 （$AQ$ = 67 000磅）	按标准价格计算的 实际投入	弹性生产预算 标准材料价格 （SP = $4） × 直接材料（按实际产成品计）的标准数量 （SQ=50 000磅）
	（$AP \times AQ$）	（$SP \times AQ$）	（$SP \times SQ$）
采购计算	$3.90 × 67 000 = $261 300	$4.00 × 67 000磅采购量 = $268 000	
	价格差异 $261 300 – $268 000 = $6 700（有利差异）		
耗用计算		$4 × 52 000磅耗用量 = $208 000	$4 × 50 000磅标准耗用量 = $200 000
		效率差异 $208 000 – $200 000 = $8 000（不利差异）	

2. a.

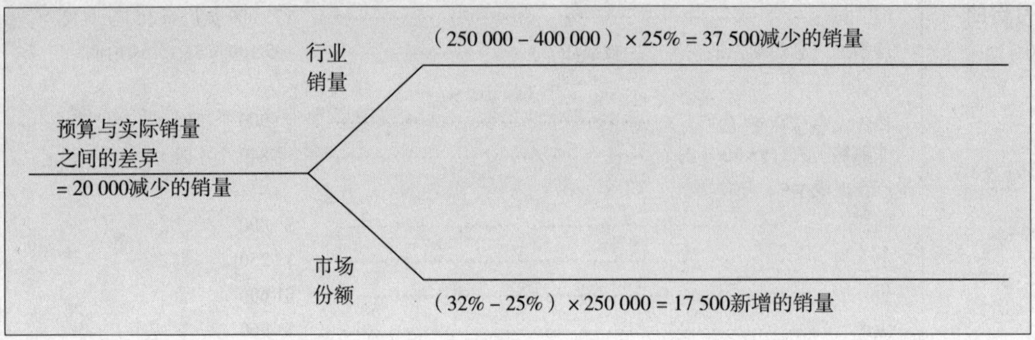

行业销量差异	($10.00 – $4.70) × 37 500 U	$198 750 U
市场份额差异	($10.00 – $4.70) × 17 500 F	92 750 F
销售活动差异	($10.00 – $4.70) × 20 000 U	$106 000 U

注：F = 有利差异 U = 不利差异

b. 因为 Bayou 分部的管理者最有可能对市场份额差异有更多的控制能力，所以较之文中的原始事实，在本例中我们对其绩效的评估更有利。

3.

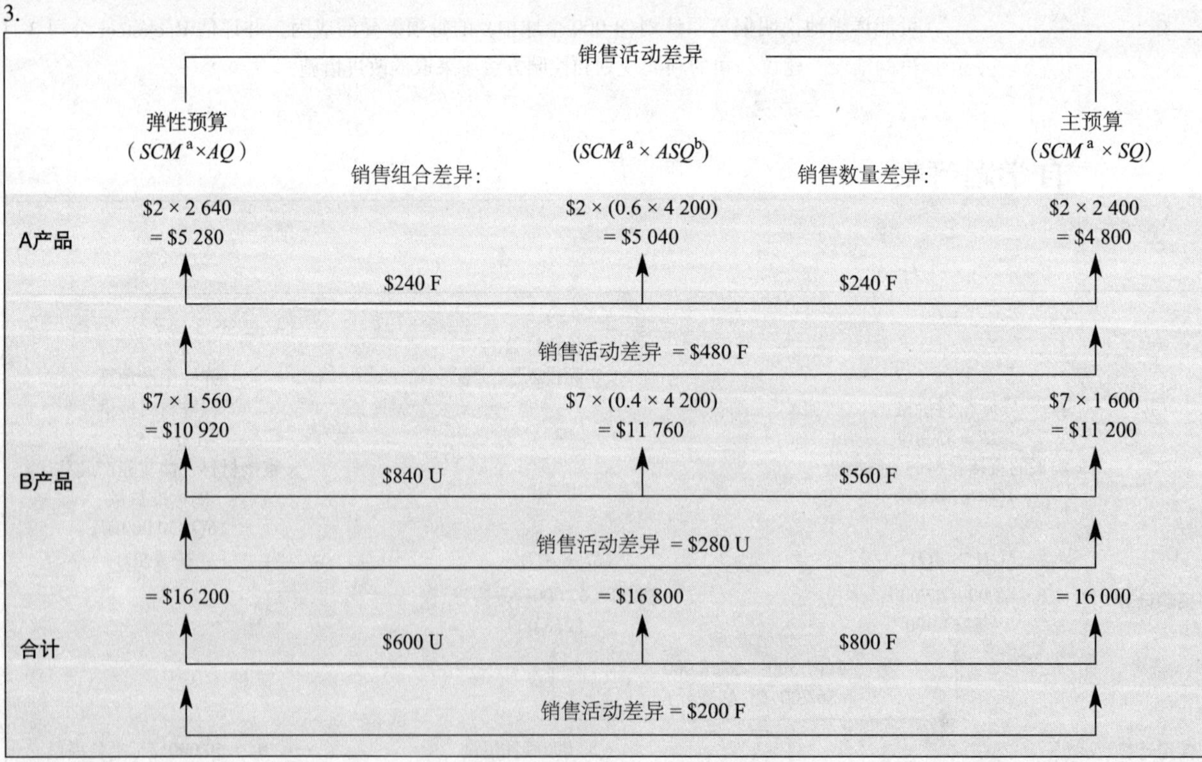

a *SCM* = 标准单位贡献边际

b *ASQ* = 按标准销售组合本应销售的产品数量

总销量 = 2 640 + 1 560 = 4 200

标准组合：

A 产品 ………………………………… 0.6 × 4 200 = 2 520

B 产品 ………………………………… 0.4 × 4 200 = 1 680

4.

材料	实际 ($AP \times AQ$)	采购价格差异	($SP \times AQ$)	生产组合差异	($SP \times ASQ^a$)	生产数量差异	弹性生产预算 ($AP \times AQ$)
Ticon	\$11.40 × 216 000 = \$2 462 400		\$12 × 216 000 = \$2 592 000		\$12 × (2/3 × 330 000) = \$12 × 220 000 = \$2 640 000		\$12 × (6 × 35 000) = \$2 520 000
		\$129 600 F		\$48 000 F		\$120 000 U	
			效率差异 = \$72 000 U				
VF	\$16.80 × 114 000 = \$1 915 200		\$18 × 114 000 = \$2 052 000		\$18 × (1/3 × 330 000) = \$18 × 110 000 = \$1 980 000		\$18 × (3 × 35 000) = \$1 890 000
		\$136 800 F		\$72 000 U		\$90 000 U	
			效率差异 = \$162 000 U				
合计	= \$4 377 600		= \$4 644 000		= \$4 620 000		= \$4 410 000
		价格差异 = \$266 400 F		组合差异 = \$24 000 U		数量差异 = \$210 000 U	
			效率差异 = \$234 000 U				

注：U = 不利差异　F = 有利差异

[a] ASQ 的计算：

总耗用量：216 000 + 114 000 = 330 000 磅

标准组合：

Ticon …………… 2/3×330 000 = 220 000 磅

VF ……………… 1/3×330 000 = 110 000 磅

18

非财务与多重绩效指标

第 18 章

学习目标

阅读本章之后，你应该能够：

1. 解释公司为什么采用非财务绩效指标。
2. 了解组织各个层级绩效指标不同的原因。
3. 了解什么时候适宜于采用单一绩效指标，什么时候适宜于多重绩效指标。
4. 了解平衡计分卡如何帮助组织明确及处理它们所负有的彼此相互作用的责任。
5. 了解如何应用涉及有效绩效计量系统的各种方法。
6. 举例说明非财务绩效指标，并讨论通过改善作业管理提高绩效的潜力。
7. 解释为什么员工参与对有效的绩效计量系统很重要。

复习题

18-1. 平衡计分卡是一组两个或多个绩效指标。你同意这种观点吗？为什么？

18-2. 什么是经营模式？

18-3. 财务绩效指标的优点是什么？非财务绩效指标的优点是什么？

18-4. 什么是关键成功因素？

18-5. 有效的绩效评估系统为什么在组织的不同层级计量不同事项？

18-6. 什么是标杆管理？

18-7. 如何应用标杆管理？

18-8. 组织的经营宗旨与组织战略有什么不同？

18-9. 与客户满意度相关的指标倾向于评估哪些绩效因素？

18-10. 生产周期效率为什么对大多数组织都很重要？

18-11. 为什么计量产品配送绩效？

18-12. 为什么员工参与对组织的成功很重要？

18-13. 公司如何评估员工参与和员工对公司承诺方面的绩效？

重点分析与讨论题

18-14. 试考虑学校的书店。你认为利益相关者有哪些？你认为它的关键成功因素是什么？它们与校外的零售书店有什么不同？

18-15. 举例说明 Bose 牌音箱的三个具体的质量控制指标和产品配送指标。

18-16. 如果客户满意，她们就会购买你的产品，公司利润就会增加。因此，你只需要计量利润。试评估此观点。

18-17. 考虑客户投诉数量作为反映客户满意度的指标。这项指标如何计量客户满意度？又如何无法计量客户满意度？

18-18. “我知道如何让客户满意——白送产品。”这是计量客户满意度这种思想的一个缺陷吗？为什么？

练　习

可参考McGraw-Hill的作业管理系统

(学习目标 2)

18-19. 组织不同层级采用不同绩效指标

一家知名的通信公司曾经都根据净资产收益率（RONA）对所有层级的管理者进行评估。请向公司首席财务官提交一份报告，说明为什么你认为在组织的所有层级均采用单一的绩效指标不会有效。

(学习目标 4)

18-20. 平衡计分卡与战略图

Crane 公司决定采用平衡计分卡来监控绩效。公司的战略是成为行业的低成本领袖。一位咨询顾问建议的最初的平衡计分卡在各个角度包括下列指标。

角　度	目　标	角　度	目　标
财　务	• 提高投资报酬率	内　部	• 提高质量
	• 提高每股收益		
客　户	• 配送时间	学习力与发展	• 让员工满意
	• 重复订单		• 提高员工技能

要求：

试评论一下这个计分卡。为了实现计分卡与公司战略的统一，请提出指标增减建议。

(学习目标 4)

18-21. 平衡计分卡与战略图

TeachMaster 公司的经营宗旨表述如下。

成为工业控制仪表市场的创新领袖和新产品领袖。

公司的首席财务官刚刚参加了一个关于绩效计量的高级经理研讨会，她告诉你，她在课堂练习中为公司建立了下列最初的平衡计分卡。

角　度	目　标	角　度	目　标
财　务	• 提高盈利能力	内　部	• 提高生产周期效率
	• 提高市场份额		
客　户	• 重复订单	学习力与发展	• 让员工满意
	• 客户推荐		• 员工保留率

要求：

试评论一下这个计分卡。为了实现计分卡与经营宗旨表述中所定义的公司战略相统一，请提出指标增减建议。

(学习目标 5)　**18–22. 标杆**

将下列具体计量指标与其所属的标杆类别连起来。

a. 产品召回次数	1. 员工绩效
b. 延期交付百分比	2. 产品绩效
c. 调职申请数量	3. 供应商绩效
d. 填补空缺职位所需时间	4. 支持部门绩效

(学习目标 5)　**18–23. 标杆**

将下列具体指标与其所属的标杆类别连起来。

a. 材料质量	1. 员工绩效
b. 客户退货	2. 产品绩效
c. 完成的培训时间	3. 供应商绩效
d. 报告的失误数量	4. 支持部门绩效

(学习目标 6)　**18–24. 绩效指标**

观察一家餐馆的运营，并指出它的重要的非财务绩效指标。

(学习目标 6)　**18–25. 生产周期时间和效率**

Lancaster 金属公司的平均时间如下（单位：小时）。

运输产品	0.25
生产产品	1.00
检验产品	0.25
储存存货	3.50

要求：

计算生产周期效率。

(学习目标 6)　**18–26. 职能性指标**

为图表 18.7 中所列的每一类职能性指标增添一个尚未列出的具体指标。

(学习目标 5)　**18–27. 指出非财务指标**

向乔丹提交一份备忘录，说明你建议 JYC 投资公司如何计量客户满意度。记住一定要讨论你所建议的指标的优缺点。

(学习目标 5)　**18–28. 生产周期时间和效率**

一家制造公司的平均时间如下（单位：天）。

运输产品	1
生产产品	5
检验产品	1
储存存货	10

要求：

计算生产周期效率。

习　题

可参考McGraw-Hill的作业管理系统

(学习目标 4)

18–29. 平衡计分卡与战略图

Hill Street 公司为民用建筑行业生产塑料零部件。市场竞争激烈，利润边际很小。公司最近采用了平衡计分卡进行绩效评估。作为这项措施的一部分，公司管理者还绘制了下列战略图。

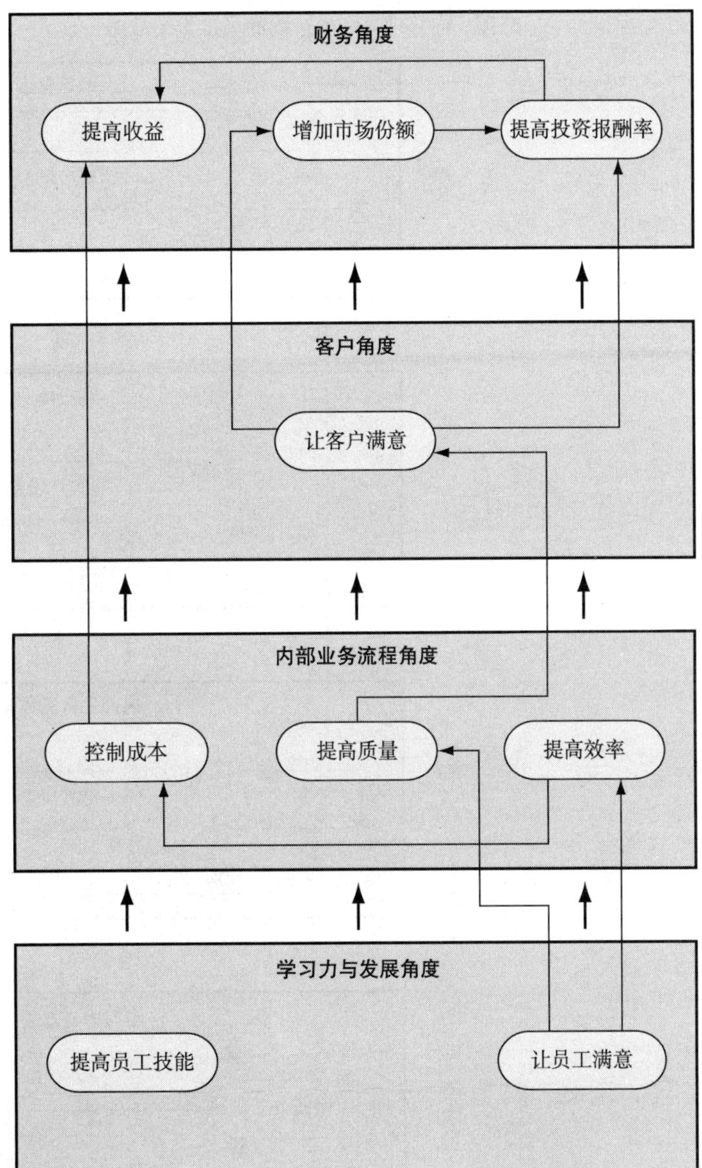

要求：

a. 利用战略图，分别评论一下计分卡的四个角度所采用的绩效指标。你建议对指标进行适当变化吗？如果变化，如何进行什么变化？为什么？

b. 公司所绘制的战略图的优缺点是什么？

c. 为了更好地贯彻公司战略，建议战略图应做哪些变化（涵盖你在要求（a）中所提的建议）？

(学习目标 4) **18–30. 平衡计分卡与战略图**

Monroe公司生产船舶和飞机用精密零件。在这个行业中，质量是一项重要的竞争优势。公司对产品的质量颇感自豪。公司最近采用了平衡计分卡进行绩效评估。公司采用了下列战略图，向管理者和生产线的员工贯彻战略。

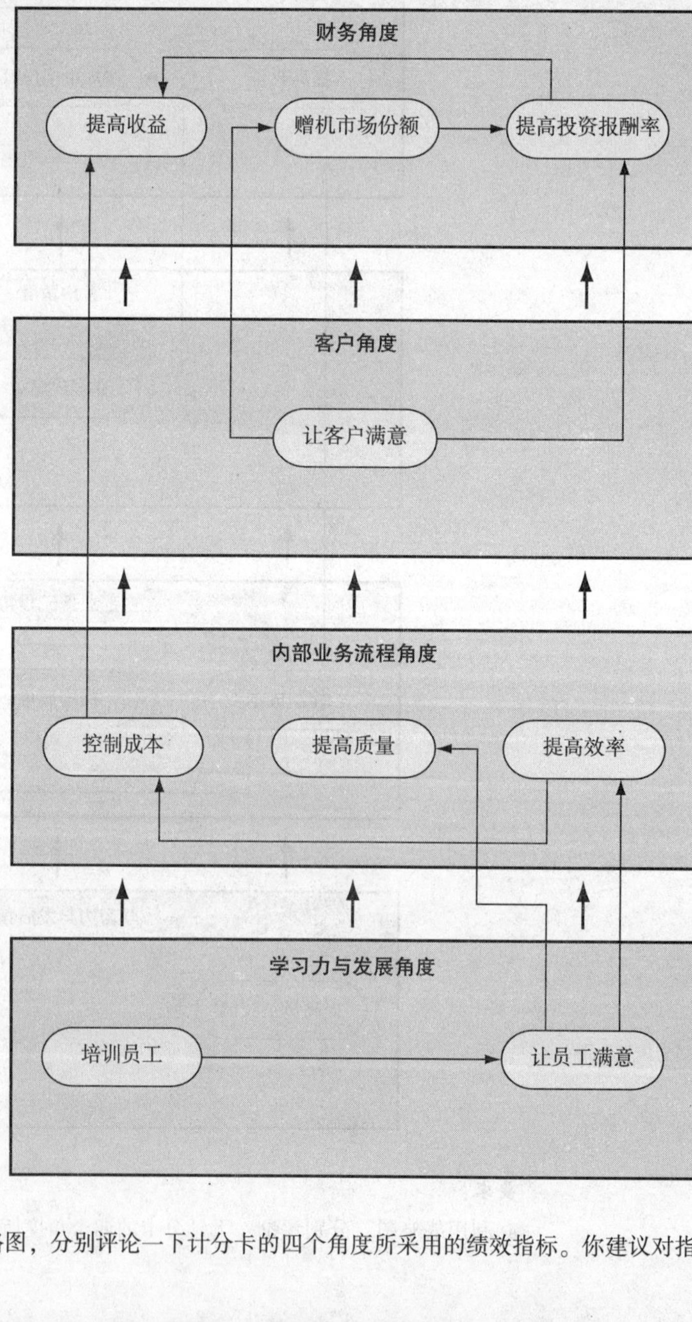

要求：

a. 利用战略图，分别评论一下计分卡的四个角度所采用的绩效指标。你建议对指标进行适当变化吗？如果变化，如何进行变化？为什么？

b. 公司所绘制的战略图的优缺点是什么？

c. 为了更好地贯彻公司战略，建议战略图应做哪些变化（涵盖你在要求（a）中所提的建议）？

(学习目标 5)

18–31. 标杆

向 Borders Books and Music 公司的首席执行官提交一份报告，建议具体的标杆管理指标，包括以哪家竞争者为标杆。

(学习目标 5)

18–32. 经营宗旨表述

给你的的大学校长提交一份报告，说明你认为学校经营宗旨中应该包含的因素。如果你所在的大学有经营宗旨表述，那么你所列出的因素包含在其中了吗？

(学习目标 2)

18–33. 绩效指标、绘制经营模式

Garnet 电子公司向你披露他们使用的平衡计分卡包含下列绩效指标。

利润
培训时间
次品率
员工周转率
客户满意度
颁发专利数量

要求：

a. 填写下表，将这些指标与平衡计分卡的各个角度联系起来。

角　度	绩效指标	与哪个角度关联？
1. 财务	利润	________
2. 客户	培训时间	________
3. 学习力与发展	次品率	________
4. 内部业务流程	员工周转率	________
	客户满意度	________
	颁发专利数量	________

b. 绘制一份像图表 18.1 一样能让公司选择这组指标的经营模式。

(学习目标 6)

18–34. 职能性指标

向一家航空公司的总裁提交一份报告，建议采用职能性绩效指标，包括举例说明如何利用它们改进绩效。

(学习目标 6)

18–35. 绩效指标

在大学中，经常利用学生的评估作为教师的评估指标。写一份报告，说明学生的评估作为绩效指标的优缺点。

(学习目标 6)

18-36. 运营绩效指标

祖玛公司生产冲浪板。主计长编制了一份生产效率周报，并送交了公司总部。最近 6 周的生产效率周报包含下列数据。

祖玛公司

生产效率报告

	周					
	1	2	3	4	5	6
生产周期效率 ………	70	69	72	65	66	62
准时配送百分比 ……	98	95	96	92	94	90
客户投诉数量 ………	20	18	22	25	23	27

要求：

a. 向公司总裁提交一份备忘录，评估生产绩效。

b. 如果你在备忘录中指出任何需要关注的领域，请说明管理层应采取的适当措施。说明进行评估还需要哪些信息。

18-37. 客观与主观绩效指标

计量会计课程绩效的一种常见方法是客观指标（例如考试分数）与主观指标（例如课堂参与指标）相结合。将这些分数加权，综合起来确定最后的分数。

要求：

a. 写一份备忘录，讨论采用多重绩效指标的优缺点，包括一些客观指标和主观指标。

b. 你能说出你更倾向于采用纯粹的客观指标（考试分数）进行评估的一种情境吗？采用纯粹的主观指标（课堂参与）进行评估的情境呢？

18-38. 运营绩效指标

Mid-State 金属加工厂在位于美国北部阿克伦城的工厂生产钢管。工厂的质检人员每月编制一份月报，报送总部。最近 6 个月的报告中，整理了下列数据。

Mid-State 金属加工厂

生产效率报告

	月份					
	1 月	2 月	3 月	4 月	5 月	6 月
按时完成的订单百分比 …	87	86	88	92	91	92
次品率 ………………………	7	6	2	1	3	2
客户退货数量 ……………	20	21	18	10	6	5

要求：

a. 向公司总裁提交一份备忘录，评估生产绩效。

b. 如果你在备忘录中指出任何需要关注的领域，请说明管理层应采取的适当措施。说明你进行考核还需要哪些信息。

综合案例

(学习目标 4) **18–39. 平衡计分卡与战略图**

在几年的紧缩预算之后，加州大学戴维斯分校的管理人员在寻找“以较少的资金完成更多的事情”的方法。副校长珍妮特研究了许多书籍和文章，咨询了顾问，并且与美国各地的校长进行交流，以期找到新的管理方法，将大学从官僚体制转型为客户导向型的组织。她了解到了重组、全面质量管理，以及各种其他管理方法。但直到她读了一篇关于平衡计分卡的文章，才找到了吸引她的管理方法。她认为，平衡计分卡最适宜于戴维斯分校的工具，并准备实施它。

首先，珍妮特并没有把她的方法称为平衡计分卡，因为她怕员工们认为这不过又是一种必须忍受的管理时尚，除非管理方法得到更新。她先在一个服务部门（健康与安全部门）对平衡计分卡思想进行试验，直到它发挥效用。在健康与安全部门成功实施之后，她又继续在其他服务部门实施平衡计分卡，比如，治安、消防和印刷服务。

每个部门都建立了自己的绩效指标，以实现下列目标（为了节约空间，我们删减了一部分）。

组织学习力与发展
• 创造倡导团队协作、自豪感和诚信的工作环境。
• 吸引并留住高技能的工作队伍。
• 鼓励和奖励企业家行为。
业务和生产流程效率
• 建立明确的政策、简单的程序和高效的工作流程。
• 预见未来，并且为了确保未来的成功而设计项目和服务。
客户价值
• 不断满足客户需求。
财务绩效
• 确保整个学校的资本和财务资产的财务完整性。
• 按成本效益方式提供服务。

要求：

a. 副校长不将她的方法称为平衡计分卡是不是过于谨慎了？

b. 评论一下从试验项目开始实施平衡计分卡所蕴含的智慧。能用服务部门的经历（比如环境、健康和安全部门）来推断学术部门（比如商学院）吗？

c. 你认为在大学环境中应用平衡计分卡有什么机会和困难？

（资料来源：摘自大学行政管理人员访谈）

自学题答案

1. 一个折扣经纪人的经营模式，会更多地强调连接高效运营与成本的流程图的下半部分。例如，它将包含交易处理、交易时间等步骤，而不太强调上半部分。就折扣经纪人而言，

“顾问”其实就是一个订单接收者，不需要具备太多的投资知识。

2.

角　度	绩效指标	与哪个角度关联？
1. 财务	员工满意度	3
2. 客户	分支机构成本	4（或者1）
3. 学习力与发展	分支机构盈利能力	1
4. 内部业务流程	员工学习力	3
	法规违反	4
	客户满意度	2

3. $$\text{生产周期效率}=\frac{\text{加工时间}}{\text{加工时间}+\text{移动时间}+\text{储存时间}+\text{检验时间}}$$

$$\text{生产周期效率}=\frac{7.2}{7.2+3.0+4.8+1.0}=45\%$$

资本投资决策：概述

附 录

复习题

A-1. 在资本投资决策中，会计人员必须估计的两项最重要的因素是什么？

A-2. 货币的时间价值的意思是什么？

A-3. 收入和现金流入之间的区别是什么？

A-4. 费用和现金流出之间的区别是什么？

A-5. 折旧和折旧税盾之间的区别是什么？

重点分析与讨论题

A-6. 假设两个项目的现金流量相等，但是时间不同，那么我们应该如何决定选择哪个项目投资？

A-7. 与资本投资项目相关的四类现金流是什么？我们为什么单独考虑它们？

A-8. 在计算净现值时考虑折旧吗？请解释。

A-9. “无论采用什么折旧方法，在项目使用寿命期内，折旧的税收减免总额都是相同的。那么我们为什么在资本投资分析中考虑折旧方法呢？”试评论一下。

A-10. “营运资本只是在项目使用寿命期内的临时资金占用。最初投入的资金，最终都会收回来，所以在评估项目时可以忽略不计。”试评论一下。

练 习

可参考McGraw-Hill的作业管理系统

A–11. 现金流的现值

星城正在考虑投资建设一个社区中心，预期现金流如下。

年份	净现金流量
1	$ 20 000
2	50 000
3	80 000
4	80 000
5	100 000

上表包括了项目的全部现金流入，此外，还要求初始现金支出$200 000。该市免税，因此不必考虑税收。

要求：

a. 如果贴现率为20%，项目的净现值是多少？

b. 如果贴现率为12%，项目的净现值是多少？

A–12. 现金流的现值

Rush公司计划用$600 000购置生产设备，按税法规定，设备折旧如下。第1年$120 000；第2年$210 000；第3年至第5年，每年$90 000。资产适用的贴现率为18%，公司税税率为40%。

要求：

a. 计算因折旧而产生的税盾的现值。

b. 假设采用直线折旧法（每年$120 000），计算折旧税盾的现值。

A–13. 非营利组织的现值分析

Johnson研究所是一家无须纳税的非营利组织，它正在考虑购置实验设备，估计使用寿命为7年，这样就不必借用外部实验室开展某类工作了。下面是受决策影响的全部现金流。

投资（时间点 0 的现金流出）	$4 000 000
定期经营现金流：	
因不必借用外部实验室而实现的年现金节约	1 400 000
运行设备所需人员和用品等增加的现金流出	200 000
7 年后的残值（项目估计使用寿命）	400 000
贴现率	12%

要求：

计算这项决策的净现值（答案参考图表A.2的格式）。研究所应该购置实验设备吗？

习　题

可参考McGraw-Hill的作业管理系统

A–14. 资本投资决策的敏感性分析

Square制造公司正在考虑投资建设一条机器人技术生产线。生产线的安装估计需要花费\$3 000 000。尽管安装需要3年才能完工，但是这笔资金必须先支付（第0年、第1年和第2年）。第3年用在测试生产线上，因此不会产生任何正现金流。如果运行成功，公司预期从第4年至第7年，每年税后现金节约\$2 000 000。在同其他公司的管理者审查了这些系统的应用之后，Square制造公司的主计长得出结论，从第4年至第7年，生产线的运行很有可能每年节约\$140 000。但是，完全有可能从第4年至第7年的年节约仅为\$600 000。公司采用16%的贴现率。

要求：

计算这三种情况的净现值。

A–15. 计算净现值

Dungan公司正在评估一项购置新钻床的方案，以替换效率不太高的现有机器。新设备在时间点0的成本为\$200 000，其中包括运输和安装成本。如果购置新设备，公司就会发生\$5 000的成本用来清除现有设备和翻新设施。这\$5 000在时间点0可税前扣除。

按照税法规定，折旧如下。第1年\$40 000；第2年\$70 000；第3年至第5年，每年\$30 000。现有设备的账面价值和纳税申报时的价值均为\$100 000，剩余的使用寿命为10年。但是，现有设备只可以出售\$40 000，在实际使用寿命期内，在会计折旧和纳税申报时，均采用直线法计提折旧。

管理者提供了下列生产成本比较数据。

	现有设备	新设备
年生产能力（件）…………	400 000	400 000
年成本：		
人　工 ……………………	\$30 000	\$25 000
折　旧 ……………………	10 000	14 000
其他（均为现金）………	48 000	20 000
年成本合计 ………………	\$88 000	\$59 000

现有设备预期10年末的残值等于清理成本。新设备预期10年末的残值为\$60 000，并且应缴纳所得税，没有清理成本。新设备购置不会产生营运资本的变化。销售人员预期未来10年的销量也不会变化。公司的资本成本为15%，税率为45%。

要求：

a. 计算现有设备的清理成本（扣除税收影响后的净额）。

b. 计算折旧税盾。

c. 计算放弃的旧设备的税收收益。

d. 计算第10年出售新设备的现金流入（税后净额）。

e. 计算因清理旧设备的损失而产生的税收收益。

f. 计算从第1年至第10年，因投资而产生的年差量现金流量。

g. 计算项目的净现值。

自学题答案

1. a和b。

	年份				
	0	1	2	3	4
投资现金流					
新设备	$(15 000)				
软件（$16 800×60%）[a]	(10 080)				
旧设备（$200×60%）	120				
年现金流量（$16 000×60%）		$9 600	$9 600	$9 600	$9 600
折旧税盾（$5 000×40%）		2 000	2 000	2 000	
投资剥离现金流量（$2 000×60%）					1 200
现金流量合计	$(24 960)	$11 600	$11 600	$11 600	$10 800
10%现值系数	1.000	0.909	0.826	0.751	0.683
现值[b]	$(24 960)	$10 544	$9 582	$8 712	$7 376
净现值	$ 11 254				

[a] 60% = 1-税率40%，这样就将税前现金流量转换成了税后现金流量。

[b] 现值系数四舍五入到了三位小数。现值系数如图表A.8所示。